김재우의
구동사
100

김재우의 구동사 100

초판 1쇄 발행 2024년 8월 15일
초판 13쇄 발행 2024년 9월 3일

지은이 김재우
펴낸이 고영성

기획 및 편집 박희라   디자인 강지은
영문 감수 Nicholas Moore

펴낸곳 주식회사 상상스퀘어
출판등록 2021년 4월 29일 제2021-000079호
주소 경기도 성남시 분당구 성남대로43번길 10, 307호(구미동, 하나EZ타워)
팩스 02-6499-3031
이메일 publication@sangsangsquare.com
홈페이지 www.sangsangsquare.com

ISBN 979-11-92389-99-8 03740

100일간의 구동사 마스터 클래스

김재우의

구동사

100

네이티브 영어의 핵심 "구동사"
유창한 영어를 위한 최고의 비결

상상스퀘어

나 _____ 의
김재우의 구동사 100을
통한 목표!

1 ....

2 ....

3 ....

20여 년 전 '영어 학습자'의 입장이었던 제가 이제는 '영어 선생님'으로 벌써 세 번째 집필작을 선보이게 되었습니다. 많은 세월이 흘렀지만 한 가지 변하지 않은 것이 있다면, '저는 여전히 영어라는 언어를 좋아하고, 영어 공부를 사랑하며, 영어 실력이 느는 재미에서 가장 큰 기쁨을 느낀다'라는 사실입니다.

《넌 대체 몇 년째 영어 공부를 하고 있는 거니?》와 《김재우의 영어회화 100》에 보내주신 독자 여러분의 관심과 사랑에 먼저 감사의 마음을 전하고 싶습니다. 이 책들을 통해 영어 듣기와 말하기가 늘고 있다는 후기들은 그 어떤 것보다 저에게 큰 동력이 됩니다.

콘텐츠를 만드는 주체는 해당 콘텐츠에 대한 깊은 이해를 넘어 콘텐츠에 대한 실제 적용 사례에 대한 충분한 정량적·정성적 데이터를 확보하고 있어야 한다고 생각합니다. 이런 점에서 오랫동안 영어를 가르치는 일을 해왔던 제가 선보이는 책과 강의에는 많은 학습자의 실제 사례에 대한 정량적인 데이터뿐만 아니라, 한 분야에 오래 몸담으며 직간접적으로 느끼고 쌓아온 '감(感)'이 잘 녹아 있기에 단언컨대 실질적인 영어 구사력에 도움을 주는 교재와 강의라고 자부합니다.

구동사(phrasal verbs)를 정확히 이해하고, 이를 바탕으로 원어민들이 구동사를 사용하는 상황에 반복적으로 노출되면 다음 두 가지 경험을 하게 됩니다.

1. 원어민들이 내뱉는 영어를 한 번에 이해할 수 있습니다.
2. 어느 수준 이상에서 잘 늘지 않았던 영어 말하기 실력이 '퀀텀 점프(quantum jump)'하는 경험을 하게 됩니다.

특히 다음과 같은 학습자들에게 구동사 학습은 선택이 아닌 필수이며, 본서를 통한 구동사에 대한 정확한 이해를 바탕으로 자연스럽게 구사할 수 있는 수준까지 실력을 끌어 올릴 것을 당부 드립니다.

1. 연설, 뉴스, 공식 발표문 등과 같은 formal(격식을 차린 문어체)한 말과 글은 웬만큼 들리고 읽히지만, 일상 대화에서의 small talk, 미드 등은 여전히 잘 들리지 않는 정체기를 경험하고 있는 학습자들

2. 어떻게든 영어로 말은 하지만 내가 내뱉는 영어 표현이 원어민의 '그것'과 많이 다른, 즉 '한국식 영어'로 겨우 버티고 있는 학습자들

3. 영어 독해 지문을 해석할 때 의미가 선명한 동사에서는 막힘이 없으나, 구동사가 포함된 문장을 만나면 미루어 짐작만 한 채 찜찜한 기분으로 문장을 해석하고 있는 학습자들

4. 내일 당장 구동사를 쓰면서 영어로 말하는 것이 목표는 아니지만, 원어민이 하는 말을 무리 없이 들을 수 있도록 청취 실력을 길러야 하는 기초 학습자들

《김재우의 구동사 100》으로 학습한 후에는 다음과 같은 변화가 일어날 수 있습니다.

1. 영어, 특히 구어체 영어가 잘 들리기 시작합니다.

2. 영어로 말할 때 적절한 동사가 떠오르지 않아 온전한 문장을 구성하지 못한 채 버벅거리던 횟수가 현저히 줄어듭니다.

3. 간신히 기초 단계를 넘어 중급 초입 단계에 도달했으나, 벌써 몇 년째 실력이 정체되어 있는 학습자들은 말하기, 듣기 모두에서 퀀텀점프(quantum jump)를 경험하게 됩니다.

4. 영어로 된 글을 읽을 때 구동사로 인해 희미했던 부분들이 100% 해소되면서, 글을 읽는 속도가 매우 빨라지고 지문에 대한 이해도 역시 배가 됩니다.

《김재우의 구동사 100》은 그동안 제가 쌓아 온 영어에 대한 지식과 경험치, 오랜 시간 동안의 티칭 경험에서 비롯된, '이렇게 하니 귀가 뚫리고 스피킹이 한결 편해지더라'를 실현하게끔 해주는 콘텐츠의 정수라고 자부합니다. 본서만큼 가장 실용적이고 빈도수 높은 구동사를 일목요연하게 정리하면서도 총망라한 책은 아마 없었을 겁니다. 제가 공유할 수 있는 모든 것을 아낌없이 나누어 드린다는 마음으로 오랜 시간 혼신의 힘을 다해 집필한 결과물인 만큼, 학습자 여러분이 끝까지 완주만 해 준다면 본서를 학습하기 전과 후의 여러분의 영어 실력은 완전히 달라져 있을 거라 확신합니다.

《넌 대체 몇 년째 영어 공부를 하고 있는 거니?》와 《김재우의 영어회화 100》에 이어 《김재우의 구동사 100》 책 출간을 가능하게 해 주었던 상상스퀘어 고영성 대표님과 이젠 최고의 러닝메이트가 되었다고 느낄 만큼 저에게 든든한 지원군이신 신영준 박사님에게 감사의 인사를 드립니다. 대한민국 성인의 영어 구사력에 실질적인 도움을 줄 수 있는 책과 강의를 지속적으로 선보일 것을 약속합니다. 좋은 책이 출간될 수 있도록 애써 주신 상상스퀘어 관계자분들에게는 어떻게 감사를 표해야 할지 모를 만큼 고마운 마음입니다.

《김재우의 영어회화 100》에 이어 본서의 감수까지 책임져 준

저의 오랜 동반자 니콜라스 무어 선생님에게도 진심으로 고맙다는 말을 전하며, 아울러 원고 집필을 도와주신 앤드류와 가브리엘 선생님에게도 감사의 말씀 전합니다.

p. 22 〈이 책의 활용법〉에서 소개한 본서의 구체적인 학습 방법을 잘 실천해주실 것을 당부 드리며, 대한민국 성인의 영어 말하기와 듣기 실력은 '김재우 영어 시리즈'의 출간 전과 후로 나뉜다는 말이 나올 수 있도록 최선을 다하겠습니다.

지금부터 100일 후 여러분의 영어 말하기와 듣기가 한결 수월해지기를 바라며 여러분 모두의 여정을 응원합니다.

김재우

구동사(phrasal verbs) 알기

왜 구동사를 알아야 하나?

구동사는 '기본 동사+부사', '기본 동사+전치사', '기본 동사+부사+전치사' 이런 세 가지 형태를 띠고 있으며, 상대적으로 구어체 영어에서 사용 빈도가 높습니다. 기본 동사가 구동사의 중심을 잡고 있지만, 실질적으로는 부사와 전치사가 해당 구동사의 의미를 결정하게 됩니다. 구동사에 대한 정확한 이해는 영어로 소통하는 데 있어 매우 중요합니다. 원어민들은 일상생활의 구어체 영어에서 구동사를 입에 달고 산다고 해도 과언이 아니기 때문에 구동사에 대한 정확한 이해가 없다면 '청취'가 잘 될 리 만무합니다.

그렇다면 문어체 영어(written English)는 어떨까요? 흔한 오해(?)와는 달리 문어체에서도 구동사는 생각보다 자주 등장합니다. 영어 신문, 저널, 연설문 등에서도 구동사가 빠짐없이 등장한다는 점은 구동사 학습의 효율성을 높여주는 대목입니다. 그러므로 구동사 학습의 첫 번째 목표는 원어민들이 하는 말을 한 번에 명료하게 이해하고, 원어민들이 쓴 글을 신속 정확하게 이해하는 것이고, 나아가 좀 더 '네이티브스러운 영어'로의 소통까지 목표로 잡는다면 금상첨화입니다. 그렇게 되면 영어 구사력 자체가 여러분의 경쟁력이 될 것입니다. '그들이 하는 말을 정확히 이해하고, 뉘앙스까지 캐치'하기 위해서는 구동사를 피해 갈 수 없다는 점을 꼭 기억합시다.

구동사에서 목적어의 위치

구동사에서 목적어의 위치가 어디에 와야 하는지에 대한 궁금증은 구동사 학습을 제대로 한 분이라면 한 번쯤 생겼던 부분일 겁니다. 그럼에도 명확한 규칙을 모르고 있는 경우가 많습니다. 《김재우의 구동사 100》을 통해 이 점을 완전히 해소할 수 있기를 기대하며, 구동사에서 목적어의 위치에 대한 기준을 설명드리겠습니다.

구동사는 다음 세 가지 형태를 띠게 됩니다.

❶ 동사 + 부사

❷ 동사 + 전치사

❸ 동사 + 부사 + 전치사

학습자들이 가장 헷갈려 하는 부분은 ❶ 형태 중 '타동사+부사'의 조합으로 이루어진 구동사에서 목적어를 어디에 둘 것인가 하는 점입니다. 자동사와 부사의 조합에서는 목적어가 필요하지 않기 때문에 해당 사항이 없습니다.

목적어의 위치

❶ 동사 + 부사

it, you, me 등과 같은 대명사(pronoun)가 목적어인 경우 다음 예문처럼 반드시 타동사와 부사 사이에 위치합니다.

> e.g.
>
> I will pick you up from work.
>
> 내가 회사로 태우러 갈게.

일반 명사인 경우 동사와 부사 사이 또는 부사 뒤에 위치할 수 있습니다.

I have a hard time pulling my jeans off after a big

dinner. (= I have a hard time pulling off my jeans

after a big dinner.)

저녁을 많이 먹으면 청바지가 잘 안 벗겨져.

❷ 동사 + 전치사

이럴 경우 목적어는 반드시 전치사 다음에 위치하게 됩니다.

I looked into the cup of tea I was drinking.

내가 마시던 찻잔 속을 들여다보았다.

❸ 동사 + 부사 + 전치사

이 경우 역시 목적어는 반드시 전치사 다음에 위치합니다.

My husband never picks up on any of my hints.

저희 남편은 제가 아무리 눈치를 줘도 못 알아차려요.

여기서 한 가지 꼭 알아 두어야 할 점이 있습니다. '타동사+부사' 형태의 경우 목적어가 타동사와 부사 사이에 올 수도 있고, 부사 뒤에 올 수 있다고 하는 것은 형태적, 기능적, 문법적인 측면에서는 맞는 말입니다. 예를 들어 '불어서 날려보내다'라는 의미를 지닌 blow away의 경우 목적어가 필요한 타동사 blow와 부사 away가 결합된 구동사입니다. '강풍이 불어 눈이 바람에 날아가 버렸다.'라고 하면, The strong wind blew the snow away.라고 표현할 수 있습니다. 이 문장에서는 목적어인 snow가 blow와 away 사이에 위치했습니다. 하지만 blew away the snow라고 표현해도 됩니다. 두 표현 방식 모두 자연스럽게 들립니다.

그럼 다음 문장을 보겠습니다.

I ended up picking up the tab.
의도치 않게 결국 내가 계산을 했어.

위 문장에서는 목적어인 the tab이 부사 up 다음에 위치하는 것이 더 자연스럽게 들리는데, 이를 판단하고 결정하는 것은 '감(感)'의 영역이라 할 수 있습니다. 따라서 많은 문장과 표현에 노출되고 소리 내어 읽어 보면서 좀 더 '자연스럽게' 들리는 것을 선택해야 합니다. 영어가 모국어가 아닌 우리에게는 답답하지만, 어쩔 수 없는 영역인 셈입니다.

한 가지 희망적인 부분은 영어 학습을 꾸준히 이어가고 어떤 방식으로든 영어에 노출되는 시간이 늘어나면 영미권에 꼭 나가지 않아도 이런 '감(感)'이 생기더라는 점입니다. 지레 겁을 먹을 것이 아니라, 입에 붙이다 보면 어떤 것이 더 자연스러운 것인지 판단이 서는 경우가 70~80%는 되니 긍정적인 자세로 학습합시다.

2 의미론적으로 본 구동사의 세 가지 종류

구동사는 의미와 성질을 기준으로 다음 세 가지로 분류할 수 있습니다.

① 문자 그대로의(literal) 의미

② 비유적인(figurative) 의미

③ 숙어적인(idiomatic) 의미

pull off라는 구동사를 예로 들어보겠습니다. pull off가 ①의 의미로 쓰일 경우 '강한 힘을 주어 무엇을 표면에서 떼 내다'라는 말이 되는데, 잘 안 벗겨지는 '스웨터를 벗다'라고 하면 pull off a sweater로 표현하게 됩니다. pull off 가 비유적인 의미를 띨 경우 '어울리기 쉽지 않은 패션 등을 소화하거나, 쉽지 않은 일을 해내다'라는 의미가 됩니다.

> e.g.
>
> I think other people look cool in bucket hats, but
> I can't pull it off.
> 다른 사람들은 벙거지 모자를 쓰면 멋진 것 같은데, 나는 소화
> 하기 어렵다.

위 예문이 바로 pull off가 비유적인 의미를 띠는 경우이며, 상황 묘사의 pull off의 의미가 한 단계 확장되어 쓰이는 셈입니다.

모든 구동사가 다 그런 것은 아니지만, 상당수 구동사의 경우 이러한 비유적인 의미를 띠게 되며, 이런 경우 문자 그대로의 의미에서 그 뜻을 논리적으로 유추할 수 있습니다.

마지막으로 숙어적인 의미를 나타내는 구동사가 있는데, 이 경우 해당 구동사의 숙어적인 의미를 논리적으로 유추하기 힘든 경우가 대부분이기 때문에, 이해하려 하기 보다 있는 그대로의 의미를 외우고, 쓰이는 상황을 직간접적으로 반복해서 접해보는 것이 중요합니다.

'급히 돈을 마련하다', '변명 거리를 생각해내다', '누구를 급하게 떠올리다'와 같은 다양한 용례를 지닌 come up with가 숙어적 의미를 지닌 대표적인 구동사이며 up과 with의 원래 의미가 논리적으로 버무려져서 해당 의미를 만들어낸 것이 아니라, come과 up과 with가 만나 완전히 새로운 숙어적인 의미를 가지게 된 경우입니다.

이 책의 구성과 특징

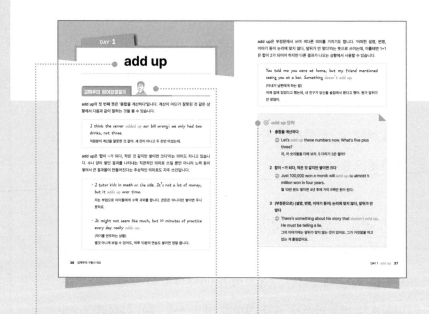

난이도 표기가 되어 있어 단계적으로
연습할 수 있습니다.

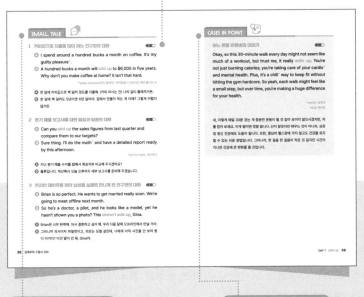

SMALL TALK

실생활에서 겪을 수 있는 에피소드들 중심의
대화문을 통해 구동사의 사용을 자연스럽게
연습할 수 있습니다.

CASES IN POINT

구동사가 쓰인 다양한 상황을 통해 말하기
뿐만 아니라 청취와 독해 실력까지 높일 수
있습니다.

음원 서비스

원어민과 한국인 전문 성우의 목소리로 본문의 모든 예문을 녹음한 음원을 유튜브 영상과 MP3
파일로 제공합니다.

음원 종류

1 영어 원어민의 음성으로 영어만 들을 수 있습니다.
2 영어 - 한국어 영어 표현을 먼저 듣고, 한국어 해석을 들을 수 있습니다.
3 한국어 - 영어 1회 한국어 해석을 먼저 듣고, 영어 표현을 1회 들을 수 있습니다.
4 한국어 - 영어 5회 반복 한국어 해석을 먼저 듣고, 영어 표현을 5회 반복해서 들을 수 있습니다.

유튜브
〈영어독립〉 채널에서
들으실 수 있습니다.

MP3 파일
QR코드 또는 상상스퀘어 출판사
홈페이지에서 다운받으실 수 있습니다.
www.sangsangsquare-books.com

이 책의 활용법

Section별 학습법

김재우의 영어관찰일기 & 요약

'김재우의 영어관찰일기'와 '요약'을 통해 해당 구동사에 대한 정확한 의미와 용례를 익히고 각각의 의미에 대한 풍부한 예문으로 언제, 어떤 상황에서 어떤 어감으로 쓰이는지에 대해 정확히 이해합니다. 특히, 본서에 대한 인터넷 강의를 수강하는 학습자들은 김재우 선생님이 암기하라고 하는 문장을 별도 정리해서 꼭 암기하여 입에 붙이는 연습을 합니다.

SMALL TALK

해당 구동사가 실제 대화문에서 사용된 쓰임새에 대한 반복 노출을 통해 머리로의 이해를 넘어 눈과 귀를 통해 익숙해지는 훈련을 합니다. 각 SMALL TALK에는 색으로 난이도 표기가 되어 있습니다. 색칠한 개수가 늘어날수록 난이도가 높아집니다. 기초 학습자들의 경우는 본서를 1회독할 때는 난이도 2까지만 학습한 후, 다음 DAY로 넘어가고 중급 이상의 학습자들은 1회독 시에도 난이도 3까지 전부 학습합니다.

SMALL TALK의 경우 영어 말하기 실력과 듣기 실력 증진 모두를 염두에 둔 것이므로, 조금 어렵더라도 지속적인 반복 학습으로 궁극적으로는 '내 입에서 자연스럽게 나올 수 있도록 한다!'라는 목표로 학습에 임해야 합니다.

CASES IN POINT

CASES IN POINT에 담긴 글이나 대화문의 경우 말할 때 쓸 수 있는 것이 목표가 아닌 한 번에 정확하게 듣는 청취력 향상과 한 번에 명료하게 읽는 독해력 향상이 주가 되어야 합니다. 따라서 CASES IN POINT에 담긴 표현과 문장을 그대로 말하지 못한다고 해서 '나는 아직 멀었어'가 아닌 '이런 정도의 대화문이나 글'을 신속 정확하게 이해하는 실력을 기르는 것에 주안점을 두어 학습하는 것이 중요합니다.

CASES IN POINT에는 SMALL TALK와 마찬가지로 색으로 난이도 표기가 되어 있습니다. 색칠한 개수가 늘어날수록 난이도가 높아집니다. 기초 학습자들의 경우 본서를 1회독 할 때는 CASES IN POINT 학습을 건너뛸 것을 추천하며, 2회독 또는 3회독 시 CASES IN POINT를 학습하는 것이 더욱더 효율적이고 가성비 높은 학습이 됩니다.

중급 이상 학습자들의 경우 1회독 시에도 CASES IN POINT 학습을 하되, output에 초점을 둔 학습이 아닌 정확한 input에 집중해서 학습하는 것이 좋으며, 2회독, 3회독 시에 CASES IN POINT에서의 유용한 표현과 문장, 구동사를 입에 붙도록 연습할 것을 추천합니다.

《김재우의 구동사 100》 인터넷 강의

인터넷 강의에서는 김재우 선생님이 책에 있는 내용을 자세히 설명해 줄 뿐만 아니라 추가적인 설명과 예문을 통해 100일이라는 기간 동안 학습 효과를 극대화할 수 있도록 해 줍니다.

Q 인터넷 강의는 어떤 분이 들으면 좋을까요?

1 집에 영어책이 수북이 쌓여 있지만 '제대로, 끝까지' 본 책이 거의 없는 분

2 책에 있는 설명만으로는 부족함을 느끼고, 더 밀도 있는 설명이 필요하다고 생각하는 분

3 혼자서는 효과적인 학습이 힘들어 외부의 자극과 동기 부여가 절실한 분

Q 인터넷 강의는 어떤 점이 다르며, 어떤 내용으로 꾸며지나요?

1 김재우 선생님이 DAY 1부터 DAY 100까지 책에 나온 모든 예문에 대한 상세한 설명을 해 주십니다.

2 책에 전부 담을 수 없었던 생생한 상황 묘사를 통해 살아있는 영어 표현을 익힐 수 있습니다.

3 기초 학습자들을 위한 학습 포인트들을 짚어 줍니다.

4 중급 학습자들은 실력이 한 단계 더 올라가는 재미를 느끼게 해 줍니다.

5 궁금한 질문에 대한 답변 등은 물론이고 동기 부여를 할 수 있는 '단톡방'을 통해 DAY 1에서 DAY 100까지 완주할 수 있도록 도와줍니다.

이런 분들은 '인터넷 강의'를 통해 훨씬 더 빠르게 실력이 늘 수 있습니다.

1 영어를 공부해야 하는 뚜렷한 동기가 있으신 분

2 미래에 영어가 도움이 될 거라는 기대가 있으신 분

3 영어 공부에 대한 저항감이나 거부감이 크지 않으신 분

4 김재우 선생님의 학습법을 의심하지 않고 충실하게 잘 따라오실 분

5 조급해하지 않고, 실력이 정체된다고 느끼는 시간을 버틸 끈기가 있으신 분

6 영어 공부에 충분한 시간을 투입하고 꾸준하게 공부할 의지가 있으신 분

《김재우의 구동사 100》 인터넷 강의를 들을 수 있는 〈스터디언 클래스〉

목차

학습 플래너

※ 학습 완료 후 ✅ 체크 표시를 하세요.

DAY 1	DAY 2	DAY 3	DAY 4	DAY 5
○ 김재우의 영어관찰일기 ○ SMALL TALK ○ CASES IN POINT	○ 김재우의 영어관찰일기 ○ SMALL TALK ○ CASES IN POINT	○ 김재우의 영어관찰일기 ○ SMALL TALK ○ CASES IN POINT	○ 김재우의 영어관찰일기 ○ SMALL TALK ○ CASES IN POINT	○ 김재우의 영어관찰일기 ○ SMALL TALK ○ CASES IN POINT
월 일	월 일	월 일	월 일	월 일
DAY 6	**DAY 7**	**DAY 8**	**DAY 9**	**DAY 10**
○ 김재우의 영어관찰일기 ○ SMALL TALK ○ CASES IN POINT	○ 김재우의 영어관찰일기 ○ SMALL TALK ○ CASES IN POINT	○ 김재우의 영어관찰일기 ○ SMALL TALK ○ CASES IN POINT	○ 김재우의 영어관찰일기 ○ SMALL TALK ○ CASES IN POINT	○ 김재우의 영어관찰일기 ○ SMALL TALK ○ CASES IN POINT
월 일	월 일	월 일	월 일	월 일
DAY 11	**DAY 12**	**DAY 13**	**DAY 14**	**DAY 15**
○ 김재우의 영어관찰일기 ○ SMALL TALK ○ CASES IN POINT	○ 김재우의 영어관찰일기 ○ SMALL TALK ○ CASES IN POINT	○ 김재우의 영어관찰일기 ○ SMALL TALK ○ CASES IN POINT	○ 김재우의 영어관찰일기 ○ SMALL TALK ○ CASES IN POINT	○ 김재우의 영어관찰일기 ○ SMALL TALK ○ CASES IN POINT
월 일	월 일	월 일	월 일	월 일
DAY 16	**DAY 17**	**DAY 18**	**DAY 19**	**DAY 20**
○ 김재우의 영어관찰일기 ○ SMALL TALK ○ CASES IN POINT	○ 김재우의 영어관찰일기 ○ SMALL TALK ○ CASES IN POINT	○ 김재우의 영어관찰일기 ○ SMALL TALK ○ CASES IN POINT	○ 김재우의 영어관찰일기 ○ SMALL TALK ○ CASES IN POINT	○ 김재우의 영어관찰일기 ○ SMALL TALK ○ CASES IN POINT
월 일	월 일	월 일	월 일	월 일

DAY 21	DAY 22	DAY 23	DAY 24	DAY 25
◯ 김재우의 영어관찰일기 ◯ SMALL TALK ◯ CASES IN POINT	◯ 김재우의 영어관찰일기 ◯ SMALL TALK ◯ CASES IN POINT	◯ 김재우의 영어관찰일기 ◯ SMALL TALK ◯ CASES IN POINT	◯ 김재우의 영어관찰일기 ◯ SMALL TALK ◯ CASES IN POINT	◯ 김재우의 영어관찰일기 ◯ SMALL TALK ◯ CASES IN POINT
월 일	월 일	월 일	월 일	월 일
DAY 26	**DAY 27**	**DAY 28**	**DAY 29**	**DAY 30**
◯ 김재우의 영어관찰일기 ◯ SMALL TALK ◯ CASES IN POINT	◯ 김재우의 영어관찰일기 ◯ SMALL TALK ◯ CASES IN POINT	◯ 김재우의 영어관찰일기 ◯ SMALL TALK ◯ CASES IN POINT	◯ 김재우의 영어관찰일기 ◯ SMALL TALK ◯ CASES IN POINT	◯ 김재우의 영어관찰일기 ◯ SMALL TALK ◯ CASES IN POINT
월 일	월 일	월 일	월 일	월 일
DAY 31	**DAY 32**	**DAY 33**	**DAY 34**	**DAY 35**
◯ 김재우의 영어관찰일기 ◯ SMALL TALK ◯ CASES IN POINT	◯ 김재우의 영어관찰일기 ◯ SMALL TALK ◯ CASES IN POINT	◯ 김재우의 영어관찰일기 ◯ SMALL TALK ◯ CASES IN POINT	◯ 김재우의 영어관찰일기 ◯ SMALL TALK ◯ CASES IN POINT	◯ 김재우의 영어관찰일기 ◯ SMALL TALK ◯ CASES IN POINT
월 일	월 일	월 일	월 일	월 일
DAY 36	**DAY 37**	**DAY 38**	**DAY 39**	**DAY 40**
◯ 김재우의 영어관찰일기 ◯ SMALL TALK ◯ CASES IN POINT	◯ 김재우의 영어관찰일기 ◯ SMALL TALK ◯ CASES IN POINT	◯ 김재우의 영어관찰일기 ◯ SMALL TALK ◯ CASES IN POINT	◯ 김재우의 영어관찰일기 ◯ SMALL TALK ◯ CASES IN POINT	◯ 김재우의 영어관찰일기 ◯ SMALL TALK ◯ CASES IN POINT
월 일	월 일	월 일	월 일	월 일

DAY 41	DAY 42	DAY 43	DAY 44	DAY 45
○ 김재우의 영어관찰일기 ○ SMALL TALK ○ CASES IN POINT	○ 김재우의 영어관찰일기 ○ SMALL TALK ○ CASES IN POINT	○ 김재우의 영어관찰일기 ○ SMALL TALK ○ CASES IN POINT	○ 김재우의 영어관찰일기 ○ SMALL TALK ○ CASES IN POINT	○ 김재우의 영어관찰일기 ○ SMALL TALK ○ CASES IN POINT
월　일	월　일	월　일	월　일	월　일

DAY 46	DAY 47	DAY 48	DAY 49	DAY 50
○ 김재우의 영어관찰일기 ○ SMALL TALK ○ CASES IN POINT	○ 김재우의 영어관찰일기 ○ SMALL TALK ○ CASES IN POINT	○ 김재우의 영어관찰일기 ○ SMALL TALK ○ CASES IN POINT	○ 김재우의 영어관찰일기 ○ SMALL TALK ○ CASES IN POINT	○ 김재우의 영어관찰일기 ○ SMALL TALK ○ CASES IN POINT
월　일	월　일	월　일	월　일	월　일

DAY 51	DAY 52	DAY 53	DAY 54	DAY 55
○ 김재우의 영어관찰일기 ○ SMALL TALK ○ CASES IN POINT	○ 김재우의 영어관찰일기 ○ SMALL TALK ○ CASES IN POINT	○ 김재우의 영어관찰일기 ○ SMALL TALK ○ CASES IN POINT	○ 김재우의 영어관찰일기 ○ SMALL TALK ○ CASES IN POINT	○ 김재우의 영어관찰일기 ○ SMALL TALK ○ CASES IN POINT
월　일	월　일	월　일	월　일	월　일

DAY 56	DAY 57	DAY 58	DAY 59	DAY 60
○ 김재우의 영어관찰일기 ○ SMALL TALK ○ CASES IN POINT	○ 김재우의 영어관찰일기 ○ SMALL TALK ○ CASES IN POINT	○ 김재우의 영어관찰일기 ○ SMALL TALK ○ CASES IN POINT	○ 김재우의 영어관찰일기 ○ SMALL TALK ○ CASES IN POINT	○ 김재우의 영어관찰일기 ○ SMALL TALK ○ CASES IN POINT
월　일	월　일	월　일	월　일	월　일

DAY 61	DAY 62	DAY 63	DAY 64	DAY 65
○ 김재우의 영어관찰일기 ○ SMALL TALK ○ CASES IN POINT	○ 김재우의 영어관찰일기 ○ SMALL TALK ○ CASES IN POINT	○ 김재우의 영어관찰일기 ○ SMALL TALK ○ CASES IN POINT	○ 김재우의 영어관찰일기 ○ SMALL TALK ○ CASES IN POINT	○ 김재우의 영어관찰일기 ○ SMALL TALK ○ CASES IN POINT
월 일	월 일	월 일	월 일	월 일
DAY 66	**DAY 67**	**DAY 68**	**DAY 69**	**DAY 70**
○ 김재우의 영어관찰일기 ○ SMALL TALK ○ CASES IN POINT	○ 김재우의 영어관찰일기 ○ SMALL TALK ○ CASES IN POINT	○ 김재우의 영어관찰일기 ○ SMALL TALK ○ CASES IN POINT	○ 김재우의 영어관찰일기 ○ SMALL TALK ○ CASES IN POINT	○ 김재우의 영어관찰일기 ○ SMALL TALK ○ CASES IN POINT
월 일	월 일	월 일	월 일	월 일
DAY 71	**DAY 72**	**DAY 73**	**DAY 74**	**DAY 75**
○ 김재우의 영어관찰일기 ○ SMALL TALK ○ CASES IN POINT	○ 김재우의 영어관찰일기 ○ SMALL TALK ○ CASES IN POINT	○ 김재우의 영어관찰일기 ○ SMALL TALK ○ CASES IN POINT	○ 김재우의 영어관찰일기 ○ SMALL TALK ○ CASES IN POINT	○ 김재우의 영어관찰일기 ○ SMALL TALK ○ CASES IN POINT
월 일	월 일	월 일	월 일	월 일
DAY 76	**DAY 77**	**DAY 78**	**DAY 79**	**DAY 80**
○ 김재우의 영어관찰일기 ○ SMALL TALK ○ CASES IN POINT	○ 김재우의 영어관찰일기 ○ SMALL TALK ○ CASES IN POINT	○ 김재우의 영어관찰일기 ○ SMALL TALK ○ CASES IN POINT	○ 김재우의 영어관찰일기 ○ SMALL TALK ○ CASES IN POINT	○ 김재우의 영어관찰일기 ○ SMALL TALK ○ CASES IN POINT
월 일	월 일	월 일	월 일	월 일

DAY 81	DAY 82	DAY 83	DAY 84	DAY 85
○ 김재우의 영어관찰일기 ○ SMALL TALK ○ CASES IN POINT	○ 김재우의 영어관찰일기 ○ SMALL TALK ○ CASES IN POINT	○ 김재우의 영어관찰일기 ○ SMALL TALK ○ CASES IN POINT	○ 김재우의 영어관찰일기 ○ SMALL TALK ○ CASES IN POINT	○ 김재우의 영어관찰일기 ○ SMALL TALK ○ CASES IN POINT
월 일	월 일	월 일	월 일	월 일
DAY 86	DAY 87	DAY 88	DAY 89	DAY 90
○ 김재우의 영어관찰일기 ○ SMALL TALK ○ CASES IN POINT	○ 김재우의 영어관찰일기 ○ SMALL TALK ○ CASES IN POINT	○ 김재우의 영어관찰일기 ○ SMALL TALK ○ CASES IN POINT	○ 김재우의 영어관찰일기 ○ SMALL TALK ○ CASES IN POINT	○ 김재우의 영어관찰일기 ○ SMALL TALK ○ CASES IN POINT
월 일	월 일	월 일	월 일	월 일
DAY 91	DAY 92	DAY 93	DAY 94	DAY 95
○ 김재우의 영어관찰일기 ○ SMALL TALK ○ CASES IN POINT	○ 김재우의 영어관찰일기 ○ SMALL TALK ○ CASES IN POINT	○ 김재우의 영어관찰일기 ○ SMALL TALK ○ CASES IN POINT	○ 김재우의 영어관찰일기 ○ SMALL TALK ○ CASES IN POINT	○ 김재우의 영어관찰일기 ○ SMALL TALK ○ CASES IN POINT
월 일	월 일	월 일	월 일	월 일
DAY 96	DAY 97	DAY 98	DAY 99	DAY 100
○ 김재우의 영어관찰일기 ○ SMALL TALK ○ CASES IN POINT	○ 김재우의 영어관찰일기 ○ SMALL TALK ○ CASES IN POINT	○ 김재우의 영어관찰일기 ○ SMALL TALK ○ CASES IN POINT	○ 김재우의 영어관찰일기 ○ SMALL TALK ○ CASES IN POINT	○ 김재우의 영어관찰일기 ○ SMALL TALK ○ CASES IN POINT
월 일	월 일	월 일	월 일	월 일

add up

add up의 첫 번째 뜻은 '총합을 계산하다'입니다. 계산이 어딘가 잘못된 것 같은 상황에서 다음과 같이 말하는 것을 볼 수 있습니다.

> I think the server added up our bill wrong; we only had two drinks, not three.
>
> 직원분이 계산을 잘못한 것 같아. 세 잔이 아니고 두 잔만 마셨는데.

add up은 '합이 ~가 되다, 작은 것 같지만 쌓이면 크다'라는 의미도 지니고 있습니다. 수나 양이 쌓인 결과를 나타내는 직관적인 의미로 쓰일 뿐만 아니라 노력 등이 쌓여서 큰 결과물이 만들어진다는 추상적인 의미로도 자주 쓰인답니다.

> • I tutor kids in math on the side. It's not a lot of money, but it adds up over time.
>
> 저는 부업으로 아이들에게 수학 과외를 합니다. 큰돈은 아니지만 쌓이면 무시 못하죠.
>
> • It might not seem like much, but 10 minutes of practice every day really adds up.
>
> (악기를 연주하는 상황)
>
> 별것 아니게 보일 수 있어도, 하루 10분의 연습도 쌓이면 정말 큽니다.

add up은 부정문에서 쓰여 색다른 의미를 가지기도 합니다. '어떠한 설명, 변명, 이야기 등이 논리에 맞지 않다, 앞뒤가 안 맞다'라는 뜻으로 쓰이는데, 이를테면 1+1은 합이 2가 되어야 하지만 다른 결과가 나오는 상황에서 사용할 수 있습니다.

You told me you were at home, but my friend mentioned seeing you at a bar. Something doesn't add up.

(아내가 남편에게 하는 말)
어제 집에 있었다고 했는데, 내 친구가 당신을 술집에서 봤다고 했어. 뭔가 앞뒤가 안 맞잖아.

✅ add up 요약

1 총합을 계산하다

🔊 Let's add up these numbers now. What's five plus three?
자, 이 숫자들을 더해 보자. 5 더하기 3은 뭘까?

2 합이 ~가 되다, 작은 것 같지만 쌓이면 크다

🔊 Just 100,000 won a month will add up to almost 5 million won in four years.
월 10만 원도 쌓이면 4년 후에 거의 5백만 원이 된다.

3 (부정문으로) (설명, 변명, 이야기 등이) 논리에 맞지 않다, 앞뒤가 안 맞다

🔊 There's something about his story that doesn't add up. He must be telling a lie.
그의 이야기에는 앞뒤가 맞지 않는 것이 있어요. 그가 거짓말을 하고 있는 게 틀림없어요.

1 커피값으로 지출을 많이 하는 친구와의 대화

Ⓐ I spend around a hundred bucks a month on coffee. It's my guilty pleasure*.

Ⓑ A hundred bucks a month will add up to $6,000 in five years. Why don't you make coffee at home? It isn't that hard.

*guilty pleasure(길티 플레저): 죄책감을 느끼면서도 계속 즐기는 것

Ⓐ 한 달에 커피값으로 백 달러 정도를 지출해. (커피 마시는 건) 나의 길티 플레저거든.

Ⓑ 한 달에 백 달러도 5년이면 6천 달러야. 집에서 만들어 먹는 게 어때? 그렇게 어렵지 않거든.

2 분기 매출 보고서에 대한 팀장과 팀원의 대화

Ⓐ Can you add up the sales figures from last quarter and compare them to our targets?

Ⓑ Sure thing. I'll do the math* and have a detailed report ready by this afternoon.

*do the math: 계산하다

Ⓐ 지난 분기 매출 수치를 합해서 목표치와 비교해 주시겠어요?

Ⓑ 물론입니다. 계산해서 오늘 오후까지 세부 보고서를 준비해 두겠습니다.

3 온라인 데이트를 하던 남성을 실제로 만나게 된 친구와의 대화

Ⓐ Brian is so perfect. He wants to get married really soon. We're going to meet offline next month.

Ⓑ So he's a doctor, a pilot, and he looks like a model, yet he hasn't shown you a photo? This doesn't add up, Gina.

Ⓐ Brian은 너무 완벽해. 어서 결혼하고 싶어 해. 우리 다음 달에 오프라인에서 만날 거야.

Ⓑ 그러니까 의사이자 파일럿이고, 외모는 모델 같은데, 너에게 아직 사진을 안 보여 줬다 이거지? 이건 말이 안 돼, Gina야.

어느 운동 유튜버의 이야기

Okay, so this 30-minute walk every day might not seem like much of a workout, but trust me, it really adds up. You're not just burning calories; you're taking care of your cardio* and mental health. Plus, it's a chill* way to keep fit without hitting the gym hardcore. So yeah, each walk might feel like a small step, but over time, you're making a huge difference for your health.

*cardio: 심장의
*chill: 편안한

네, 이렇게 매일 30분 걷는 게 충분한 운동이 될 것 같아 보이지 않으시겠지만, 저를 믿어 보세요. 이게 쌓이면 정말 큽니다. 단지 칼로리만 태우는 것이 아니라, 심장 및 정신 건강에도 도움이 됩니다. 또한, 열심히 헬스장에 가지 않고도 건강을 유지할 수 있는 쉬운 방법입니다. 그러니까, 한 걸음 한 걸음이 작은 것 같지만 시간이 지나면 건강에 큰 변화를 줄 것입니다.

blow away

blow away는 '불어서 멀리 날려 보내다', '바람 등에 날아가다'라는 의미로 쓰이는 구동사입니다. 눈이 많이 와서 길이 미끄러울 줄 알았지만, 바람이 불어 눈이 다 날아가 없어진 상황에서는 다음과 같이 말합니다.

> I was worried that sidewalks would be slippery after the heavy snow last night, but the wind was so strong that it blew the snow away.
>
> 어젯밤에 눈이 많이 와서 인도가 미끄러우면 어쩌나 걱정을 했지만, 바람이 워낙 강해서 눈이 다 날아가 버렸더군.

다음은 사람이 주어로 와서 무언가를 '불어서 날려 보내다'라는 의미로 쓰인 예문입니다.

> Sometimes I'm too lazy to wipe down my keyboard. I just use compressed air to blow the dust away.
>
> (컴퓨터) 키보드 청소하는 게 너무 귀찮을 때가 있어요. (그럴 때면) 그냥 압축공기를 이용해서 먼지를 날려 버린답니다.

사람이 날아 갈 정도로 바람이 셀 경우 다음과 같이 표현할 수도 있습니다.

Be careful, the wind is pretty strong out there! You might get blown away!

조심해, 밖에 바람이 제법 세! 자칫 날아갈 수도 있어!

blow away가 비유적인 의미로 쓰이면 '~에게 깊은 인상을 주어 몹시 놀라게 하다'라는 뜻입니다. 보통 수동태인 **be blown away** 형태로 '무엇에 매우 강한 인상을 받아서 놀라다'라는 뜻으로 많이 쓰입니다. 바람이 불어서 무엇을 날아가게 하듯이, 무언가 몹시 대단한 것을 보면 너무 놀라서 머릿속이 하얘지기도 하죠. 바로 이런 상황을 떠올리면 의미가 좀 더 잘 이해됩니다.

- When I first saw their new tablet, I was blown away. It was completely different from the old models.

  이번에 새로 나온 태블릿을 처음 봤을 때 매우 인상적이었어. 이전 모델들과는 완전히 다르더라고.

- Wow, your presentation was so informative. You really blew me away!

  우와, 프레젠테이션 정말 유익했어요. 정말 놀랐어요!(= 나를 깜짝 놀라게 했어요!)

✅ blow away 요약

1 (바람 등이) ~을 날려 보내다; (바람 등에) 날아가다

🔵 Windy weather is unpleasant, but at least it blows away all the microdust.

바람이 많이 부는 날씨는 불쾌하지만, 적어도 미세 먼지를 날려 버리긴 하지.

My hat blew away in the strong wind.

모자가 강풍에 날아가 버렸다.

2 ~에게 깊은 인상을 주어 몹시 놀라게 하다

 My little brother came back from a 3-month intensive English boot camp in Canada, and I was really blown away by his English.

제 동생이 캐나다로 3개월 집중 영어 부트 캠프에 다녀왔는데, 영어를 너무 잘해서 정말 놀랐어요.

SMALL TALK

1 태풍 뉴스에 대한 친구 사이의 대화　

Ⓐ A typhoon hit the Florida coast last week. It was all over the news.

Ⓑ Apparently, the wind was so strong that it even blew away cars.

Ⓐ 지난주에 태풍이 플로리다 해변을 강타했어. 뉴스를 도배했더라.

Ⓑ 바람이 너무 세서 자동차도 날아갔나 보더라고.

2 영화 시사회에 다녀온 친구와의 대화　

Ⓐ I heard you went to the sneak preview of *Dune: Part Two*. How was it?

Ⓑ I'm sure the movie is going to be a huge hit. I was absolutely blown away by the main actor's performance.

Ⓐ 너 〈듄: 파트 2〉 비공개 시사회에 다녀왔다며? 어땠어?

Ⓑ 엄청난 흥행을 할 게 분명해. 주연 배우의 연기가 정말 인상적이더라고.

3 연예인의 유창한 영어 실력이 인상 깊었다는 친구와의 대화

Ⓐ Hey, did you know that Kim Jongkuk can speak really good English? I was completely blown away when I saw him chatting with foreigners on *Running Man*.

Ⓑ No way, really? That's impressive. I wouldn't have expected that. It's still rare for celebrities to speak English comfortably.

Ⓐ 김종국이 영어 엄청 잘하는 거 알아? 〈런닝맨〉에서 외국인들과 대화하는 거 봤는데 정말 대단하더라.

Ⓑ 말도 안 돼(그럴 리가), 진짜? 대단하군. 정말 뜻밖이야. 유명인들이 영어를 편하게 말하는 건 아직도 드문 일이잖아.

CASES IN POINT

인플레이션에 대한 회사 동료 사이의 대화

A Wow, this is why I never read the newspaper. It's only bad news on every page. Now, it's talking about inflation again.

B Yeah, inflation is a hot topic. Haven't you noticed how high the prices have gotten at restaurants? I'm blown away every time I look at a menu. You can't eat for less than 15,000 won these days.

A That's true. But I still know a place where you can eat a full set for 10,000 won. I'll take you there sometime.

A 이런, 이래서 내가 신문을 안 읽는 거야. 페이지마다 전부 안 좋은 소식이군. 이젠 또 인플레이션 이야기를 하네.

B 응, 물가 상승 이야기로 난리지. 요즘 음식점에 가면 (음식값이) 얼마나 올랐는지 못 느꼈어? 메뉴 볼 때마다 깜짝 놀라. 만 오천 원 이하가 없다니까.

A 맞아. 그런데 만 원에 정찬을 먹을 수 있는 곳을 알아. 언제 한번 데려갈게.

break down

break down은 자동차나 기계의 부품, 즉 전체 덩어리 중 어느 한 부분이 문제가 생겨서 차가 서거나 기계가 고장이 나는 것을 말합니다. 컴퓨터가 고장이 난 상황에서는 다음과 같이 말할 수 있습니다.

> The computer finally broke down after using it daily for years.
>
> 몇 년을 매일 썼더니 컴퓨터가 결국 고장이 났다.

영자 신문을 보다 보면 협상, 회담 등이 무엇 때문에 '결렬되었다'라고 할 때 다음과 같이 표현하는 것을 볼 수 있습니다.

> My company has not been on good terms* with the employee union for months. It was inevitable that the negotiation over working hours broke down.
>
> *on good terms: 서로 사이가 좋은
>
> 우리 회사가 몇 달째 노조와 관계가 좋지 않습니다. 근무시간 관련 협상이 결렬된 것은 불가피했습니다.

이처럼 break down은 '(기계 등이) 고장 나다'라는 의미가 확장되어 '결렬되다'라는 완전히 다른 의미로 쓰이기도 합니다.

break down은 '정신적 충격, 상처, 아픔으로 온전한 심리 상태를 유지하기 힘들게 되다; 감정적으로 무너지다, 추스르지 못하다'라는 의미로도 매우 자주 쓰입니다.

When the doctor said I could never play professionally again, I broke down.
의사 선생님이 제가 다시는 프로 선수로 뛸 수 없다고 했을 때 저는 무너졌습니다.

앞에서는 **break down**이 자동사로 쓰인 경우를 살펴보았는데, **break down**은 타동사로도 쓰입니다. 이때는 '~을 작은 단위로 잘게 쪼개다, 나누다'라는 의미입니다. 예를 들어 일정을 날짜나 시간에 따라 세분화할 경우 다음과 같이 말할 수 있습니다.

Let me break down the schedule.
스케줄을 세부적으로 말씀드릴게요.

이러한 용법이 조금 더 확장되면 '복잡한 것을 단순화해서 (자세히) 설명하다'라는 의미를 띠게 됩니다. 다음은 회의 중에 자주 나오는 말입니다.

I think you lost me with the figures on slide 3. Would you mind going back and breaking those down?
3번 슬라이드의 수치가 잘 이해되지 않네요. 미안한데 다시 한번 자세히 설명해 주시겠어요?

마지막으로 '~을 분해하다[~이 분해되다]'라는 의미가 있으며 예문은 다음과 같습니다.

Did you know that cigarette butts take between 18 months and 10 years to break down?
담배꽁초가 분해되는 데 18개월에서 (최고) 10년이 걸리는 거 알았어?

이처럼 **break down**에는 정말 다양한 용법이 있습니다. **break down**을 잘 이해하면 영어를 멋지게 구사할 수 있답니다!

☑ **break down** 요약

1 (자동차나 기계의 부품, 즉 전체 덩어리 중 어느 한 부분에 문제가 생겨서) 기계나 차량이 고장 나다

> **e.g.** A: Hey, Mike. You missed the meeting. What happened?
> B: My car broke down on the highway.
>
> A: 이봐, Mike. 회의에 참석을 못했군. 무슨 일이야?
> B: 제 차가 고속 도로에서 고장이 났습니다.

2 (협상, 논의 등이) 결렬되다

> **e.g.** We were talking again about getting engaged, but those talks always break down once money comes up.
>
> 우리는 약혼 이야기가 다시 오가는 상황이었어요. 그런데 항상 돈 이야기가 나오면 이런 대화가 깨집니다.

3 (정신적·감정적으로) 무너지다, 추스르지 못하다

> **e.g.** After weeks of constant pressure at work, I finally broke down and cried in my office.
>
> (제가) 몇 주간 회사에서 계속 압박에 시달린 후에 결국 감정적으로 무너졌고 사무실에서 울었어요.

4 세부적으로 나누다; 자세히 설명하다

> **e.g.** In order to understand the sentence better, I broke it down into parts and looked at the phrases one by one.
>
> 문장을 좀 더 잘 이해하기 위해서, 여러 단위로 나눠서 표현 하나하나를 살펴봤습니다.

5 (물질을) 분해하다; (물질이) 분해되다

 Protein from meat requires more energy for your body to break down than simple carbohydrates, like rice.

동물성 단백질은 쌀과 같은 단순 탄수화물보다 체내에서 분해되는 데 더 많은 에너지를 필요로 한다.

SMALL TALK

1 맥북을 사려는 고객과 점원의 대화

Ⓐ I'm here to check out some MacBooks. My old computer finally broke down after using it through college and grad school, so I need something right away.

Ⓑ I'm sorry to hear that. I'm sure we can find you a replacement that meets your needs. What do you mainly use a computer for now?

Ⓐ 맥북 보러 왔습니다. 대학과 대학원을 다니면서 사용하던 컴퓨터가 결국 고장이 났거든요. 그래서 당장 (새로운 맥북이) 필요합니다.

Ⓑ 아이고, 저런. 필요에 맞는 (대체) 컴퓨터를 찾아드릴 수 있습니다. 지금은 주로 어떤 용도로 쓰시나요?

2 암 진단을 받은 친구와의 대화

Ⓐ I'm sorry to bring it up, but how did you react when your doctor said it was cancer?

Ⓑ I just broke down completely and couldn't even get words out. It actually took me several days to process the news.

Ⓐ 이 이야기를 꺼내서 미안한데, 의사 선생님이 암이라고 했을 때 어땠어?

Ⓑ 정신적으로 완전히 무너져서 아무 말도 안 나왔어. 받아들이는 데 며칠이 걸렸어.

3 한국에 거주하는 외국인과의 대화

Ⓐ I've lived in Korea for 10 years, but I still don't understand how apartment lotteries work. Could you break it down for me?

Ⓑ Okay, this is how it works. You're supposed to open a special account for that. Put some money into it each month. The longer you have it open, and the more money you put in, the better your chances get.

Ⓐ 한국에 10년째 사는데 아파트 청약 제도를 잘 모르겠습니다. 자세히 좀 설명해 주시겠어요?

Ⓑ 네, 이런 식입니다. 청약을 위한 특별 계좌를 개설해야 합니다. 매달 돈을 넣어야 하고요. 계좌를 더 오래 가지고 있고, 더 많이 넣을 수록 확률이 높아집니다.

CASES IN POINT

플라스틱 빨대 사용에 관한 대화

A Do you need a straw for your iced coffee? Just a moment. I'll wash one.

B Don't you just have some plastic ones lying around from old delivery orders? I'm not picky.

A Sorry. I don't use plastic straws anymore. They take forever to break down once they're thrown away. Major coffee chains switched over to paper straws long ago, and I felt like I had to follow suit*.

B Okay, I see. I'm happy to use your metal straw. There is something about the paper straws that Starbucks has been using that make me uncomfortable, to be honest.

A Is it because they get soggy* after a while? I always end up rushing to finish my drink before that happens.

B Yeah, and I bet they like that. They're all about customer turnover*.

*follow suit: 남이 하는 대로 따라하다, 동참하다
*soggy: 눅눅한
*customer turnover: 고객 회전율

A 아이스커피 마시는 데 빨대 필요할까? 잠시만. 하나 씻어 줄게.

B 배달 주문하고 남은 플라스틱 빨대 없니? 난 상관없어.

A 미안. 난 이제 플라스틱 빨대는 안 쓰거든. 버려진 후에 분해되는 데 정말 오래 걸려. 대형 커피 전문점은 오래 전에 종이 빨대로 바꿨지. 나도 동참해야겠다 싶더라고.

B 아, 알겠어. 그럼 네가 가지고 있는 금속 빨대 쓸게. 근데 솔직히 스타벅스에서 쓰는 종이 빨대는 뭔가 불편한 점이 있어.

A 시간이 지나면 눅눅해져서 그런 거야? 나도 (빨대가) 눅눅해지기 전에 서둘러 음료를 마시게 되더라.

B 맞아, 그리고 커피 전문점들은 그걸 틀림없이 좋아하겠네. 그들에게는 고객 회전율이 제일 중요하니까.

break up

break up은 서로 연결되어 있던 것이 떨어지거나, 원래 연결되어 있던 것을 떼어놓거나 분리한다는 의미의 구동사입니다. 가장 먼저 떠오르는 상황이 남녀 간의 헤어짐일 것입니다. 우선 다음 대화문을 보겠습니다.

> A: Is it true you broke up with Susie?
>
> B: She broke up with me, actually.
>
> A: 너 Susie랑 헤어졌다는 게 사실이야?
>
> B: 사실 Susie가 헤어지자고 해서 헤어진 거야.

눈치채셨는지 모르겠지만 **She broke up with me.**라고 하면 헤어지자고 한 쪽이 '그녀'라는 의미입니다.

앞서 언급한 대로 **break up**은 '붙어 있거나 연결되어 있던 것이 떨어지다, 분리되다'라는 의미를 가지며, 이때는 자동사로 쓰이는 경우입니다. 이를 이미지화할 수 있는 예문을 소개하겠습니다.

> The clouds gradually broke up and the sun got brighter.
>
> 구름이 서서히 걷히고 해가 더 밝아졌다.

한 덩어리였던 구름이 조각조각 떨어지는 것을 연상해 보시면 break up의 의미가 명확히 이해되실 겁니다.

다음은 어느 요리 유튜버의 말입니다.

> First, use two forks to break up the chicken into bite-size pieces, then mix it into the salad.
> 우선 포크 두 개를 사용하여 닭고기를 한 입 크기로 찢은 다음, 샐러드에 넣어 섞으세요.

이때의 **break up**은 '붙어 있는 것을 떼어 놓다, 분리하다'라는 타동사로 쓰였습니다.

break up은 전화 통화나 줌 회의 상황에서 '신호가 끊기다'라는 의미로도 사용됩니다.

> Hey! My signal is breaking up down here. I'm in a nightclub. Can I call you back later?
> 이봐! 여기 (지하라서) 신호가 끊겨. 나이트클럽이거든. 좀 있다 전화해도 될까?

✅ break up 요약

1 (남녀가) 헤어지다

 People break up every day. Don't take it so hard! I think we'll both be better off.
(먼저 헤어지자고 한 사람이 상대에게 하는 말)
사람들은 매일 같이 헤어지잖아. 너무 힘들게 받아들이지 마! 우리 둘 다 더 잘 살 거야.

2 (서로 연결되어 있던 것이) 떨어지다, 나뉘어지다, 분리되다; 분리하다, 떼어 놓다

> ^{e.g.} OK, class. I need you to break up into groups of three.
> 자, 얘들아. 3명씩 조를 나누어라.

> ^{e.g.} My dad says Yoko Ono* broke up The Beatles. He still hasn't gotten over it.
>
> *Yoko Ono: 비틀즈 멤버 존 레논의 아내
>
> 우리 아빠 말로는 오노 요코 때문에 비틀즈가 해체됐다고 한다. 아빠는 아직도 비틀즈가 해체된 걸 슬퍼한다.

> ^{e.g.} I like to break up my day with various kinds of tasks, so my workflow never gets stale.
> (혼자 일하는 사람의 말)
> 저는 하루 일과를 다양한 종류의 업무로 쪼갭니다. 그래야 업무 흐름이 지루해지지 않습니다.

3 (신호 등이) 끊기다, 약해지다

> ^{e.g.} You are breaking up. Are you in an elevator?
> 네 말이 끊겨서 들려. 엘리베이터 안인 거야?

SMALL TALK

1 유튜브 영상을 만든 친구와의 대화

Ⓐ I made my first YouTube video! Check it out.

Ⓑ It's two hours long! No one is gonna watch that. You need to break it up into smaller clips.

Ⓐ 내 첫 유튜브 영상을 만들었어! 한 번 봐봐.

Ⓑ 2시간짜리네! 아무도 안 볼 텐데. 좀 더 짧은 클립으로 쪼개야 해.

2 통화가 끊기는 친구와의 대화

Ⓐ Hold on, I can't hear you. Your signal keeps breaking up.

Ⓑ Oh, I'm driving through a tunnel. Give me a sec.

Ⓐ 잠시만, 잘 안 들려. 신호가 계속 끊기네.

Ⓑ 아, 차가 터널을 지나고 있거든. 잠시만.

3 좋아하는 가수의 공연에 관한 대화

Ⓐ Yeah, I heard Mina is going solo, so it's her fault the band is breaking up. So selfish.

Ⓑ That's not true! Don't talk about Mina like that. She's just doing one concert!

Ⓐ 미나가 솔로로 전향한다던데. 그러니까 밴드가 해산하는 건 미나 잘못이야. 너무 이기적이야.

Ⓑ 아니거든! 미나에 대해 그런 식으로 이야기하지 마. 그냥 콘서트 한 번 하는 것뿐이라고!

CASES IN POINT

친구의 이별 이야기

My American friend, Jackie, lived in Seoul for the past year. Not only did she fall in love with the city, but also with a charming Korean boyfriend named Minho. However, their relationship eventually got rocky*, and they recently broke up. Jackie was suddenly confused about her life abroad.

She told me, "Now that Minho and I broke up, I don't have any reason to stay in Seoul." I tried to encourage her to stick it out* longer, but she decided it was too difficult to live in a city that reminded her of her ex everywhere she looked.

*rocky: 험난한, 고난이 많은
*stick it out: 어려움에도 참고 견디다

내 미국인 친구인 Jackie는 지난해 서울에 살았다. 서울과 사랑에 빠지기도 했지만, 너무나 매력적인 한국인 남자 친구인 민호와도 사랑에 빠졌다. 하지만 급기야 둘 간의 관계가 흔들렸고 최근에 헤어지게 되었다. Jackie는 갑자기 외국 생활이 혼란스러워졌다. 그녀는 나에게 이렇게 말했다. "민호랑 헤어진 마당에 서울에 계속 있어야 할 이유가 없어." 나는 조금 더 견뎌 보라고 했지만 그녀는 어딜 가도 예전 남자 친구가 떠오르는 서울에서 사는 건 너무 힘들다고 판단했다.

brush up on

brush를 동사로 쓰면 '붓, 솔 등으로 먼지 등을 털다'라는 의미가 있습니다. 여기에 부사 up과 전치사 on이 결합되어 brush up on이라는 구동사를 이루면 마치 쌓인 먼지를 털어내듯 '한동안 방치하거나 하지 않던 무언가를 다시 연습하고 복습하다'라는 의미가 됩니다.

우리의 뇌를 저장 창고에 비유해 봅시다. 우리가 습득한 정보는 뇌의 어딘가에 저장되어 있을 것입니다. 이 중 자주 꺼내어 쓰는 정보는 먼지가 묻어 있지 않겠지만, 한참 전에 습득한 정보나 자주 사용하지 않은 정보는 먼지가 가득하겠지요. 이러한 정보에 다시 접근하거나 그것을 불러오려면 우선 먼지를 털어내야 하지 않을까요? 이와 같은 맥락으로 brush up on의 의미를 이해하면 기억하기가 더 쉬울 것입니다.

실제로 brush up on은 예전에 배운 것이었으나 한참 동안 연습하지 않아 잊어버린 것을 '다시 연습하다'라고 할 때 자주 사용되는 것을 볼 수 있습니다. 다음 예문을 보겠습니다.

> I am travelling to Paris next month, so I think I need to brush up on my French.
>
> 다음 달에 파리로 여행 가는데, 프랑스어 복습 좀 해야겠어.
> (프랑스어를 한참 동안 쓰지 않아서 많이 잊어버렸다는 의미를 내포함)

다음 두 문장을 비교해 보겠습니다.

> I'd like us to review what we learned last class.
> 지난 수업에서 배운 내용을 복습해 보겠습니다.
>
> **VS.**
>
> I'd like us to brush up on what we learned last semester.
> 지난 학기에 배운 내용을 다시 한번 복습해 보겠습니다.

첫 번째 문장에서는 배운 시점이 그리 오래되지 않은 '지난 수업'이기 때문에 **review** 라는 동사를 쓴 반면, 두 번째 문장에서는 배운 시점이 비교적 긴 시간이 흐른 '지난 학기'이므로 잊어버렸을 가능성이 높기 때문에 **brush up on**을 쓴 것입니다.

파티 준비를 하는 상황에서는 다음과 같은 말을 할 수 있습니다.

> I've got to make a cake. I'm going to read a cookbook so that I can brush up on my baking skills.
> 나 케이크 만들어야 해. 빵 굽는 것을 연습하려면 요리책 읽어 봐야겠다.
> (오랫동안 빵을 구워 보지 않았다는 의미를 내포함)

✅ brush up on 요약

(한동안 방치했거나 하지 않은 무언가를) 다시 연습하다, 복습하다

e.g. This book is not a "one-and-done" read. You should brush up on these phrasal verbs from time to time in order to feel confident using them in real-life situations.
(제가 유튜브에서 독자들에게 하는 당부의 말)
이 책은 '한 번 읽고 끝내는' 책이 아닙니다. 잊어버릴 만하면 (이 책에 담긴) 구동사를 복습하셔야 실제 상황에서 자신 있게 쓸 수 있습니다.

A: So, how's retired life treating you?* Are you bored yet*?
B: Not at all. I've been brushing up on my guitar playing. I forgot how much I loved playing.

*How is life treating you?: (안부 인사) 요즘 어떻게 지내십니까?
*yet(= by now): 이제는, 지금쯤은

A: 은퇴 생활은 어떠신가요? 무료하신가요?
B: 전혀요. 한동안 안 치던 기타도 연습하고 있어요. 내가 기타 연주를 얼마나 좋아했는지를 잊고 있었어요.

SMALL TALK

1 한국 역사를 전공한 두 미국인의 대화

Ⓐ I'm excited to visit Gyeongbokgung Palace tomorrow.
Ⓑ Me, too. I want to brush up on my Korean history before we go, so I can better appreciate what I'm seeing while we're there.

Ⓐ 내일 경복궁 가는 거 정말 기대돼.
Ⓑ 나도. 가기 전에 한국 역사 복습 좀 해야겠어. 그래야 경복궁에 가서 구경하게 될 것을 좀 더 잘 감상할 수 있을 테니.

2 제안서 발표를 앞둔 팀원과 팀장의 대화

Ⓐ So, Janet, you're going to present our proposal at the meeting tomorrow, right?
Ⓑ Right. I've been brushing up on my presentation skills this week by practicing in the mirror at home.

Ⓐ Janet, 내일 회의 때 제안서 발표하는 거죠?
Ⓑ 맞아요. 이번 주는 집에서 거울 보고 연습하면서 발표 스킬을 좀 가다듬고 있어요.

3 친구들에게 요리 솜씨를 자랑한 직장 동료와의 대화

(A) I was bragging about how good my homemade jajangmyeon is to my friends, and they invited themselves over for lunch this Saturday. I need to brush up on my cooking skills, because I haven't made it in over 10 years.

(B) Do you have room for one more? I'd like to try it, too.

(A) 친구들한테 제가 만든 자장면이 정말 맛있다고 자랑을 했더니, 이번 주 토요일에 점심 먹으러 오겠대요. 그래서 요리 연습을 좀 해야 해요. (자장면) 안 만들어 본 지 10년도 넘었거든요.

(B) 한 명 더 갈 자리 있을까요? 저도 한번 먹어 보고 싶네요.

CASES IN POINT

이성과의 새로운 만남을 앞둔 사람의 이야기

After dating my high school girlfriend for 10 years, we recently broke up. It took some time, but my best friend finally convinced me to start dating again. Tonight, I'm going out with some friends to do what single people do, and I'm feeling nervous about it. This is the first time I've been single in my entire adult life. I have no idea how this process works. All I could think to do was brush up on some pickup lines like "Do you have a map? Because I just got lost in your eyes." I hope it works.

고등학교 때 만난 여자 친구와 10년을 사귀었는데 최근에 헤어졌다. 시간이 좀 걸렸지만 가장 친한 친구가 다시 연애를 시작하라고 나를 설득시켰다. (그래서) 오늘 밤 친구들과 싱글들이 하는 것을 하러 나가기로 했는데 긴장된다. 성인이 된 후에 싱글로 지내는 건 이번이 처음이다. (이성과의 만남이) 어떤 식으로 진행되는지 도무지 알 수가 없다. "지도 있으세요? 당신의 눈에서 길을 잃어서요."와 같은 (소개팅에서 쓸 수 있는) 작업 멘트를 연습해 보는 것이 내가 생각할 수 있는 전부였다. 효과가 있었으면 좋겠다.

care for

care for는 크게 세 가지 뜻을 가진 구동사입니다. 첫 번째는 would like의 의미인 '~을 원하다'라는 뜻입니다. 이러한 의미의 care for는 식당이나 카페에서 직원이 손님을 응대할 때 흔히 사용되며, 파티 등의 주최자(host)가 손님들을 접대할 때도 사용할 수 있습니다.

> Would you care for some coffee or tea?
> (손님을 초대한 주인이 하는 말)
> 커피나 차 좀 드시겠어요?

격식을 차려야 하는 상황에서는 care for가 would like보다 좀 더 정중한 어감을 띕니다. 회사에서 Jones 상무를 찾아온 손님에게 비서가 다음과 같이 말할 수 있습니다.

> I'm afraid Mr. Jones is still in a meeting, and it may take a while before he's available. Would you care for something to drink while you wait?
> 죄송하지만 Jones 상무님은 아직 회의 중이시며, 마치려면 좀 걸릴 수 있습니다. 기다리시는 동안 마실 것 좀 가져다 드릴까요?

두 번째 용례는 약간 특이합니다. 주로 부정문에서 쓰여 '~을 그렇게 좋아하지 않다'라는 의미입니다. 베트남 쌀국수에 들어가는 '고수(cilantro)' 아시죠? 여러분이 고수를 별로 좋아하지 않는다면 다음과 같이 표현하면 됩니다.

I don't really care for cilantro.

저는 고수를 별로 좋아하지 않습니다.

다음은 아내와 남편의 대화입니다.

A: Let's get jjamppong for dinner when your parents come over.

B: You know my dad doesn't care much for spicy food.

A: 장인 장모님 오시면 저녁으로 짬뽕 먹자.

B: 우리 아빠 매운 음식 안 좋아하시는 거 알잖아.

이 경우의 **care for**를 긍정문에서 쓰면 어색한 표현이 됩니다. 즉, **I really care for something.**이나 **I care much for something.**이라고는 잘 하지 않는 것이죠. 앞의 예문에서와 같이 거의 대부분 부정문에서 **really** 또는 **much**와 함께 쓰여서 '~을 그렇게 좋아하지는 않는다'라는 의미를 나타냅니다. **hate**(몹시 싫어하다)까지는 아니지만 그렇게 좋아하지는 않는다는 정도의 어감입니다.

마지막으로 **care for**는 '애정을 가지고 돌보다, 챙기다'라는 의미가 있습니다. 사람(아기, 노인)을 돌본다고 할 때뿐만 아니라 동·식물 같은 사물에도 쓸 수 있답니다.

- Could you care for my plants while I'm on vacation?

  제가 휴가 가는 동안 우리 집 식물 좀 돌봐 주실 수 있으세요?

- You need to care for your mental health, Sally.

  Sally, 너 정신 건강을 좀 챙겨야겠어.

이럴 때의 care for는 take care of보다 좀 더 애정을 갖고 돌보는 어감이 있다는 점도 알아 둡시다.

✅ care for 요약

1 ~을 원하다

- Would you care for a seat cushion? I know that chair can be a little uncomfortable.
  (카페 직원이 손님에게)
  쿠션 드릴까요? 그 의자 조금 불편할 거예요.

- Would you care for a walk after dinner?
  저녁 먹고 산책 가실래요?

2 (부정문에서) ~을 그다지 좋아하지 않다

- A: Can I offer you a mint or some chocolate?
  B: No thanks. I don't care much for sweets.

  A: 박하사탕이나 초콜릿 드릴까요?
  B: 괜찮아요. 전 단 것을 별로 안 좋아해서요.

- I don't really care for scary movies.
  저는 무서운 영화를 별로 좋아하지 않아요.

3 (애정을 가지고) ~을 돌보다

- I recently started caring for my elderly parents, and it's made me really grateful for how much they sacrificed to raise me.
  최근에 연로하신 부모님을 돌보기 시작했는데, 저를 키우느라 얼마나 많은 희생을 하셨는지 생각하니 정말 감사한 마음이 들었답니다.

1 식당에서 일행 세 명 중 한 명이 자리를 비운 상황의 대화

Ⓐ Would you like to try some fish? I saw someone else eating it and it looked good.

Ⓑ Actually, he doesn't care for seafood. I heard the bulgogi is really good here. Why don't we try that?

Ⓐ 생선을 한번 먹어 볼까요? 다른 사람이(다른 테이블에서) 먹는 거 봤는데 맛있어 보이더라고요.

Ⓑ 사실, 저 친구(화장실에 간 친구)는 해산물 별로 안 좋아해요. 이 집은 불고기가 맛있다고 하던데. 불고기 먹는 게 어때요?

2 집에 놀러 온 친구와의 대화

Ⓐ Wow, I like what you've got going on here. I wish I could grow plants on my balcony like you.

Ⓑ Caring for plants is easier than it looks, actually. All you have to do is water them when the soil is dry.

Ⓐ 우와, 정말 예쁘게 잘 꾸며 두었네. 나도 너처럼 발코니에 식물을 키웠으면 좋겠다.

Ⓑ 식물 기르는 거 보기보다 쉬워. 흙이 마르면 물만 주면 되거든.

3 친구들을 집에 초대하려고 하는 상황의 대화

Ⓐ If you're having Sam and Frank over to watch the baseball game, why don't you include Peter as well? I thought the Mets* were his team.

Ⓑ I can't really have those guys all together. They get so into sports that things sometimes get heated. Besides, Sam and Frank are from the South, and Southerners don't care for New Yorkers, even in the best of times*.

*Mets: 미국 프로야구팀 '뉴욕 메츠'를 말함

*in the best of times: 사정이 좋을 때, 분위기가 좋을 때

A Sam이랑 Frank를 초대해서 야구 경기를 보려면 Peter도 같이 초대하는 게 어때? Peter가 메츠 팬일 텐데.

B 그 친구들 모두 같이 부르면 안 돼. 스포츠에 너무 열광한 나머지 가끔 분위기가 과열될 때가 있어. 게다가 Sam이랑 Frank는 남부 출신인데, 남부 사람들은 뉴요커를 별로 안 좋아해. 분위기가 좋을 때조차도 말이야.

CASES IN POINT

친구가 추천한 병원에 다녀온 사람의 후기

My stomach was feeling a little bloated* after breakfast this morning. My friend recommended this clinic at Kukkiwon Intersection. So when I got there, there were a ton of people in line. I had to wait about an hour, which is difficult, to say the least,* when you're suffering from severe stomach pain. Overall, the clinic was professional enough, I would say. They were also kind of impersonal, though. I didn't really feel cared for. I'm probably not going to go there again.

*feel a little bloated: 속이 더부룩하다

*to say the least: 아무리 좋게 말해도, 조금도 과장하지 않고

오늘 아침을 먹고 난 후 속이 좀 더부룩했습니다. 친구가 국기원 사거리 쪽에 있는 이 병원을 추천해 주었습니다. 도착하니 엄청 많은 사람들이 줄을 서 있었습니다. 한 시간 정도 기다려야만 했는데, 과장이 아니라, 배가 너무 아픈 상황에서는 이렇게 줄 서는 건 정말 힘들었습니다. 이 병원은 대체로 전문성은 뛰어났다고 할 수 있습니다. 하지만 인간미가 좀 없었습니다. 보살핌을 받는다는 느낌을 받을 수 없었습니다. 다시 가지는 않을 것 같습니다.

catch on (to)

catch on이라고 하면 어떤 표현이 가장 먼저 떠오르시나요? 아마도 catch on fire 와 같이 '불이 붙다'라는 표현이 아닐까 생각됩니다. 불이 붙는다는 의미가 확장되어 어떤 것이 일시적으로 갑자기 인기를 끌게 되거나 유행하게 될 때 실제로 catch on 이라는 구동사가 자주 사용되는 것을 볼 수 있습니다. 다음 예문에서 이를 확인할 수 있습니다.

> I didn't expect baggy shirts and pants to catch on again.
> 헐렁한 셔츠와 바지가 다시 유행할 줄은 몰랐다.

이런 의미로 쓰이는 경우 주로 '트렌드, 제품, 패션, 서비스' 등을 뜻하는 단어가 주 어로 옵니다. 한편, '사람(행위자) + catch on' 또는 '사람(행위자) + catch on to something'의 형태로 쓰이면 다음 두 가지 의미를 나타냅니다.

① 상대방이 감추거나 숨기려고 하는 것을 눈치채다
② 유머, 개념, 프로세스, 장점 등을 이해하다, 알아차리다

다음 두 가지 상황에서 이를 확인해 보겠습니다.

> • My husband and I have been fighting recently, but I'm trying not to let my children catch on to our money problems.

최근 들어 (돈 문제로) 남편이랑 다투고 있다. 하지만 아이들이 우리 돈 문제를 눈치 못 채도록 노력하고 있다.

- My company is so behind the times. They still haven't caught on to all the benefits that come with working from home.

우리 회사는 트렌드에 많이 뒤처져 있습니다. 재택근무의 수많은 장점을 아직 이해하지 못하고 있어요.

✅ catch on (to) 요약

1 (일정 시기에 단기적으로) 인기를 끌다

e.g. Sports betting is really catching on in North America. Professional athletes are banned from placing bets. For those who are caught, the punishment is severe.

스포츠 도박이 북미에서 선풍적인 인기를 끌고 있습니다. 프로 선수들의 도박은 금지되어 있습니다. (도박을 하다가) 걸릴 경우, 무거운 처벌이 내려집니다.

2 (감추거나 속이는 것을) 눈치채다, 알아차리다

e.g. Dave had "I'm an idiot" written on the back of his shirt. He didn't catch on until the teacher asked him about it.

Dave의 셔츠 뒷면에 '나는 바보다'라고 적혀 있었다. 그는 선생님이 그게 뭐냐고 물을 때까지 눈치를 못 챘다.

3 (유머, 개념, 프로세스, 장점 등을) 이해하다

e.g. Why do you guys keep laughing? I can never catch on to your jokes...

너희들 왜 계속 웃는 거야? 나는 너희들 유머가 전혀 이해가 안
되는데….

 My client is slow to catch on when I teach him new
exercises.
(PT 트레이너의 말)
제 고객은 새로운 운동을 가르쳐 줄 때 이해하는 속도가 더딥니다.

SMALL TALK

1 다른 친구를 상대로 장난친 친구와의 대화

Ⓐ So, I told Jeff that our college has a mandatory suit and jacket
policy starting on Monday.

Ⓑ And what happened? Did he come to class dressed up, or did
he catch on before that?

Ⓐ Jeff한테 월요일부터 학교에서 의무적으로 정장과 재킷을 착용해야 하는 정책이
시행된다고 했어.

Ⓑ 그랬더니? 정장 입고 수업에 온 거야, 아니면 그 전에 (장난으로 한 말이라는 걸) 눈치
챈 거야?

2 눈치 없는 남편에 대한 두 여성의 대화

Ⓐ My husband doesn't catch on to my hints. If I want something
for my birthday, I should write it down on his shopping list.

Ⓑ Yeah, men have a lot of trouble being thoughtful. I just ask my
husband outright* to get me something, or I even send him a
link to the product.

*outright: 대놓고, 노골적으로

Ⓐ 내 남편은 눈치가 너무 없어. 생일 선물 갖고 싶은 게 있으면 남편 쇼핑 리스트에 적어 줘야 한다니까.

Ⓑ 맞아. 남자들은 세심함이 부족해. 난 남편한테 그냥 대놓고 뭐 사 달라고 하거나 제품 링크를 보내기도 한다니까.

3 식당의 아르바이트 직원과 사장의 대화

Ⓐ I've been trying really hard to remember all the menu items and the table numbers. Do you think I'm ready to handle some tables on my own yet?

Ⓑ Normally, it can take up to a week to train new servers, but you're catching on pretty quick. How about you work by yourself tomorrow?

Ⓐ 모든 메뉴와 테이블 번호를 정말 열심히 외우고 있어요. 제가 이제 혼자 테이블을 맡아 서빙할 수 있을까요?

Ⓑ 보통 신입 서빙 직원을 교육하는 데 최대 일주일 정도 걸리는데, 당신은 상당히 빨리 익히는군요. 내일부터 혼자서 직접 서빙해 보는 게 어때요?

CASES IN POINT

전기차에 대한 어느 유튜버의 의견

Electric vehicles started to catch on a couple of years ago. People were more conscious of the environment, and the technology was advanced enough. However, recently, EVs are falling out of favor*. There are probably some factors like concerns over battery life, limited charging infrastructure, and a high upfront cost*. Electric vehicles are cheaper to run and maintain, but it takes about five years for EVs to pay for themselves*.

*fall out of favor: 인기가 시들해지다
*upfront cost: 초기 비용
*pay for itself: 본전을 뽑다; 투자한 돈, 지불한 돈(금액)이 회수되다

2~3년 전부터 전기차가 인기를 끌기 시작했습니다. 환경에 대한 인식도 커지고 기술도 충분히 발전했기 때문인데요. 하지만 최근 전기차 인기가 시들해지고 있습니다. 배터리 수명, 충전소 부족, 높은 초기 비용에 대한 걱정 같은 원인이 있을 것입니다. 전기차는 운행 및 유지비가 상대적으로 저렴하지만 본전을 뽑으려면 약 5년은 걸립니다.

catch up (on)

김재우의 영어관찰일기

'오랜만에 얼굴을 보다[만나다]'라는 우리말에 정확히 대응되는 영어 표현으로 **catch up**이 있습니다. "조만간 얼굴 한번 보고 저녁 먹자."라고 할 때 **Let's catch up over dinner sometime soon.**이라고 하는 것이죠. 이렇듯 **catch up**은 기본적으로 한참 만에 만나서 밀린 수다를 떨거나, 여러 가지 사정으로 인해 미뤄 둔 것을 할 때 사용하는 구동사입니다. 목적어를 쓰고 싶을 때는 전치사 **on**을 붙여 **catch up on something**으로 표현하면 됩니다.

밀린 집안일을 할 때 역시 **catch up**을 써서 다음과 같이 표현합니다.

I'll use the weekend to catch up on household chores; the laundry has been piling up.

주말을 이용해 밀린 집안일을 해야겠다. 빨래가 계속 쌓이고 있다.

회신하지 않은 이메일이 쌓여 있을 때도 다음과 같이 표현할 수 있습니다.

A: Have you had a chance to respond to our client's e-mails yet?

B: Not yet. I'll catch up on them after lunch; I've been swamped all morning.

A: 고객 이메일에 답장은 한 거예요?

B: 아직이요. 점심 식사 후에 처리할게요. 오전에 일이 너무 많네요.

☑ catch up (on) 요약

1 한참 만에 만나서 밀린 수다를 떨다

🔵 Maybe we could meet up for lunch sometime next week. We have a lot to catch up on.

다음 주 언제 만나서 점심이나 먹으면 좋은데. 그동안 밀린 이야기가 정말 많잖아.

2 여러 가지 사정으로 밀린 것을 만회하다

🔵 I'm going to catch up on sleep this weekend; I've been feeling exhausted lately.

이번 주말엔 밀린 잠을 좀 자야겠어. 요즘 계속 너무 피곤해.

🔵 Instagram helps me to catch up on the latest fashion trends.

인스타그램을 하면 최신 패션 트렌드를 파악하는 데 도움이 된다.

🔵 A: How's your Ph.D. program going?

B: I am really behind on the reading. It will take me weeks just to catch up.

A: 박사과정은 잘 되어 가니?

B: 읽어야 할 것들이 많이 밀렸어. 만회하는 데만 몇 주는 걸릴 거야.

1 산부인과 의사와 회사원 친구 사이의 대화

Ⓐ I delivered three babies today. What did you do at work today?

Ⓑ Being a doctor sounds really tough. Me? Nothing as stressful as that; I just caught up on e-mails.

Ⓐ 오늘 아기를 세 명 받았어. 넌 회사에서 뭐 했어?

Ⓑ 의사는 너무 힘들겠다. 나? 난 그 정도로 힘든 건 없었지. 그냥 밀린 이메일 처리했지.

2 주말에 피크닉 가자는 친구와의 대화

Ⓐ Are you busy Saturday, Jim? We're having a picnic at the Han River. Would you care to join us?

Ⓑ Well, I was really hoping to catch up on some much-needed rest on Saturday. I think I will skip this one. But thanks for the invite.

Ⓐ Jim, 토요일에 바빠? 우리 한강에 피크닉 갈 건데, 같이 갈 생각 있어?

Ⓑ 음, 토요일에는 그동안 못 쉰 거 몰아서 쉴까 했어. 이번에는 빠져야 할 듯해. 그래도 초대해 줘서 고마워.

3 영어 공부에 대한 친구 사이의 대화

Ⓐ Hey, I haven't heard from you lately. Have you been keeping up with Jaewoo Kim's online lectures?

Ⓑ Not really. I need to catch up on them; I've been slacking off* lately.

*slack off: 게으름 피우다, 나태하다, 해이하다

Ⓐ 안녕, 요즘 통 연락이 없네. 김재우 선생님 온라인 강좌는 안 밀리고 잘 듣고 있지?

Ⓑ 그렇지도 않아. 밀린 강좌 들어야 해. 최근에 좀 해이해졌거든.

최근 취업을 한 어느 직장인의 글

I had been out of work for about six months before I finally got hired last month. During those tough times, I got behind on bills and felt so stressed. But now, with my new job, things are finally starting to look up. I felt really good catching up on bills with my first paycheck and finally getting back on track with my finances. Sitting down to pay off overdue bills yesterday, I felt grateful and relieved. It might not seem like much, but for me, it was a big deal.

6개월 정도를 쉬다가 지난달에 드디어 직장을 구했다. 힘들었던 그 시기 동안 각종 공과금도 밀리고 스트레스도 많이 받았다. 하지만 새 직장을 구한 지금은 희망이 보이기 시작한다. 첫 월급 받은 것으로 밀린 공과금도 내고 드디어 재정 상태도 다시 안정을 찾아서 기분이 정말 좋았다. 어제 밀린 공과금을 내려고 앉았는데 너무 감사하고 마음이 놓였다. 별것 아닌 것으로 보여도 나한테는 큰일이다.

DAY 9

check in on vs. check on

이번에는 **check in on**과 **check on**이라는 구동사에 대해 학습하겠습니다. 두 구동사 모두 목적어의 '상태를 확인하다'라는 의미를 지니고 있습니다. 이 둘은 유의미한 차이점 없이 번갈아 쓸 수 있는(interchangeable) 경우가 대부분이지만, 굳이 차이점을 꼽자면 다음과 같습니다. **check in on**이 조금 더 애정이나 관심 등을 갖고 목적어의 상태와 안부를 확인하는 어감이 있는데 반해 **check on**의 경우 (예외가 있기는 하지만) 조금은 사무적인 어감을 띠는 표현입니다. 이러한 차이점을 다음 두 사례를 통해 확인해보겠습니다.

다음은 할머니를 걱정하는 손녀들의 대화로, **check in on**을 사용하였습니다.

A: Have you checked in on Grandma? I worry about her being home alone with a broken hip.

B: I'm planning on stopping by her house right after work.

A: (할머니 댁에 가서) 할머니 안부는 확인해 본 거야? 고관절 골절이신데 집에 혼자 계시는 게 걱정이 되네.

B: 일 마치고 바로 할머니 댁에 들러 보려고 해.

다음은 **check on** 관련 예시입니다.

- If you are a server at a restaurant, you need to check on diners at your tables to see if they need anything.

  식당에서 서빙을 하게 되면 담당 테이블의 손님에게 필요한 것이 있는지 확인해 보아야 한다.

- Could you check on the chicken I'm cooking in the oven?

  오븐에 닭고기 익히고 있는데, (잘 익고 있는지) 확인 좀 해 줄 수 있어?

✓ check in on vs. check on 요약

'상태를 확인하다'라는 의미로 **check in on**이 조금 더 애정이나 관심 등을 갖고 상태와 안부를 확인하는 어감이 있습니다.

1   check in on

> e.g. Since my son has been feeling under the weather*, I'm going to check in on him tomorrow and see if he needs any groceries or medicine.
>
> *under the weather: 몸이 좀 안 좋은
>
> 제 아들이 몸 상태가 안 좋아서 내일 가서 어떤지 확인하고, 식료품이나 약이 필요한지 알아봐야겠습니다.

> e.g. It's been a while since we last spoke, so I thought I'd check in on you and see how you're doing with the new job.
>
> (최근 이직을 한 사람에게 이전 직장 팀장이 보내는 메시지)
> 지난번에 얼굴 본 뒤로 시간이 제법 흘렀네. (자네 사무실에 들러서) 어떻게 지내는지, 그리고 새 직장은 어떤지 한번 볼까 싶어서 연락했어.

2 check on

 Why are you just standing there? Go check on your tables and see if they need drinks or anything.
(음식점 매니저가 신입에게 하는 말)
왜 거기 그냥 서 있는 거예요? 손님에게 음료나 뭐 필요한 게 있는지 어서 테이블을 확인해 보세요.

 My boss checks on me like twelve times a day and it drives me crazy. I don't like being micromanaged.
제 상사는 하루에 열두 번씩 (메시지, 통화 등으로) 저를 통제하는 데 이 때문에 미치겠습니다. 사사건건 간섭받는 게 정말 싫습니다.

SMALL TALK

1 안부를 묻는 이웃 주민 사이의 대화

Ⓐ You mentioned that you caught a stomach bug* a few days ago, so I wanted to check in and ask how you're holding up.

Ⓑ Thanks for checking in on me! I've been okay. I'm still stuck in bed but starting to get better.

*catch a bug: 병에 걸리다, 식중독 등을 앓다

Ⓐ 며칠 전에 장염 걸렸다고 했잖아요. 그래서 잘 회복하고 있는지 물어보고 싶었어요.

Ⓑ 챙겨 주셔서 고마워요! 괜찮아요. 아직 침대에 누워 있지만 좋아지고 있어요.

2 곧 여행을 떠나는 부부 사이의 대화

Ⓐ I need to check on the plants before we leave. I think they'll be needing water soon.

Ⓑ OK, go take a look. We wouldn't want them to die while we're on our trip.

Ⓐ 출발하기 전에 식물들을 확인해야 해. 곧 물을 줘야 할 거야.

Ⓑ 그래, 가서 한번 살펴봐. 우리가 여행 가 있는 동안 죽으면 안 되니까.

3 수간호사와 신입 간호사의 대화

Ⓐ Have you checked on the new patient in room 303? It says on his chart that he needs to be monitored regularly.

Ⓑ Yes, I checked on him a few minutes ago. As I understand it, we are supposed to make rounds to check on post-op* patients every two hours.

> *post-op(postoperative): 수술 후의 (관리, 처치, 간호 등)

Ⓐ 303호에 새로 들어온 환자 상태 확인했나요? 차트 보니까 이 환자 주기적인 모니터링이 필요하다고 적혀 있군요.

Ⓑ 네, 몇 분 전에 (상태) 확인했어요. 수술 후 회복 중인 환자의 경우 2시간에 한 번씩 회진을 하면서 확인해야 하는 점 알고 있어요.

> *위 대화문의 경우 의료진이 업무의 일환으로 확인을 하는 상황이므로
> check in on보다는 check on을 쓰는 것이 자연스럽습니다.

CASES IN POINT

사회 복지사가 TV에 출연해서 하는 말

I've been a social worker here in Brownsville, New York for a few years, and I cannot emphasize enough how important it is to care for the elderly who have no other support. We need to let viewers know the challenges faced by people living on their own, with no one around them. Giving simple companionship by checking in on them makes a huge difference. Living in isolation is much more difficult than most people know.

저는 몇 년째 뉴욕 브라운즈빌에서 사회 복지사로 일하고 있습니다. 의지할 곳이 없는 노인들을 돌보는 일의 중요성은 아무리 강조해도 지나치지 않습니다. 혼자 사는 사람들이 겪게 되는 어려움을 시청자들에게 알려야 합니다. 동료애를 발휘해서 이들의 안부를 확인하는 것만으로도 큰 변화가 생깁니다. 독거 생활이라는 것은 사람들이 생각하는 것보다 훨씬 더 힘든 일이거든요.

check out

가장 흔히 접할 수 있는 **check out**의 용례는 호텔 등에서 '체크아웃을 하다'가 아닐까 합니다. **check out**은 이 외에도 무수히 많은 상황에서 다양하게 쓸 수 있는 구동사입니다. 언젠가 한 원어민이 다음과 같은 말을 한 적이 있습니다.

> My elevator is very slow, and I live on the 15th floor. I use the time coming down to check out my appearance in the mirror and pull off any lint or cat fur.
>
> 제가 사는 곳의 엘리베이터는 아주 느려요. 제가 15층에 삽니다. 엘리베이터가 내려가는 시간을 이용해서 거울로 외모를 확인하고 보풀이나 고양이 털을 뗍니다.

이처럼 **check out**은 자세히 보지 않으면 보이지 않는 것 등을 보기 위해 '매우 자세히 아래위로 살펴보다'라는 의미를 지니고 있습니다. 자동차 매장에 가서 신차 모델을 볼 때도 단순히 쓰윽 보는 것이 아니라 내관과 외관 및 기능을 꼼꼼하게 살펴보고 필요하다면 시승도 하지요. 이 같은 일련의 행위가 **check out**입니다. 새로 생긴 카페에 가서 그 집 음식을 먹어 보는 것도 **check out**이라고 합니다. 미술관에 가서 작품을 보면서도 다음과 같이 말할 수 있습니다.

> Check out the tiny details in this painting. You can see the artist's individual brushstrokes.

이 그림 속에 있는 작은 디테일들을 꼼꼼히 봐봐. 이 화가의 독특한 붓 터치가 보일 거야.

많은 분이 check과 check out의 차이를 궁금해하십니다. check은 단순히 시각적으로 무엇을 보고 확인만 하는 행위인 반면 check out은 보는 것을 비롯해, 만져 보고, 살펴보고, 먹어 보고, 둘러보고, 경험해 보는 종합적인 행위를 나타냅니다. 보고서에 오타가 있는지 확인한다고 할 경우에는 check the report for typos 라고 표현하지만, 한국 여행을 온 외국 관광객들이 드라마에서 소개된 유명한 곳을 방문해서 구경하고 체험해 보는 경우에는 check out을 써야 합니다.

We want to check out some of the famous locations from Korean media, like *Squid Game* and *Parasite*.
〈오징어 게임〉과 〈기생충〉과 같은 한국 미디어에 등장한 유명한 곳을 방문해 보고 싶습니다.

많은 학습자가 check out을 쓰면 딱 좋을 때 go to나 visit 등만 쓰는 경향이 있습니다. 이제부터는 check out을 입에 붙여 보세요.

check out에는 '수업이나 강연을 듣는 중에 딴생각을 하다'라는 의미도 있는데, 마치 호텔에서 체크아웃을 하듯, 수업이나 강연을 듣다가 정신이 빠져나가 버리는 것을 연상하면 됩니다. 예시는 'check out 요약'에서 확인하겠습니다.

마지막으로 남녀 관계에서 마음이 떠난 상황을 표현할 때도 check out을 쓰는데, 이 역시 관계 속에서 '체크아웃하고 나가 버리다'라는 의미로 이해하시면 되겠습니다.

범용성 만점인 check out을 정확히 이해하고 체화해서 자유자재로 쓸 수 있도록 합시다.

1 ~을 (하나하나) 세밀하게[자세히] 살펴보다, 뜯어보다

🔈 Wow, check out what she's wearing! How can she stand being out in this weather wearing that?
와, 저 여자 옷 좀 봐! 저렇게 입고 이 날씨를 어떻게 견디지?

🔈 Were you just checking her out while holding my hand?
나랑 손잡고 있으면서 저 여자를 훑어본 거야?

🔈 Hold on. I am gonna go in and check out their menu to see if they have anything good.
잠시만. 안에 들어가서 먹을 만한 것 있는지 메뉴 좀 보고 올게.

2 (유명 관광지, 식당, 카페, 옷 가게 등에 가서 경관이 얼마나 좋은지, 음식이 얼마나 맛있는지, 옷이 어떤지 등을) 확인하다, 경험하다

🔈 Yongnidangil has so many cool places to check out. You could hang out there every weekend and never get bored.
용리단길에는 정말 가볼 만한 멋진 곳이 많아. 주말마다 거기 가서 놀아도 지겹지 않을 거야.

🔈 Please check out our Instagram for the latest information on hours and special dishes.
영업시간과 특별 메뉴와 관련된 최신 정보는 저희 인스타그램을 방문해서 확인해 주시기 바랍니다.

3 (사실, 진위, 진품 여부 등을 확인하기 위해) ~을 자세히 확인하고 검증해 보다

🔈 Check out this watch. Is it genuine or a knock-off?
이 시계 자세히 봐봐. 진품이야, 아니면 짝퉁이야?

4 (수업이나 강연을 듣는 중에) 딴생각을 하다

> e.g. The lecture was so tedious and complicated. It only took a few minutes before most of the class had mentally checked out.
> 강연이 너무 지루하고 어려웠다. 불과 몇 분 만에 수업 듣는 학생 대부분이 딴생각을 하기 시작했다.

5 (남녀 관계에서) 마음이 떠나다

> e.g. Samantha said she had already checked out of the relationship long before she broke up with me.
> Samantha는 저랑 헤어지기 한참 전부터 이미 마음이 떠났다고 하더라고요.

SMALL TALK

1 어느 스피커 매장에서 이루어지는 대화

Ⓐ This Marshall Stanmore speaker might better suit your needs. And even better, it's 30% off — this week only.

Ⓑ Yeah, that sounds like a real bargain, but I know almost nothing about speakers, so I think I need to check out other brands before I make a decision.

Ⓐ 이 마샬 스탠모어 스피커가 고객님 니즈에 좀 더 잘 맞을 듯하네요. 게다가 이번 주만 30퍼센트 세일을 하거든요.

Ⓑ 네, 정말 괜찮은 것 같네요. 그런데 제가 스피커에 대해 아는 게 거의 없어서, 다른 브랜드도 살펴보고 결정해야 할 것 같습니다.

2 의류 매장의 점원과 매니저 사이의 대화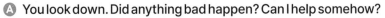

Ⓐ You look down. Did anything bad happen? Can I help somehow?

Ⓑ Oh, no. Nothing unusual. I'm just feeling bad because I haven't sold even a single piece of clothing today. Customers just use the store to check out clothes before buying them online.

Ⓐ 좀 우울해 보이네요. 무슨 안 좋은 일 있었어요? 제가 뭐 도울 거라도?

Ⓑ 아니에요. 별것 아니에요. 그냥 오늘 옷을 하나도 못 팔아서 맥이 빠진 거예요. 고객들이 저희 매장에서 옷을 입어만 보고는 온라인에서 구매를 하네요.

3 사내 전체 회의 중 직원 사이의 대화

Ⓐ It looks like Jackson has checked out of our meeting. Maybe he's caught up in some e-mails.

Ⓑ That's just like Jackson, always juggling multiple things at once. Should we give him a nudge*?

*give somebody a nudge: 쿡쿡 찌르다, 눈치를 주다

Ⓐ 보니까 Jackson이 회의에 집중을 안 하는 듯하네. 이메일 답장한다고 정신이 없는 듯.

Ⓑ Jackson답네. 늘 동시에 여러 가지 일을 처리하잖아. (집중하라고) 눈치를 좀 줘야 할까?

CASES IN POINT

남자 친구에게서 마음이 떠난 여성의 말

I have been confused for months now about my boyfriend. We've been dating for five years, and we haven't talked about marriage much, but lately he has been hinting at it more and more. He's a good guy and we get along well, but when I sense a marriage talk coming, my instinct is to distance myself from him, and I'm not sure why. Maybe I've been emotionally checked out for too long, but I don't know how to bring this up with him.

남자 친구에 대해 몇 달째 혼란스럽다. 5년을 사귀었는데, 결혼 이야기는 별로 안했다. 하지만 최근 들어 남자 친구가 결혼에 대해 점점 운을 떼고 있다. 좋은 남자고 우리 사이도 좋다. 하지만 결혼 이야기가 나올 것 같으면, 본능적으로 거리를 두게 되는데 이유를 잘 모르겠다. 어쩌면 내가 이미 아주 오랫동안 감정이 떠난 상태인 걸 수도 있다. 하지만 이런 이야기를 어떻게 꺼내야 할지 모르겠다.

come across

come across는 '우연히 ~을 보게 되다, 발견하다'라는 의미의 구동사입니다. 얼마 전에 한 원어민이 걸어서 집에 가는 길에 자두나무를 봤다고 하면서 다음과 같이 말했던 기억이 납니다.

> I came across a plum tree while walking home.
>
> 걸어서 집에 오다가 (우연히, 뜻밖에, 예상치 못하게) 자두나무를 봤어요.

이렇듯 come across는 '예상치 못하게, 우연히, 뜻밖에' 무언가를 보게 되거나, 발견하거나, 마주친다는 어감을 지니고 있습니다. 옷장 정리를 하다가 우연히 고등학교 때 사진을 발견한 경우에도 역시 come across를 사용하여 다음과 같이 표현합니다.

> I came across this photo from high school while I was cleaning out a closet at my parents' place.
>
> 부모님 댁에 있는 옷장 정리를 하다가 우연히 고등학교 때 찍은 이 사진을 발견했어.

come across의 목적어로 사람 명사가 올 수도 있습니다. 다음 예문에서는 '점집' 이라는 의미로 fortune teller가 목적어로 왔습니다.

I came across this fortune teller while walking through the Myeongdong Market. He only charges 15,000 won to predict your future, so I thought, "Why not?"

명동 시장을 걷고 있는데 이 점집을 발견했어. 점을 봐 주는 데 만 오천 원밖에 안 받아. 그래서 '그럼 한번 봐 보지 뭐!'라고 생각했어.

✅ come across 요약

예상치 못하게[우연히, 뜻밖에] ~을 보게 되다, 발견하다, 마주치다

- **e.g.** I came across this ad for a free session at a climbing gym on Naver. Why don't we go check it out?
  네이버에서 실내 암벽 등반 센터의 무료 수업 광고를 봤어. (어떤 건지) 한번 알아볼까?

- **e.g.** A: While you were sleeping in this morning, I went off on a walk and came across this cute little beachside café. Take a look on my phone.
  B: Oh wow! Over 500 reviews, and the average score is 4.8! We'll have to try it out before we leave.

  (친구들끼리 해운대에 여행 온 상황)
  A: 오늘 아침에 너희들이 늦잠을 자는 동안 산책하러 나갔다가 바닷가에서 작고 예쁜 카페를 발견했어. 내 휴대폰으로 한번 봐 봐.
  B: 우와! 리뷰가 500개가 넘고 평점이 4.8점이네! 떠나기 전에 한번 가 봐야겠다.

- **e.g.** I was walking down an alley in Bukchon, and I came across a tattoo artist. Her work was so unique, I ended up getting a tattoo on the spot.
  북촌에 있는 어느 골목길을 걷고 있다가 문신하는 분을 발견했어. 문신이 상당히 독특하더라고. 그래서 그 자리에서 바로 문신을 해 버렸어.

1 쿠키 가게에 관한 친구 사이의 대화

Ⓐ On my way here, I came across a little cookie shop near the station. It looked so cute, and I had to pick some up for us.

Ⓑ Oh, I think I know the place you're talking about. Did they have a big, colorful sign over the door?

Ⓐ 여기 오는 길에 역 근처에서 작은 쿠키 가게를 발견했어. 가게가 너무 귀여워서, 쿠키를 안 사 올 수가 없더라고.

Ⓑ 아, 나 거기 어딘지 알 것 같아. 문 위에 크고 화려한 간판 있지(있었지)?

2 가구 매장에서의 부부의 대화

Ⓐ Have you come across anything that you want to get for the house?

Ⓑ Nothing has really caught my eye yet. There's so much we haven't seen yet, though. I'm keeping an eye out for* a nice chair or bedside table.

*keep an eye out for: ~을 지켜보다, 살펴보다

Ⓐ 집에 둘 만한 것(가구)은 좀 찾은 거야?

Ⓑ 아직 눈에 띄는 게 없네. 근데 아직 안 본 것들이 많아. 괜찮은 의자나 침대 테이블을 열심히 찾고 있어.

3 아파트 주민 사이의 대화

Ⓐ Hey, I came across this cleaner yesterday, and it works really well on my bathroom tiles. Did you already know about it?

Ⓑ Oh, yeah. I've been using that for ages. You can get it pretty much anywhere, so I'm surprised you hadn't tried it before.

Ⓐ 안녕하세요. 어제 우연히 이 청소 세제를 발견했는데, 욕실 타일이 잘 닦이네요. 이미 알고 있었어요?

Ⓑ 아, 네. 그 제품 쓴 지 오래됐어요. 어디에 가나 파는데, 처음 써 본다고 하시니 의외군요.

CASES IN POINT

아마존닷컴에 올라온 서평

I came across this children's book at the bookstore last week, and I really liked its colorful cover. I thought it would be a fun story for my kids(4 & 7 years old), so I decided to bring it home. However, we quickly found out that the story was too scary for them. The themes of a cookie prison were darker than I expected, and it kept my kids awake for several nights. While the illustrations were beautiful, the content just wasn't suitable for my little guys. I wouldn't recommend it to parents with young children looking for a light and enjoyable story.

지난주 서점에서 이 아동용 도서를 우연히 발견했고, 표지가 화려해서 아주 마음에 들었습니다. 우리 아이들(4세, 7세)이 읽으면 재미있을 이야기겠다 싶어서 사가지고 왔습니다. 하지만 아이들이 읽기에는 너무 무서운 이야기라는 걸 금방 알게 되었습니다. 쿠키 감옥이라는 주제는 생각보다 훨씬 어두웠고, 이 때문에 아이들이 며칠 밤을 잠을 못 잤습니다. 삽화는 정말 멋졌지만, 내용은 저희 아이들에게 적합하지 않았습니다. 가볍고 재미있는 이야기를 찾는 어린 자녀를 둔 부모님에게는 추천하지 않습니다.

come along

come along은 크게 세 가지 의미를 지닌 구동사입니다. 우선, '따라가다, 함께 가다' 라는 기본적인 의미가 있습니다.

I was wondering if you would like to come along to the picnic.
나랑 같이 피크닉 갈 생각 있는지 궁금하네.

come along에는 뜻밖의 의미도 있는데, 무언가 쉽지 않을 것 같은 일과 상황이 '~하게 되어 가다, 진행되다'라는 의미로 사용됩니다.

- How are your studies coming along?
  공부는 잘되어 가니?

- How is your book coming along?
  책 쓰는 건 잘 진행되고 있나요?

마지막으로 '예상치 못한 무엇이 나타나다, 생기다, (기회가) 오다'라는 뜻도 있습니다.

- I was lost until you came along.
  당신이 나타날 때까지 나는 방황했어.

• A: I can't believe I didn't get that job. It seemed perfect for me.

B: Don't worry. I'm sure a better opportunity will come along before you know it*.

*before you know it: 금세, 금방

A: 내가 그 직장(회사)에 합격하지 못하다니 믿기지가 않아. 딱 나한테 맞는 일 같았는데.

B: 걱정 마. 조만간 더 좋은 기회가 생길 거야.

✓ come along 요약

1 같이 가다, 따라가다

e.g. Do you mind if I come along with you to the party?

혹시 파티에 따라가도 될까?

2 (쉽지 않은 일이) ~하게 진행되어 가다

e.g. A: How's your work coming along? Did you finish that project you were working on last week?

B: Yeah, pretty much, but there are a lot of bugs to work out, so I'm trying to fix them now.

A: 일은 잘 진행되고 있어? 지난주에 작업하던 프로젝트는 다 마쳤고?

B: 응, 거의. 근데 아직 해결해야 할 버그가 많아. 그래서 지금 수정하고 있어.

e.g. Hello, Samantha. I hope your project is coming along well. I know you're busy, but if you can make it, we'd love to have you over for dinner tonight at our place.

안녕, Samantha. 프로젝트가 잘 되고 있기를 바랍니다. 바쁜 건 알지만, 가능하면 오늘 저녁 우리 집에서 같이 저녁 먹고 싶어요.

3 (우연한 기회 등이) 오다, (예상치 않은 무언가가) 나타나다[생기다]

> **e.g.** I had to finally find a better-paying job when my second son came along.
> 둘째 아들이 태어나자 급여가 좀 더 괜찮은 직장을 찾아야 했습니다.

> **e.g.** I almost gave up and started walking, but then, a stranger came along and offered to help change the tire.
> (타이어가 펑크 난 상황)
> 거의 포기하고 걷기 시작했는데 그때 낯선 분이 나타나서는 타이어 교체하는 걸 도와주겠다고 했다.

SMALL TALK

1 대학 마지막 학기를 보내고 있는 친구와의 대화

Ⓐ How is your last semester coming along?
Ⓑ It's a bit stressful with finals and job hunting, but I'm trying to stay optimistic.

Ⓐ 마지막 학기는 좀 어때?
Ⓑ 기말고사와 구직 활동으로 좀 스트레스를 받긴 하지만, 긍정적으로 생활하려고 노력 중이야.

2 (최근에) 남자 친구와 헤어진 친구와의 대화

Ⓐ I can't believe Nick broke up with me. I didn't see it coming because we seemed so perfect for each other.
Ⓑ Don't worry. Someone better will come along who truly appreciates you.

Ⓐ Nick이 나를 찼다는 게 믿기지가 않아. 우린 서로 너무 잘 어울린다고 생각했기 때문에 정말 예상 못 했어.

Ⓑ 걱정 마. 너를 진정 아껴 주는 더 나은 사람이 나타날 거야.

3 자포자기한 친구를 독려하는 대화

Ⓐ I don't know what else to do. No one will give me a chance, and I'm out of employment options.

Ⓑ Listen to me, your job is to find a job, so stop feeling so sorry for yourself. You need to stay ready so that when an opportunity comes along, you'll be prepared to grab it.

Ⓐ 어떻게 해야 할지 막막해. 아무도 내게 기회를 주지 않을 거야. 난 이제 취업은 글렀어.

Ⓑ 내 말 들어 봐. 네가 할 일은 일자리를 찾는 거야. 그러니까 자책 좀 그만해. 스스로가 준비가 되어 있어야 기회가 오면 잡을 수 있게 된단 말이야.

CASES IN POINT

어학 연수를 떠난 학생과 한국에 있는 교수와의 대화

A Hey, Sosun, how are your English studies coming along? I bet you're practically a native speaker by now.

B Hi, Professor! Actually, everyone around me speaks Korean, so I don't even feel like I'm living abroad.

A Oh, I understand. I heard Houston has a big Korean community. Are you at least enjoying the change of scenery*?

B I don't get out* much. I just study and then hang out with some of the Korean people I've met out here. I kind of feel like I'm wasting my money and time. This isn't how I expected it to be.

A Maybe you should put yourself out there* more to make some local friends. That shouldn't be hard for you. You're a fun person.

B Thanks, Professor. I needed to hear that. I'll try!

*change of scenery: 환경[상황]의 변화
*get out: 외출하다
*put oneself out there: 자신을 적극적으로 노출시키다

A 소선 씨, 영어 공부는 잘되어 가나요? 지금쯤이면 원어민이 다 되었겠어요.

B 교수님, 안녕하세요! 사실 주위 사람들이 전부 한국말을 해서 외국에 사는 것 같지가 않아요.

A 오, 무슨 말인지 알겠어요. 휴스턴에는 한인 사회가 꽤 크게 형성되어 있다고 들었어요. 그래도 새로운 환경을 즐기고는 있죠?

B 그렇게 많이 나가지도 않아요. 그냥 공부 좀 하고 여기서 만난 한국인 몇 명이랑 어울리는 게 전부예요. 돈과 시간을 버리고 있는 기분이에요. 이러려고 여기 온 게 아닌데.

A 좀 더 적극적으로 현지인 친구를 사귀어 보는 게 좋을 듯한데. 소선 씨는 재미있는 사람이니 어렵지 않을 거예요.

B 고맙습니다, 교수님. 그 말씀이 필요했어요. 노력해 볼게요!

come around

움직이는 물체가 모서리나 코너를 원을 그리며 도는 이미지를 떠올려 보면 구동사 come around를 선명하게 시각화하여 이해할 수 있습니다. 다음 문장은 아이들에게 교통안전 교육을 하는 상황입니다.

The bus comes around the corner sharply, so it's best to stand back a bit.

버스가 코너에 너무 바짝 붙어서 돌거든, 그러니까 (도로에서) 좀 물러서 있는 게 가장 좋아.

이러한 기본 의미가 확장되어 come around는 '의식이 돌아오다', '계절, 크리스마스 같은 명절, 특정 시간이 주기적으로 돌아오다', '화가 난 마음이 풀리다', '생각이나 입장이 바뀌다' 등의 다양한 의미로 사용됩니다.

어떤 의견에 대해 찬성 쪽에 서 있던 사람이 원을 그리며 빙 돌아서 반대쪽으로 오는 이미지를 떠올려 보세요. '생각이나 입장이 바뀌다'라는 의미가 선명하게 그려지지 않나요? '화가 풀리다'라는 의미 역시 마찬가지입니다. 화가 난 상태에서 화가 풀리는 상태로 이동하는 이미지를 연상하면 됩니다. 다음 예문을 한번 보겠습니다.

My boyfriend never stays mad at me for long. I'm sure he'll come around this time, too.

내 남자 친구는 화가 금방 풀리는 스타일이야. 이번에도 틀림없이 풀릴 거야.

come around에는 화자가 있는 장소로 누군가가 '잠깐 오다, 들르다, 모습을 드러내다'라는 의미도 있습니다.

A: Hey, Sarah and John broke up last week. Do you think she's going to show up here?

B: I don't know, but if she comes around there is definitely going to be drama.

A: Sarah랑 John이 지난주에 헤어졌잖아. Sarah가 오늘 여기 올 거라고 생각해?
B: 잘 모르겠어. 근데 여기 나타나면 아주 난장판이 되겠지.

✅ come around 요약

1 의식이 돌아오다

e.g. I felt okay when I came around, but the anesthesia* fully wore off* about 20 minutes after that.

*anesthesia: 마취
*wear off: (점점) 약해지다, 없어지다

(수술 경험담)
의식이 돌아왔을 때 괜찮았는데, 그 후 20분 정도 지나니 마취가 완전히 풀리더군요.

2 계절, 명절 같은 특정 시기나 시간이 주기적으로 돌아오다

e.g. Every time summer comes around, I feel like a brand-new person.
(여름이 되면 늘 컨디션이 좋아지는 사람의 말)
여름이 될 때마다 다시 태어난 기분이에요.

e.g. When 7 o'clock comes around, I get the urge to drink.
(매일 저녁) 7시가 되면 술이 확 당깁니다.

3 화가 난 마음이 풀리다, 생각이나 입장이 바뀌다

e.g. I'm sure your boss doesn't actually hate you. If you just get to the office on time, I'm sure he'll come around.
네 상사가 사실 너를 싫어하는 건 아닐 거라 확신해. 출근만 제시간에 하면 마음이 풀릴 거야.

e.g. We're going to get her to come around; don't you worry. If we offer slightly better benefits, I'm sure she'll agree to the terms.
그녀의 마음을 바꿔 볼 테니 걱정 마세요. 조금 더 나은 혜택을 제안하면 틀림없이 계약 조건에 동의할 겁니다.

4 어떤 장소에 (주기적으로, 습관적으로) 나타나다; 등장하다, 오다

e.g. Whenever our distant relatives come around, the house always feels a bit more crowded and hectic.
먼 친척들이 올 때면 집이 좀 북적이고 분주한 느낌이 든답니다.

SMALL TALK

1 서울에 거주하는 외국인 친구와의 대화

Ⓐ I am happy living in Seoul, overall. There is one thing I can't get used to, though. When winter comes around, I often wish I didn't live here. It's freezing.

Ⓑ Seriously? You are from Hungary, aren't you? I thought Budapest was much colder than Seoul.

Ⓐ 서울 생활에 전반적으로 만족해. 그런데 하나 적응이 안 되는 게 있어. 겨울만 되면 서울 생활이 후회가 돼. 너무 춥잖아.

Ⓑ 정말? 너 헝가리 출신 아니야? 난 부다페스트가 훨씬 더 추운 줄 알았는데.

2 화가 난 여자 친구에 대한 대화

Ⓐ I apologized to her, but she still seems distant. I guess I really hurt her feelings more than I realized.

Ⓑ Just give her some time. I'm sure she will come around. People often need space before they can forgive.

Ⓐ 여자 친구한테 사과를 했는데도 여전히 화가 안 풀린 듯해. 생각했던 것보다 마음이 더 상했나 봐.

Ⓑ 그냥 시간을 좀 줘. 틀림없이 풀릴 테니까. 용서하기 전에 그냥 좀 내버려둬야 하는 경우가 많잖아.

3 집들이 초대에 대한 대화

Ⓐ I'm so excited! My housewarming party just can't come soon enough. Did I mention I also invited Sally?

Ⓑ Oh no! You seriously invited her? If she comes around, Jane will definitely be upset.

Ⓐ 너무 기대돼! 집들이를 빨리 했으면 좋겠다. Sally도 초대했다고 이야기했었나?

Ⓑ 안 돼! 너 진짜로 Sally를 초대한 거야? Sally가 오면 Jane이 굉장히 화낼 텐데.

CASES IN POINT

친구에게 보내는 사과 메시지

I'm truly sorry for what I said and for hurting you. I admit that I've been talking behind your back. Our friendship means a lot to me, though, and I regret saying those awful things. I understand you're upset, but I hope you can forgive me. I'm willing to do whatever it takes to get your trust back. I really hope you'll come around.

내가 한 말과 너에게 상처 준 점 진심으로 미안해. 네 험담을 한 점 인정해. 그렇지만 나에게 우리 우정은 정말 중요해. 심한 말 한 점 후회하고 있어. 네가 화가 난 것 이해해. 하지만 용서해 주면 좋겠어. 네가 다시 나를 믿어 줄 수만 있다면 뭐든 할 생각이야. 진심으로 마음 풀기를 바란다.

come off vs. fall off vs. break off

DAY 14에서는 come off, fall off, break off라는 세 가지 구동사를 비교해 보겠습니다. come off는 '어떠한 면에 붙어 있던 것이 떨어지다'라는 의미이고, fall off는 '높은 곳에 위치한 무언가가 붙어 있던 면에서 떨어져 추락하다'라는 의미입니다. break off는 어떤 면에 '강하게 접착되어 있는 무언가가 외부의 힘에 의해 부서진 후 그 면에서 떨어져 나가다'라는 뜻을 가지고 있습니다.

참고로 break off가 타동사로 쓰이면 '갑작스럽게 ~을 끝내다, 중단하다'라는 비유적인 의미로도 자주 사용됩니다. 'break off 요약'과 CASES IN POINT에서 이를 확인해 보겠습니다.

또한, come off와 fall off는 자동사로만 사용되는 반면 break off는 자동사와 타동사로 모두 사용되며, 다음 예문들에서 이를 확인할 수 있습니다.

- The paint on the walls is starting to come off. We'll have to repaint them eventually.
  벽에 붙은 페인트가 벗겨지기 시작하네. 결국 다시 칠해야 할 것 같아.

- One of the legs of my desk chair came off and I need to find a screwdriver to repair it.

  내 책상 의자 다리 하나가 빠졌어. 드라이버를 찾아서 고쳐야 해.

- He put too many books on the shelf, so one fell off.

  그가 선반에 책을 너무 많이 올려놓는 바람에 책 하나가 떨어져 버렸다.

- The leaves are beginning to fall off the trees. Fall is my favorite season.

  나무에서 나뭇잎이 떨어지기 시작하네. 가을은 내가 가장 좋아하는 계절이지.

- During an intense thunderstorm, a heavy branch broke off and damaged our roof.

  강력한 천둥 번개로 인해 큰 나뭇가지가 부러져 (나무에서) 떨어졌고 우리 지붕이 파손됐다.

- I like to break off pieces of my bacon and feed them to my dog.

  나는 내 베이컨 조각을 떼서 우리 집 강아지에게 먹이는 걸 즐긴다.

✅ come off vs. fall off vs. break off 요약

1 come off: 어떠한 면에 붙어 있던 것이 떨어지다

e.g. Your shoe is coming off. You should retie your laces.

네 신발이 벗겨지고 있어. 끈을 다시 묶어.

e.g. The labels on the bottles come off so easily in water.

그 병에 붙은 라벨은 물에 들어가면 쉽게 벗겨진다.

2 fall off: 높은 곳에 위치한 무언가가 붙어 있던 면에서 떨어져 추락하다

e.g. I warned my son not to get too close to the cliff's edge, or else he might fall off.
아들에게 절벽 가장자리로 너무 가까이 가지 말라고 경고했다. 혹시 떨어질 수도 있어서.

e.g. My wedding ring is too big now that I've lost weight. It falls off my finger all the time. I need to get it resized before I lose it.
내가 살이 빠져서 결혼반지가 너무 크다. 계속 손가락에서 빠져서 떨어진다. 잃어버리기 전에 크기를 조정해야겠다.

3 break off: 강하게 접착된 무언가가 외부 힘으로 부서진 후 붙어 있던 면에서 떨어져 나가다

e.g. The right side-view mirror broke off the car in the collision.
충돌 사고로 우측 사이드 미러가 부서져 (차에서) 떨어져 나갔다.

e.g. I broke off the combination lock to my bike with a sledge hammer because I couldn't remember my combination.
자물쇠 비번을 잊어버려서 자전거 자물쇠를 큰 망치로 부숴 버렸다.

e.g. Suzy and Pete broke off their engagement, and no one knows why.
Suzy와 Pete가 약혼을 깨 버렸는데 아무도 이유는 모른다.

1 새로 산 가방에 무료로 새긴 이니셜이 떨어진 상황에서의 대화　◀■▶

Ⓐ Hey, Daniel, how was your weekend?

Ⓑ Not bad, but Saturday, I bought a new bag, and the store offered to have it customized with my initials for free. Of course, I took them up on it. By Sunday, my initials had already come off! I guess you get what you pay for.

Ⓐ 안녕, Daniel, 주말은 어땠어?

Ⓑ 나쁘지 않았어. 근데 토요일에 새 가방을 하나 샀는데, 매장에서 무료로 내 이니셜을 새겨 주겠다고 하더라고. 당연히 좋다고 했지. (그런데) 일요일쯤 이니셜이 떨어져 나가 버렸어! 싼 게 비지떡인 것 같아.

2 집 욕실 문손잡이에 대한 대화　◀■▷

Ⓐ We really need to move out of this house. The door knob to the bathroom broke off again.

Ⓑ We can't afford a new house. Fixing a door knob is way cheaper.

Ⓐ 진짜 이 집에서 이사 나가야 해. 욕실 문손잡이가 또 부서져서 떨어져 나갔어.

Ⓑ 새 집으로 이사 갈 형편이 안 돼. 손잡이를 고쳐 쓰는 게 훨씬 돈이 적게 들잖아.

3 선글라스가 자주 바뀌는 친구와의 대화　◀■▷

Ⓐ Brandon, you have a new pair of sunglasses on every time I see you.

Ⓑ I know. They're all cheap, though. I stopped buying expensive sunglasses after I lost my third pair in the lake. When I'm out on the boat, I forget I have them on top of my head, and they fall off so easily.

ⓐ Brandon, 볼 때마다 선글라스가 바뀌는구나.

ⓑ 알아. 근데 다 저렴한 거야. 호수에서 세 번이나 선글라스를 잃어버리고는 비싼 건 안 사. 보트에 타고 있는 동안 머리 위에 선글라스를 끼고 있다는 걸 깜박하거든. 그러다 보면 너무 쉽게 떨어져 버려.

CASES IN POINT

연애가 쉽지 않은 남성의 일화

Dating these days is so tricky. Last year, I went on fifty blind dates. It felt like a part-time job, but I was really serious about meeting the right person for me and settling down. The closest I got was with this girl named Mina. We made it to the fifth date before she broke it off with me. Her only explanation was that she needed to take care of her mother. I wish she would've broken it off before I paid for that steak dinner.

요즘은 연애가 참 쉽지 않다. 작년에 소개팅을 50번이나 했다. 아르바이트하는 느낌이었지만, 정말 좋은 사람을 만나서 정착하고 싶었다. 그나마 거의 사귈 뻔했던 사람이 Mina라는 여성이었다. 어렵게 다섯 번을 만나고 난 뒤에 Mina는 나와의 관계를 정리해 버렸다. 자신의 어머니를 돌봐 드려야 한다는 게 변명이었다. 내가 저녁 식사로 스테이크를 사 주기 전에 나와의 관계를 정리해 버렸으면 좋았을 텐데.

DAY 15

come off[across] as

김재우의 영어관찰일기

come off as 또는 come across as는 '~하게 비치다, ~한 인상을 주다'라는 의미의 구동사입니다. 사람의 인상이라는 것은 결국 그 사람의 외모나 태도로부터 어떤 느낌이 떨어져 나가거나(off), 또는 상대편 쪽으로 건너가서(across) 만들어지는 것이죠. 이렇게 의미를 시각화해서 이해하면 더 잘 기억할 수 있을 것입니다.

'외모와는 달리 온화하고 따뜻한 사람처럼 보인다'라는 말은 다음과 같이 표현할 수 있습니다.

> Despite his rough looks, he actually came off as gentle and caring.
> 거친 외모와는 달리 그는 실제로는 온화하고 따뜻한 사람처럼 보였다.

회의에서 팀원을 너무 몰아붙인 상사는 다음과 같은 말을 할 수도 있습니다.

> I hope I didn't come off as too harsh during the meeting; I didn't mean to upset anyone.
> 회의 때 제가 너무 심하게 보이지 않았기를 바랍니다. 기분을 상하게 할 뜻은 없었어요.

사람뿐만 아니라 사물도 주어로 올 수 있는데, 관련 예문을 보겠습니다.

> Sometimes, his jokes can come off as insensitive, even though I know he doesn't mean any harm.
>
> 가끔씩 그가 던지는 농담이 상대방 기분을 배려하지 않는다는 느낌이 들어. 물론 악의가 없다는 건 알지만 말이야.

참고로 **come off as**는 '결과론적으로 ~하게 비치다, ~한 인상을 주다'라고 할 때에 한해서 쓰이는 반면, **come across as**는 이와 더불어 '의도적으로 ~한 인상을 주다'라고 할 때도 사용된다는 점도 알아 둡시다.

☑ come off[across] as 요약

~하게 비치다, ~한 인상[느낌]을 주다

e.g. I like the actor, but he come off[across] as a condescending* jerk in the movie.

*condescending: 잘난 체하는, 거들먹거리는

나 그 배우 좋아하는데, 그 영화에서는 잘난 척하는 머저리 같더라.

e.g. A: Did I come across[off] as nervous during the meeting?
B: Not at all! You seemed confident and composed.

A: 회의 때 나 긴장돼 보였어?
B: 전혀! 자신감 있고 침착해 보이던데.

e.g. In interviews, it's important to come across as* confident and knowledgeable.

면접에서는 자신감 있고 똑똑하다는 인상을 주는 것이 중요하다.

*이때는 '의도적으로 ~한 모습으로 비치다'라는 의미로
come across as를 쓰는 것이 조금 더 자연스럽습니다.

1 친구의 인상에 관한 대화

Ⓐ Does Hailey really come off as arrogant to you?

Ⓑ Not to me, but sometimes her confidence can be mistaken for arrogance to others.

Ⓐ 너한테는 Hailey가 거만해 보이니?

Ⓑ 나한테는 안 그래. 근데 다른 사람 눈에는 그 친구 자신감이 거만하다고 오해를 살 수 있어.

2 업무 관련 전화 통화

Ⓐ I hope I didn't come off as rude in the e-mail.

Ⓑ No, you were clear and professional. Don't worry about it.

Ⓐ 이메일에서 제가 너무 무례하게 느껴지진 않았나 모르겠네요.

Ⓑ 아니요, 분명하고 프로다웠습니다. 걱정 마세요.

3 영어 실력이 향상된 친구와의 대화

Ⓐ Wow! Minsu, your English is so good now. You come across like* a native speaker. What happened?

Ⓑ During my time in Australia, nearly all my Aussie friends were so laid-back and easygoing. That made it easier for me to learn English with them.

(호주인들의 특성 덕에 심리적으로 영어 배우기가 수월했던 상황)

Ⓐ 우와! 민수야, 너 이제 영어 정말 잘하는구나. 원어민 같은 느낌이야. 무슨 일이 있었던 거야?

Ⓑ 호주에 있을 때 호주 친구들이 다들 느긋하고 편했거든. 그 덕분에 좀 더 수월하게 영어를 배울 수 있었어.

   *보다 일상적인 상황에서는 come off[across] as 대신 come off[across] like도 많이 사용합니다.

최근 취업 면접에서 있었던 일

I always used to worry about making a negative impression during job interviews. I tended to overthink my answers, fearing I might appear unprepared or unsure. However, during my latest interview, I decided to trust my instincts and answer questions honestly. To my surprise, I later found out from my manager that I came off as confident and capable. They were impressed with my confidence. This experience taught me that being genuine was the key to making a positive impression.

나는 취업 면접을 볼 때 안 좋은 인상을 줄까 봐 늘 걱정했다. 내가 하는 답에 대해 너무 많이 생각하는 편이었다. 준비가 안 되었다거나 확신이 없다는 인상을 줄까 봐 겁이 났기 때문이다. 하지만 최근 면접에서는 나의 본능을 믿고 솔직히 답하기로 결심했다. 놀랍게도 나중에 팀장님한테 들은 이야기인데 내가 자신감이 넘치고 능력 있게 보였다는 것이다. 면접관들이 내 자신감에 깊은 인상을 받은 것이었다. 이런 경험을 통해 진솔한 것이 좋은 인상을 주는 열쇠라는 점을 깨달았다.

come up with

come up with는 용례가 워낙 많아서 몇 가지로 정리하기조차 힘든 표현입니다. 기본적인 의미는 다음과 같습니다.

① 아이디어 등이 자연스럽게 떠오르다
② (압박을 받거나 시간에 쫓기는 상황에서) 서둘러, 대충, 미리 준비하지 않은 채 (완벽하지는 않지만 아쉬운 대로 쓸 수 있는) ~을 만들어 내다, 떠올리다, 생각해 내다

①에 해당하는 문장을 보겠습니다.

> I always come up with good ideas in the shower.
> 나는 항상 샤워를 할 때 좋은 생각이 떠오른다.

위 문장은 자연스럽게, 자연발생적으로 아이디어가 떠오른다는 어감입니다.

②에 해당하는 예시들은 손에 꼽을 수 없이 많지만 다음 사례들이 대표적입니다.

- **come up with an excuse**: (급하게, 궁지에 몰려) 변명거리를 생각해 내다
- **come up with a plan**: (궁여지책으로 아쉬우나마) 임시방편인 계획을 생각해 내다, 마련하다

- **come up with a recipe**: (있는 재료로, 미리 준비하지 않은 상태에서) 요리법을 만들어 내다
- **come up with money**: (급하게, 상황을 모면해야 해서) 돈을 마련하다

일전에 원어민 선생님에게 특정 구동사에 대한 여러 가지 예문을 부탁했더니, 저에게 다음과 같은 메시지를 보내 온 적이 있습니다.

I'm afraid those are all the examples I can come up with on the spot, using this phrasal verb. If I think of any more later, I'll let you know.

해당 구동사 관련해서 당장 생각나는 예문은 이게 다입니다. 나중에 더 생각나면 알려 드릴게요.

위의 예시에서 볼 수 있듯이 **come up with**는 '미리 준비하지 않은 상황에서, 즉석에서'의 어감을 내포하고 있습니다. 다른 표현으로는 **improvise**(꼭 필요하거나 딱 맞는 것이 없어서 뭐든 있는 것으로 처리하다[만들다])가 있습니다. 오랫동안 **come up with**라는 구동사를 관찰하면서 찾아낸 오묘한 뉘앙스가 바로 이 부분입니다. 그것이 변명거리이건, 돈이건, 요리법이건, 계획이건 간에 무언가를 궁여지책으로, 미리 철저히 준비하지 않은 상황에서 만들어 내는 느낌인 것이지요.

다음은 있는 재료만으로 대충 만든 요리를 칭찬하는 말입니다.

You mean you just came up with this with ingredients you had on hand*? That's amazing!

*on hand: 소유하고 있는, 가지고 있는; 당장 쓸 수 있는 상태의

있는 재료로 이걸 만들었다는 말이야? 대단하다!

다음 대화에서도 **come up with**의 독특한 뉘앙스를 느낄 수 있습니다.

A: Are you interested in Minsu?

B: Where did you come up with that idea? Why would you think that?

A: 민수한테 관심 있는 거야?

B: 어디서 그런 말도 안 되는 생각을 해낸 거니? 대체 왜 그렇게 생각하는 건데?

이처럼 come up with는 '근거 없는[터무니없는] 생각 등을 떠올리다[하다]'라는 어감까지 지니고 있습니다.

한번은 원어민 선생님에게 '아직 결정된 바가 없다'에 해당하는 적절한 영어 표현을 물었더니 몇 가지 문장을 알려 주면서 다음과 같이 덧붙였습니다.

This is the best translation I could come up with.

이것이 (당장, 즉석에서) 생각나는 최선의 번역입니다.

무언가 '완벽하지는 않지만 그나마 최선'이라는 어감이 느껴지시나요?

독자분들 중에서는 '뭐가 이렇게 복잡해?'라고 생각하시는 분들도 있을 겁니다. 그렇다면 come up with 다음에 나오는 목적어를 암기하는 collocation(연어) 학습법으로 접근하시는 것도 좋은 방법입니다. 하지만 come up with의 섬세한 뉘앙스까지 이해하고 싶다면 이번 DAY 16의 '영어관찰일기' 부분을 여러 번 복습하시기 바랍니다.

✅ come up with 요약

1 아이디어 등이 자연스럽게[자연발생적으로] 떠오르다

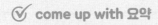 I came up with the perfect title for my novel while walking my dog in the park.

공원에서 개를 산책시키다가 제 소설에 대한 완벽한 제목이 떠올랐어요.

2 다급하게, 대충, 미리 준비하지 않은 상황에서 (완벽하지는 않지만 아쉬운 대로[궁여지책으로]) ~을 만들어 내다, 떠올리다, 생각해 내다

> **e.g.** Students are coming up with more and more creative excuses for not doing their homework these days.
> 요즘 학생들은 숙제를 안 한 것에 대한 점점 더 기발한 변명거리를 만들어 낸다.

> **e.g.** Sarah asked me if I had any nice single friends I could set her up with, but I couldn't come up with anyone.
> Sarah가 자기에게 소개해 줄 만한 괜찮은 미혼 친구가 있는지 물었는데, 마땅히 생각나는 사람이 없었다.

> **e.g.** I will pay you back as soon as I come up with the money.
> 돈을 마련하는 대로 갚을게.

> **e.g.** I think the government messed up when they came up with this stopgap measure* for the housing shortage.
> *stopgap measure: 미봉책
> 정부가 주택 부족을 해결하기 위해 어설픈 정책을 마련하는 바람에 상황을 엉망으로 만든 것 같다.

SMALL TALK

1 교사와 학부모의 대화

Ⓐ When I ask him why he hasn't done his homework, he just comes up with a different excuse each time.

B I'm at a loss, too. He locks himself in his room as soon as he gets home. I've tried reaching out, but he doesn't seem to hear what I'm saying.

A (아드님에게) 숙제를 안 한 이유를 물으면 매번 다른 변명거리를 생각해 냅니다.

B 저도 당황스럽습니다. 집에 오면 바로 자기 방으로 가서 문을 걸어 잠급니다. 대화를 시도해 봤지만 제 말을 들은 척도 안 하는 것 같네요.

2 학기 초에 '자기소개'가 힘들다는 친구와의 대화

A Doing self-introductions is the worst part of every semester. I can never come up with anything interesting to say.

B I just read an article that said you can get your best ideas in the shower. Then again, you take, like, five showers a day. Where are all your good ideas?

A 매 학기마다 자기소개하는 게 가장 힘든 부분이야. 재미있는 말이 생각이 안 나거든.

B 샤워를 할 때 최고의 아이디어가 떠오른다는 기사를 얼마 전에 읽었어. 근데 너 하루에 다섯 번이나 샤워하잖아. 대체 좋은 아이디어는 다 어디 간 거야?

3 조리법에 대한 친구 사이의 대화

A This soup tastes good and it settles my stomach. Did you get it at the side dish shop around the corner?

B Nah, I actually came up with this recipe myself one day when I was really hungover.

A 이 국 너무 맛있다. 속이 편해지네. 모퉁이에 있는 반찬가게에서 산 거야?

B 아니, 숙취가 너무 심한 날이 있었는데, 그때 내가 직접 생각해 낸 레시피야.

생각을 멈춰야 좋은 생각이 떠오른다는 조언

When you're stuck and can't come up with a creative solution, stepping away to do something completely unrelated could really help. Sometimes our minds need a break in order to come up with even better ideas. Enjoying a hot shower or a walk in the park would be a good way to get your creative juices flowing*. Personally, when I'm stuck I always take a hot shower or bath. Something about the warm, flowing water relaxes me, and then I suddenly come up with a great idea.

*get one's juices flowing: 생각, 창의성 등을 고취시키다

머리가 꽉 막힌 채 참신한 해결책이 떠오르지 않을 때면, 전혀 상관없는 무언가를 하기 위해 한 발 물러서 보는 것이 많은 도움이 될 수 있습니다. 더 나은 아이디어를 떠올리기 위해서 우리의 마음은 휴식이 필요할 때가 있습니다. 따뜻한 물로 샤워를 하거나, 공원에서 산책을 하면 창의적인 생각이 흐르게 됩니다. 개인적으로 저는 생각이 막힐 때면 항상 뜨거운 물로 샤워를 하거나 목욕을 합니다. 따뜻하게 흐르는 물은 심신을 편안하게 해 주고, 그러고 나면 멋진 아이디어가 생각납니다.

cut off

cut off는 '~의 말을 중간에 끊다'라는 의미의 구동사입니다. 다음은 최근에 흥미로운 소프트웨어를 알게 된 어떤 사람의 말입니다.

> I just downloaded this AI software for my Zoom meetings. It counts how many times I cut someone off.
>
> 얼마 전에 줌 회의용 AI 소프트웨어를 다운로드했다. 내가 상대방 말을 몇 번 끊는지를 기록해 준다.

cut off는 물리적으로 '~을 차단하다, 끊다'라는 의미로도 사용되는데, 일반적으로 사람을 차단하거나 '~으로의 접근, 접속, 연결 등을 차단'할 때 사용하는 것을 볼 수 있습니다.

> A: Hey, Samantha, you haven't posted anything on Instagram for a while. Are you OK?
>
> B: Yeah. I've just been cut off, is all*. My mom won't give me my phone back until I get my grades up.
>
> A: Samantha, 한동안 인스타에 아무것도 안 올렸네. 괜찮은 거야?
>
> B: 응. 다른 건 아니고 나 (인스타 접속이) 막혔어. 성적 올릴 때까지 엄마가 전화기 안 돌려주실 거야.
>
> *is all은 That's all의 줄임말이며 구어체에서 매우 자주 사용됩니다.

cut off는 운전할 때 다른 차량이 갑자기 위험하게 끼어드는 경우에도 자주 사용됩니다.

> My husband hates when people cut him off in the middle of traffic. That's the only time he ever swears.
>
> 제 남편은 도로에서 차들이 끼어드는 걸 너무 싫어합니다. 그때가 유일하게 남편이 욕을 하는 때입니다.

cut oneself off from의 형태로 쓰면 '스스로를 고립시키다, 자신을 세상과 단절시키다'라는 의미가 됩니다.

> After the scandal went viral, Mina cut herself off from all her social media accounts.
>
> 스캔들이 확산되자 미나는 자신의 모든 SNS 계정에서 자취를 감추었다.

마지막으로 '~이 잘려서 보이다'라고 할 때도 **cut off**를 써서 표현할 수 있습니다. 이때는 보통 **be[get] cut off**의 형태를 취합니다.

> A: These documents need to be reprinted. It seems like the page formatting was off, because the last word in every line got cut off.
> B: Ah, you're right. I'll adjust the formatting and print them out again right away.
>
> A: 이 서류들 다시 프린트해야겠어. 페이지 설정이 잘못된 듯하네. 각 줄마다 마지막 단어가 다 잘렸어.
> B: 아, 맞네. 설정을 조정하고 바로 다시 프린트할게.

✓ cut off 요약

1 ~의 말을 중간에 끊다

💬 My pet peeve* is when people cut me off when I'm in the middle of a story.

*pet peeve: 아주 싫어하는 것

내가 이야기를 하고 있는데 사람들이 말을 끊으면 정말 짜증난다.

2 (물리적으로) ~을 차단하다, 끊다

💬 A: When was the last time you talked to Sam?

B: It's been months. I cut him off when I found out he had been talking behind my back.

A: Sam이랑 마지막으로 이야기한 게 언제야?

B: 몇 달 됐지. 내 험담을 하고 다닌다는 걸 알고는 (Sam을) 차단해 버렸어.

3 (운전 시) 갑자기 위험하게 끼어들다

💬 I'll never let Minsu give me a ride again. That guy cut off three people while playing Pokémon GO on his phone!

나 다시는 민수 차 안 탈래. 휴대폰으로 '포켓몬 고' 게임을 하면서 세 명이나 끼어들더라고! (위험하게 운전하면서 끼어들기를 세 번이나 서슴지 않고 했다는 의미)

4 스스로를 고립시키다, 자신을 세상과 단절시키다

💬 Why have you been cutting yourself off from us lately? We haven't heard from you in ages.

최근에 왜 연락도 없고 담을 쌓고 지내는 거야? 소식 못 들은 지 정말 오래됐어.

5 (수동태로) ~이 잘려 나가다; ~이 잘려서 보이다

 While I was looking at the sales figures on Excel, I couldn't help but notice the order numbers in the left column were cut off.
엑셀로 매출 수치를 보는데, 왼쪽 열의 주문 번호들이 잘려 나간 걸 알아차렸다.

SMALL TALK

1 대화 예절에 대한 엄마와 자녀의 대화

Ⓐ I know you're excited and you want to talk, but cutting someone off while they're in the middle of talking is bad manners. You need to wait your turn.

Ⓑ OK, Mom. I'll try to be more patient.

Ⓐ 네가 신이 나서 이야기하고 싶은 건 알지만 상대방이 이야기하고 있는데 중간에 자르는 건 예의가 아니야. 네 차례를 기다려야지.

Ⓑ 알겠어요, 엄마. 좀 더 인내심을 갖도록 해 볼게요.

2 운전 중 다른 차가 끼어든 상황에서의 대화

Ⓐ Oh my gosh! That guy just cut me off! How dare that jerk!

Ⓑ Melinda, I drive with you every day. Most of the time you're the jerk cutting people off on the road!

Ⓐ 이런! 저 사람이 갑자기 끼어들었어! 뭐 저런 인간이 다 있어!

Ⓑ Melinda, 나 매일 너랑 차 타고 다니잖아. 대부분은 네가 끼어드는 쪽이거든!

3 전 여자 친구와 연락하는 남자 친구와의 대화

Ⓐ Either you completely cut off your ex-girlfriend, or we're breaking up. I just can't handle you guys being friends anymore. It's too much for me.

Ⓑ Let's make a compromise. I don't want to lose my friendship with her, and I don't want to lose you, either.

Ⓐ 전 여자 친구랑 완전히 연락을 끊거나, 아님 우리 헤어지자. 너희 둘이 아직 친구 관계라는 걸 참을 수가 없어. 너무 힘들어.

Ⓑ 우리 타협점을 찾자. 그 친구와의 우정도 지키고 싶고, 너를 잃고 싶지도 않단 말이야.

CASES IN POINT

비트코인 투자로 돈을 잃은 후 실의에 빠진 사람의 말

After losing all of my money to Bitcoin, I was hopeless. I couldn't face myself, let alone* my family and friends, so I cut myself off from the world. Things went on like that for around six months. One day I came across this book, *Silver Lining*. I was walking past a bookstore, and... I don't know, it just called to me*. Anyway, after reading it, I finally found the strength to dig myself out of the hole I was in. I never thought a book would have the power to do that, but it was a huge life-changer for me.

*let alone: (부정문에서) ~는 말할 것도 없이
*it (just) calls to me: 시선을 사로잡다, 눈에 띄다

비트코인으로 돈을 전부 잃고 난 뒤 나는 절망에 빠졌다. 가족과 친구를 볼 면목도 없고, 나 스스로를 마주할 자신도 없었다. 그래서 나는 세상과 단절했다. 약 6개월간 이런 상황이 지속되었다. 그러던 어느 날 《실버 라이닝》이라는 책을 알게

되었다. 서점을 지나가는데, 글쎄… 그냥 이 책에 끌렸다. 이 책을 읽고는 내가 빠져 있던 구멍에서(이런 악순환에서) 나올 힘이 생겼다. 책에 이런 힘이 있을 줄은 몰랐다. 하지만 내 인생을 바꾸어 놓았다.

DAY 18

figure out ①

figure something out은 기본적으로 '쉽게 풀리지 않거나 알아내기 힘든 무언가를 알아내다'라는 의미를 지니고 있는데요. out이라는 부사에는 무언가 꼬인 것을 '풀다'라는 의미가 내포되어 있습니다. figure out의 가장 대표적인 의미는 '어렵거나 쉽게 풀리지 않는 수수께끼, 퍼즐, 문제를 풀다, 답을 알아내다'입니다. '기계 등의 고장 원인을 알아내다, 몸의 통증 등의 원인을 파악하다'라고 할 때도 figure out을 씁니다. 기구나 기기의 사용 방법, 가구의 조립 방법을 알아내는 것 역시 figure out입니다. 조금 더 의미를 확장해서 '지하철 노선이 복잡해서 파악하기 힘들다'라고 할 때도 다음과 같이 쓸 수 있는 활용도 만점의 구동사입니다.

> Seoul's subway system is too complex to figure out.
> 서울 지하철은 너무 복잡해서 헷갈려.

이해를 돕기 위해 몇 가지 예를 더 보겠습니다.

> • I finally figured out how to solve the Rubik's Cube*.
>
> *Rubik's Cube(루빅큐브): 정육면체의 색 맞추기 퍼즐 장난감
>
> 드디어 루빅큐브 맞추는 방법 알아냈다.
>
> • I can't figure out how to multiply these fractions. Can you help me?
> 이 분수 곱하는 법을 도무지 모르겠어. 좀 도와줄래?

- I keep hearing a tapping sound in my apartment, and I can't figure out where it's coming from.

  우리 아파트에 뭔가 두드리는 소리가 계속 들려. 근데 어디서 나는 소리인지 알 수가 없네.

학습자들과 영어로 대화를 이어가다 보면 생각만큼 **figure out**을 적재적소에 쓰지 못하는 경우가 많습니다. '논리적 이해'를 넘어 '쓸 수 있게' 하는 연습이 중요합니다.

☑ figure out ① 요약

1 (어려운 문제, 퍼즐 등을) 풀다

> e.g. My mom can figure out crossword puzzles very quickly.
> 우리 엄마는 크로스워드 퍼즐을 엄청 빨리 풀 수 있어요.

2 (기계, 기기 등의) 작동 방법을 알아내다, (지하철 노선과 같이 복잡한 것의) 이용 방법을 알아내다

> e.g. I can't seem to figure out how to work this new photocopier.
> 새로 들인 복사기 작동법을 도무지 모르겠어.

3 (~의 원인, 출처, 경위 등을) 파악하다, 알아내다

> e.g. I've had this backache for weeks now and I can't figure out what's causing it. Stretching and rest don't help. I think I'll have to go see a doctor.
> 벌써 몇 주째 허리가 아픈데 원인을 모르겠어. 스트레칭을 하고 쉬어도 도움이 안 돼. 아무래도 병원에 가 봐야 할 것 같아.

1 과제에 관한 엄마와 아들의 대화

Ⓐ Are you stuck? Bring your homework over here. We can figure it out together.

Ⓑ Thanks, Mom. I can't seem to get the answer to this on my own.

Ⓐ 막힌 거야? 과제 이리 가져와 봐. 같이 풀어 보자.

Ⓑ 고마워요, 엄마. 혼자서는 이 문제 답을 도저히 모르겠어요.

2 자동차 고장에 관한 친구 사이의 대화

Ⓐ My car kept breaking down, and I couldn't figure out why. After calling my mechanic, I finally found out that my car needs an oil change.

Ⓑ Oh, that explains it. Just so you know*, the general rule of thumb* is to get an oil change every 5,000 to 7,500 miles.

*just so you know : 참고로 말하자면
*rule of thumb: 경험에 바탕을 둔 방법

Ⓐ 차가 계속 고장이 나는데 이유를 모르겠더라고. 정비사랑 통화하고 나서 엔진 오일을 갈아야 한다는 걸 알았지 뭐야.

Ⓑ 아, 그래서 그렇구나. 경험으로 보아 엔진 오일은 대충 5천에서 7천5백 마일마다 갈면 돼.

3 도쿄 여행 경험에 대한 친구 사이의 대화

Ⓐ My trip to Tokyo was a total mess. The subway system was way too complex to figure out, so I was almost late to the airport.

B I felt the same way on my last trip to Japan. On top of the complicated maps, some of the signs were only written in Japanese, which made it even more difficult.

A 도쿄 여행은 정말 엉망이었어. 지하철이 너무 복잡해서 헷갈리더라고. 그래서 공항에 늦을 뻔했어.

B 지난번 갔을 때 나도 똑같이 느꼈는데. 지도만 복잡한 것이 아니라 일부 표지판은 전부 일본어로만 되어 있어서 더 어렵더라고.

CASES IN POINT

형과 헬스장에 갔던 경험을 쓴 글

When my brother showed me his exercise routine, I understood why he wasn't seeing any results. After he did some stretching with a foam roller and walked on a treadmill for just three minutes, he said he was gonna go relax in the sauna for a while. After he left, I had to exercise on my own. The thing is, I didn't really know how to use any of the machines. They were all so complicated, but I had to try and figure things out for myself. I'm still not a hundred percent sure I was using the equipment the right way.

형이 자신의 운동 루틴을 보여 줬을 때 왜 형이 몸이 좋아지지 않는지 이해가 되었다. 형은 폼롤러로 스트레칭을 좀 하고, 러닝 머신을 3분 걷고는 사우나 가서 좀 쉬다 오겠다고 했다. 형이 가고 나서 나는 혼자 운동을 해야만 했다. 사실 나는 기구들을 어떻게 사용하는지 잘 몰랐다. 그 기구들은 모두 너무 복잡했지만 어떻게든 내 스스로 해결하려고 노력해야만 했다. 내가 제대로 사용하고 있었는지 아직도 100퍼센트 확신이 없다.

figure out ②

이번에는 구동사 figure out의 좀 더 비유적인(figurative) 용례에 대해 살펴보겠습니다. 우리말의 '고민 중이다, 고민스럽다'를 영어로 어떻게 표현하는지 궁금해하는 분들이 종종 있는데, 이런 맥락에서 쓸 수 있는 표현이 바로 figure out입니다. 무언가를 쉽게 결정하기 어려운 상황에서 '결정을 하기 위해 고민하다'라는 뉘앙스를 지니고 있지요. '어떤 음식을 먹을지, 어떤 옷을 입을지, 어떤 학교나 회사에 지원할지' 등과 같은 사소하거나 구체적인 고민에서부터 '어떤 커리어를 쌓아 나가야 할지, 앞으로의 인생 방향은 어떻게 설정해야 할지' 등 좀 더 원대하고 추상적인 상황에 대한 고민에 이르기까지 두루 사용됩니다. 그뿐만 아니라 '누가 어떤 사람인지'를 파악할 때도 쓰이며, '쉽게 알기 어려운 사실이나 진실을 알게 되다'라고 할 때역시 figure out을 씁니다. 매우 중요한 구동사이니 다음 예문들을 통해 꼭 익혀두세요.

다음은 어떠한 행위를 할 시점을 결정하기 위해 고민하는 상황에서 figure out을사용한 예입니다.

> Suzy and I do want to start a family, but we need to figure out the timing. She's still on the fence* about whether she should quit her job or not.
>
> *on the fence: 결정을 하지 못하고 있는, 망설이는
>
> Suzy와 저 둘 다 아이를 갖고 싶긴 하지만 언제 가져야 할지가 고민입니다. Suzy는 직장을 그만둬야 하나 어쩌나 아직 결정을 못 하고 있어요.

다음은 누가 어떠한 사람인지를 파악한다고 할 때 **figure out**을 써서 표현한 경우입니다.

> I can't figure her out.
> 아직 그녀가 어떤 사람인지를 모르겠습니다.

다음은 이유나 원인 등을 파악하지 못한 상황에서 쓰인 **figure out**의 사례입니다.

> A: I've been feeling down this week, but I can't figure out why.
> B: Maybe it's the rainy weather we've been having.
>
> A: 이번 주에 계속 우울하네. 그런데 이유를 모르겠어.
> B: 계속 비가 와서 그런지도.

옷이나 신발 사이즈가 분명하지 않아 고민되는 상황에서도 **figure out**을 써서 다음과 같이 말합니다.

> I still can't figure out my shirt size. I'm a small in one brand, but a medium in another.
> 아직도 제 셔츠 사이즈를 잘 모르겠어요. 어떤 브랜드는 스몰이고 또 어떤 브랜드는 미디엄이에요.

figure out은 자신의 입장에서 다른 사람의 행동이나 주위의 현상 등을 도무지 이해할 수 없을 때도 자주 사용되며 다음 예문에서 이를 확인할 수 있습니다.

> I can't quite figure out why people are so loyal to iPhones.
> 사람들이 아이폰에 충성심이 높은 이유를 잘 모르겠어.

figure out에는 상대가 숨기거나 감추려고 하는 것을 '알게 되다, 눈치채다'라는 의미도 있습니다. 다음은 《김재우의 영어회화 100》의 대표 문장 중 하나입니다.

> You figured that out right away.
> 눈치가 빠르시네요.

figure out은 매우 흥미로운 의미도 지니고 있는데, 바로 자신의 '성 정체성, 종교적 색채, 삶 등을 깨닫다, 인지하다, 파악하다'라고 할 때도 쓸 수 있습니다. 다음은 〈This Is Us〉라는 미국 드라마에서 발췌한 대사입니다.

> I love you, but I'm not ready to get married because I haven't figured out my life yet.
> 당신을 사랑하지만, 아직 결혼할 준비가 안 되었어. 아직 내 삶에 대해서도 잘 모르겠거든.

이보다 더 중요한 구동사가 또 있을까 싶을 만큼 figure out은 구동사 중에서도 가장 범용성이 높은 표현이니 반드시 알아 두시기 바랍니다.

✅ figure out ② 요약

1 ~에 대한 결정을 고민하다, ~을 결정하지 못하고 고민 중이다

🔊 Can't figure out what to eat? No problem! We have every type of cuisine you might be craving.
(인스타 광고 문구)
뭘 먹을지 고민되시나요? 걱정 마세요! 저희 식당에는 여러분이 먹고 싶어 할 만한 모든 종류의 요리가 있습니다.

2 누가 어떤 사람인지를 알게 되다, 파악하다

> e.g. I've been married for five years and I can't figure out my husband.
>
> 결혼한 지 5년이 되었는데 남편에 대해 잘 모르겠어요.

3 (쉽게 알기 힘든 사실 등을) 깨닫다, 인지하다

> e.g. I guess the right person was there all along. It just took me until my forties to figure it out.
>
> (초등학교 동창과의 결혼을 앞둔 이의 말)
>
> 제 짝이 오랫동안 제 옆에 있었던 것 같습니다. 40대가 되어서야 그 사실을 깨달았네요.

4 (부정문으로) (다른 사람의 행동이나 주위의 현상 등을) 전혀 이해하지 못하다

> e.g. I can't figure out why Sapporo is such a popular vacation spot. It's not all that beautiful or reasonably-priced.
>
> 삿포로가 왜 이렇게 인기 있는 휴양지인지 도무지 이해가 안 되네. 그렇게 아름답지도, 그렇다고 가격이 합리적이지도 않은데 말이지.

5 (상대가 감추려고 하는 것 등을) 결국 알게 되다, 눈치채다

> e.g. Lying to your boyfriend is risky. If he figures it out, it could ruin your relationship.
>
> 남자 친구에게 거짓말을 하는 건 위험해. 거짓말하는 걸 알게 되면, 너희 관계가 끝날지도 몰라.

1 어느 동네로 이사 가야 할지 고민하는 친구와의 대화

Ⓐ Hey, Sujin. What's up? Have you figured out where to move yet?

Ⓑ Not really. I'm stuck. I was considering Seocho-gu, but I don't think I can afford anything there...

Ⓐ 안녕, 수진아. 잘 지냈어? 어디로 이사 갈지는 이제 정한 거지?

Ⓑ 아니. 어떻게 해야 할지 아직 잘 모르겠어. 서초구를 생각하고 있었는데, (거기로 이사 갈) 형편이 안 될 것 같아서….

2 등산을 가기로 약속한 친구 사이의 대화

Ⓐ Hi, Cheolho. I just wanted to double-check. We're meeting at 7, right?

Ⓑ Yep. Let's meet at the restaurant at the foot of the mountain, figure out what to eat, and then start off with full bellies. There's no need to rush.

Ⓐ 철호야, 안녕. 다시 한번 확인차 연락했어. 우리 7시에 보는 거 맞지?

Ⓑ 맞아. 산 초입 쪽에 있는 식당에서 만나서 뭐 먹을지 정하고 든든하게 (등산을) 시작하자. 서두를 것 없으니.

3 유명 의사와의 인터뷰

Ⓐ You started off college studying law. What actually made you change your major and study medicine?

Ⓑ Well, it wasn't till my sophomore year that I figured out studying law just wasn't for me. That's when I made up my mind and switched to medicine.

Ⓐ 대학에서 원래는 법을 공부하셨는데요. 어떤 계기로 전공을 바꾸어서 의학을 공부하게 되셨나요?

Ⓑ 2학년이 되어서야 법 공부가 안 맞는다는 걸 깨달았어요. 그래서 결심을 하고 의과대로 바꾸었습니다.

CASES IN POINT

진로에 대해 고민 중인 어느 남성의 이야기

I've been out of work for five months now. I can't figure out what to do next. I guess I could go to graduate school, but money has been a bit tight. So, I think I'll have to find work soon. I actually got an offer from my friend who is considering setting up a business in California. He said he could use my help since I am quite fluent in English. Moving across the world seems like a big change, but maybe something like that is exactly what I need.

나는 지금 5개월째 쉬고 있다. 그런데 다음으로 뭘 해야 할지 모르겠다. 대학원을 갈까 싶기도 하지만 돈이 좀 여유가 없다. 그래서 조만간 직장을 찾아야 할 것 같다. 사실 캘리포니아에서 사업을 시작할 것을 고민 중인 친구로부터 제안을 받았다. 그 친구 말이 내가 영어를 잘하니 내 도움이 필요하다는 것이다. 다른 나라에 가서 산다는 건 큰 변화처럼 느껴지지만, 그런 게 바로 내게 필요한 것일지도 모른다.

fill in for

fill in for는 원래 어떤 일을 하던 사람이 사정상 잠시 그 일을 할 수 없을 때 '(잠시) 그 일을 대신 하다, 맡다'라는 의미로 쓰이는 구동사입니다. 다른 구동사에 비해서 매우 직관적이기 때문에 어렵지 않게 이해되실 겁니다. 'fill in for + 사람'의 형태로 쓰이며, 여기서 말하는 '잠시'는 하루가 될 수도 있고, 출산휴가로 자리를 비운 경우라면 1년이 될 수도 있습니다. 다음 예문에서 이를 확인해 보겠습니다.

> Jane is on maternity leave, so the boss is looking for a temp to fill in for her.
>
> Jane이 출산휴가 중이라 사장님이 그녀를 대신할 임시 직원을 찾고 있어요.

하지만 대개의 경우 긴 시간이 아닌 상대적으로 짧은 시간 동안 누군가를 대신한다고 할 때 fill in for가 사용됩니다. 다음 문장이 fill in for를 사용한 좋은 예입니다.

> Hey, Jisoo, could you fill in for me tomorrow? My son's having a baseball game that I don't want to miss.
>
> 지수 씨, 내일 제 일 좀 맡아 줄 수 있을까요? 아들이 야구 경기를 하는데 꼭 가 봐야 해서요.

✓ fill in for 요약

~를 (잠시) 대신하다

🔵 Our pastry chef is attending a workshop abroad next week. It'll take a few morning people to **fill in for** her. She's really good.

저희 제빵사가 다음 주 해외 워크숍에 참석합니다. 이 친구를 대신할 오전 근무 인원이 몇 명 필요할 것 같네요. 저희 제빵사 실력이 워낙 좋아서 말이죠.

🔵 It's hard to find someone to **fill in for** the catcher. That position is so different from the others.

포수는 대타를 구하기 쉽지 않은 포지션입니다. 다른 포지션과는 매우 다릅니다.

SMALL TALK

1 휴가를 낸 직장 동료와의 대화 🔊

Ⓐ I heard you're taking tomorrow off. Have you found anyone to **fill in for** you yet?

Ⓑ Yeah, Joe said he'd take over for me. When are you planning to take your vacation?

Ⓐ 내일 휴가라고 들었어. 업무를 대신 처리해 줄 사람은 찾았어?

Ⓑ 응, Joe가 대신 맡아 주기로 했어. 넌 언제 휴가 갈 계획이야?

2 콘퍼런스 콜 처리를 부탁하는 팀장과 팀원의 대화 🔊

Ⓐ John, I need to ask you a huge favor. My son is sick and I need to go check in on him. You know this project backwards and forwards*. Could you fill in for me on the conference call later?

Ⓑ Of course! I've got your back.* Just text me the details and I'll handle the call. Hope everything's okay with your son.

*know something backwards and forwards: ~을 완전히 꿰뚫고 있다
*I've got your back.: 내가 있잖아, 나만 믿어.

Ⓐ John, 어려운 부탁 하나 할게요. 아들이 아파서 가서 챙겨 줘야 해요. 당신이 이 프로젝트를 속속들이 알고 있잖아요. 이따가 나 대신 콘퍼런스 콜을 좀 해 줄 수 있을까요?

Ⓑ 물론이죠! 제가 할게요. 세부 내용을 문자로 주시면 제가 콘퍼런스 콜을 처리하겠습니다. 아드님이 무탈하길 바랍니다.

3 근황에 대해 묻는 친구와의 대화

Ⓐ You've seemed so busy these past few weeks. Busier than usual. What's been going on?

Ⓑ Well, my supervisor had a family emergency and had to leave for a few weeks, so I've had to fill in for her. It's been exhausting.

Ⓐ 지난 몇 주 동안 엄청 바빠 보이는구나. 평소보다 더. 무슨 일이야?

Ⓑ 음, 팀장님에게 갑작스레 가족 문제가 생겨서 몇 주간 자리를 비워야만 했어. 그래서 내가 팀장님 일까지 대신 해야 했어. 너무 힘들었어.

 CASES IN POINT

어느 카페 사장의 이야기

Over the past few years, I've been managing a little café that I own. It opens in the afternoons only and attracts a good number of regulars. The café is small enough that I've managed it alone, which helps to keep my expenses down. However, not having anyone to fill in for me means I haven't been able to take a single day off. I've had to skip family gatherings and trips. Despite the extra cost, I'm seriously considering hiring a part-time helper. That way, I could finally enjoy some breaks.

지난 몇 년간 내 소유의 작은 카페를 운영해 오고 있다. 오후에만 문을 여는데 나름 단골도 많다. 카페가 작아서 그동안은 혼자 운영하기에 충분했다. 이 덕분에 비용을 절감할 수 있었다. 하지만 나 대신 일을 봐줄 사람이 없었다는 건 그동안 하루도 쉬지 못했다는 얘기다. 가족 모임이나 여행에도 빠져야 했다. (그래서) 비용은 추가로 들겠지만 파트 타임 직원을 채용하는 걸 심각하게 고려하고 있다. 그래야 내가 좀 쉴 수가 있을 테니 말이다.

find out

find out은 '어떠한 사실에 대해 알게 되다'라는 의미의 구동사입니다. 좀 더 정확히 말하면 '누군가가 어떤 사실을 알려 줘서 알게 되거나, (이미) 정해진 사실을 알게 되다'라는 의미입니다. '알기 힘든 무언가를 많은 노력을 통해 알게 되다, 밝혀내다'라는 의미의 figure out과는 의미가 완전히 다르니 반드시 구분해서 알아 두시기 바랍니다.

다음은 원어민 선생님에게 영어 수업을 듣길 원하는 학생이 보내 온 카카오톡 메시지입니다.

> I was hoping to find out more about his teaching style and his availability.
> 그 선생님의 강의 스타일과 가능한 시간대에 대해 좀 더 알고 싶습니다.

다음은 기차표를 잘못 예매한 사람의 말입니다.

> When we got to the station, we found out that we had booked tickets for the wrong day.
> 역에 도착해 보니 엉뚱한 날짜의 표를 예매했더라고요.

다음은 대학교 교수직에 지원한 한 원어민의 말입니다.

The application process is pretty slow for this university. I'll have to wait a couple more weeks to find out whether I've gotten in or not.

이 대학의 경우 지원 절차가 좀 느립니다. 그래서 합격 여부를 알려면 몇 주 더 기다려야 합니다.

☑ find out 요약

'어떠한 사실이나 정보를 ~을 통해서(묻고, 듣고, 찾아보고, 읽고, 검색하는 행위 등) 알게 되다'라는 의미로 다음 두 가지 형태로 자주 쓰입니다.

1 find out (more) about something

- e.g. I like you a lot, but we should find out more about each other before getting married.
  너를 많이 좋아해. 하지만 결혼하기 전에 (우린) 서로에 대해 좀 더 알아야 해.

- e.g. Let's find out almost everything there is to know about BLACKPINK.
  (유튜버의 말)
  블랙핑크에 대해 알 수 있는 거의 모든 것을 알아봅시다.

2 find out (that) 주어 + 동사
(또는 find out what/how/if/whether절)

- e.g. I just found out (that) he has been lying to me about his age.
  그 사람이 그동안 저한테 나이를 속여 왔다는 걸 알게 되었어요.

- e.g. Let's find out what's playing at the movie theater.
  영화관에 뭐 상영하고 있는지 한번 알아보자.

e.g. You will be surprised to find out how they first met. It was actually at a club in Itaewon and she was the bartender.
애당초 그 둘이 어디서 만났는지 알면 놀랄 거야. 이태원에 있는 클럽에서 만났는데 여자가 바텐더였어.

e.g. I'm curious to find out if the couple on *The Bachelor* will actually get married.
〈베첼러〉에 나오는 커플이 결혼에 골인할지 너무 궁금하다.

e.g. I should check my e-mail to find out whether the workshop has been pushed back or not.
워크숍 연기 여부를 알아보기 위해 이메일을 확인해야 한다.

SMALL TALK

1 구립 체육센터 이용객과 담당 직원의 대화

Ⓐ Excuse me. I went to the gym yesterday and only then found out that it was closed for cleaning. Shouldn't there have been advance notice? It really ruined my plans for the day!

Ⓑ I'm sorry about the inconvenience. However, an announcement about the gym closure was made last week on the Mapo District app. Do you happen to have that on your phone?

Ⓐ 죄송한데요. 어제 헬스장 갔다가 청소 때문에 휴관이라는 걸 알았어요. 이런 건 사전에 공지가 되어야 하지 않나요? 하루 계획이 엉망이 되었어요!

Ⓑ 불편을 드려 죄송합니다. 하지만 지난주 마포구청 앱에 휴관 관련 공지가 있었습니다. 혹시 휴대폰에 앱을 깔아 두셨을까요?

2 자동차 정비소 직원과 고객의 대화

Ⓐ How may I help you?

Ⓑ I actually got in a little fender bender* yesterday, so I wanted to find out how much it would cost to get my car fixed.

*fender bender(= a very minor car accident): 자동차의 가벼운 접촉 사고

Ⓐ 무엇을 도와드릴까요?

Ⓑ 사실 어제 작은 접촉 사고가 났어요. 차 수리 비용이 어느 정도일지 알고 싶어서 연락 드렸습니다.

3 서로 사귀게 된 두 남녀에 대한 대화

Ⓐ Have you heard that Sarah and Tom are a thing* now? I really want to find out how they hit it off*.

Ⓑ Really? I always thought they'd make a great couple. I heard they both went out clubbing in Itaewon last weekend. Maybe something happened there.

*a thing: '커플'을 나타내는 속어
*hit it off: 죽이 맞다

Ⓐ Sarah랑 Tom이 사귀게 되었다는 거 들었어? 어떻게 둘이 죽이 잘 맞게 되었는지 정말 궁금하네.

Ⓑ 정말? 나는 너무 잘 어울린다고 늘 생각했는데. 지난 주말에 그 둘이 이태원에 춤추러 갔다고 들었어. 거기서 무슨 일이 있었을 거야.

CASES IN POINT

함께 저녁 식사를 하기로 한 친구들의 단톡방 대화

A Hey, guys. So... have we decided what we're going to eat tomorrow night?

B There's this Italian restaurant in Jongno that I'm curious about, but I don't see any of their dishes listed on Naver. I guess I'll have to call them to find out what's on their menu.

C Perfect! I've been craving Italian food for the past few days.

B Get this – I just called to check, and they said everything is 20% off for the next two days!

A 안녕, 얘들아. 그래서… 내일 저녁에 뭐 먹을지는 결정했어?

B 종로에 가 보고 싶은 이탈리아 음식점이 있는데, 네이버에는 메뉴가 안 나와 있네. 전화해서 무슨 메뉴가 있는지 물어봐야겠다.

C 잘됐네! 안 그래도 며칠 전부터 이탈리아 음식이 먹고 싶었는데.

B 잘 들어 봐. 방금 전화해서 확인해 봤는데 내일이랑 모레 이틀간 전 메뉴 20% 할인이래!

fit in (with)

fit(어떠한 장소, 공간에 들어가기에 딱 맞다)이라는 동사와 부사 in(안으로)이 만난 구동사 fit in은 '색감, 디자인 등이 주변과 잘 어울리다, 맞다; 사람이 자신이 속한 그룹이나 조직에 잘 묻어가다, 어울리다'라는 의미입니다. 주로 fit in 또는 fit in with something의 형태로 사용됩니다.

아내가 남편의 동생에게 줄 선물로 온라인에서 넥타이를 고르고 있는 상황에서 남편은 다음과 같이 말합니다.

It's a nice tie, but it doesn't really fit in with my brother's collection.
좋은 넥타이긴 한데 동생이 가지고 있는 다른 것들이랑 좀 안 맞아.

위의 예문은 fit in이 문자 그대로 '잘 어울리다, 맞다'라는 의미로 쓰인 경우입니다.

다음은 fit in이 비유적으로 쓰인 경우입니다.

I can't believe I stayed at that workplace for two whole years. I never truly felt like I fit in.
내가 어떻게 2년이나 그 직장에 다녔는지 모르겠어. 나는 늘 겉도는 느낌이었거든.

fit in을 조금 더 비유적으로 활용하여 다음과 같이 쓸 수도 있습니다. 이런 표현은 원어민들 사이에서는 아주 자연스러운 것이랍니다.

Buying an SUV doesn't fit in with my lifestyle because I don't often have passengers, and I don't get out and do outdoor activities very much.

SUV 구매는 제 라이프스타일과 맞지 않습니다. 제가 다른 사람을 태우고 다니는 일도 많지 않고, 많이 다니지도 않으며, 야외 활동을 그렇게 많이 하지도 않거든요.

fit in은 좁은 공간에 '비집고 들어가다, 끼어들다', '(어떤 행위나 계획을) 바쁜 일정 속에 끼워 넣다'라는 의미로도 쓰입니다. 다음 예문으로 확인해 보세요.

I think this is a space for compact cars. Do you really think you have enough space to fit in?

여긴 경차 주차 공간인 것 같아. 들어갈 수 있는 공간이 충분한 것 같아?

✅ fit in (with) 요약

1 ~와 잘 어울리다, 조화를 이루다

🔵 I'm afraid the red cushion stands out because red doesn't fit in with the living room's calm vibe*.

*vibe: 분위기

빨간색 쿠션은 너무 튈 것 같아. 빨강은 우리 집 거실의 차분한 분위기와는 따로 놀 테니까.

2 (자신이 속한 조직[그룹] 안에서) 잘 어울리다, 적응하다

🔵 Back in middle school, I always had trouble fitting in early on in the semester.

중학교 때는 매 학기 초에 적응하는 데 늘 애를 먹었어요.

3 (좁은 공간에) ~을 집어넣다; (어떤 행위나 계획을) 바쁜 일정 속에 끼워
넣다

 I bought way too many souvenirs. I don't think I can
fit all this stuff in my suitcase.
(휴가에서 돌아오는 상황)
기념품을 너무 많이 샀어. 여행 가방에 다 안 들어갈 것 같아.

 I have been too busy to fit a workout in (my schedule).
요즘 너무 바빠서 운동할 짬도 안 납니다.

SMALL TALK

1 사직서를 제출한 직장 동료에 대한 대화

Ⓐ Did you hear Samantha is leaving? She already turned in her
resignation.

Ⓑ It's no surprise she's leaving. I actually saw this coming. She
never really fit in, after all*.

 *after all: 그도 그럴 것이, 따지고 보면, 하긴

Ⓐ Samantha가 그만둔다는 이야기 들었어요? 이미 사직서를 제출했대요.

Ⓑ 그만두는 게 당연할지도요. 이럴 줄 알았어요. 어쨌든 이 회사에서 늘 겉돌았잖아요.

2 소파를 사려는 고객과 가구점 직원의 대화

Ⓐ ... then I would recommend this Danish leather couch. As an
added bonus, it's actually on sale for 15% off, this week only.

Ⓑ I know you can't go wrong with Danish craftsmanship* when it
comes to furniture, but I'm afraid a leather couch wouldn't fit
in with the cozy vibe I'm going for* at my place.

Ⓐ … 그럼 이 덴마크산 가죽 소파를 추천해 드립니다. 추가 혜택으로 이번 주에 한해 15% 세일도 하거든요.

Ⓑ 가구의 경우 덴마크산이 진리이긴 하죠. 근데 가죽 소파는 제가 추구하는 저희 집의 아늑한 분위기와는 따로 놀 것 같아서요.

3 병원 진료를 예약하는 상황

Ⓐ I'd really like to see Dr. Thompson about my knee before the marathon next month. Are there any openings available?

Ⓑ She's been quite busy, but let me check her schedule to see when she can fit you in. I understand it is important for you to be in good shape for the race.

Ⓐ 다음 달 마라톤에 출전하기 전에 Thompson 박사님을 뵙고 무릎 진료를 받고 싶습니다. 혹시 진료 가능한 시간 있을까요?

Ⓑ 선생님께서 꽤 바쁘십니다. 언제 가능할지 스케줄 확인해 드릴게요. 마라톤을 앞두고 좋은 몸 상태를 유지하시는 게 중요한 점 알고 있습니다.

CASES IN POINT

골프에 관한 어느 직장인의 생각

Playing golf isn't really for me. For some reason, I just can't get into it. I think of it as a game, not a sport. Working in sales, though, I had to take up golf just to fit in. Honestly, I dread* waking up early on Saturday mornings, but it is what it is*. Actually, for me, playing golf is not an option, but a means* for networking. I suppose I should be grateful that I

can network outdoors, where it's easy to talk and get some
fresh air. But I just wish I enjoyed golf a bit more.

*dread: 두려워하다, 몹시 무서워하다
*It is what it is: 하지만 어쩌겠는가, 현실이 그런 걸 어쩔 수 없다
*a means: 수단

골프는 나랑 진짜 안 맞다. 뭔가 모르게 재미가 안 붙는다. 내게 골프는 스포츠가
아닌 게임이다. 하지만 영업직이다 보니 (사람들과) 어울리기 위해서는 골프를 시
작할 수밖에 없었다. 솔직히 토요일 아침 일찍 일어나는 게 너무 싫지만 그래도
어쩌겠나. 사실 내게 골프는 선택의 문제가 아닌 인맥 유지의 수단이다. 그래도
야외에서 인맥을 쌓을 수 있어서 감사해야 할 것 같다. (사람들과) 이야기도 나누고
신선한 공기도 마실 수 있으니 말이다. 다만 내가 골프를 조금만 더 좋아했어도
좋으련만.

DAY **23**

get around ①

get around는 '여기저기를 돌아다니다, 이동하다'라는 의미의 구동사입니다. 최근 자전거를 구매한 어떤 사람이 다음과 같이 말합니다.

> Now that I got a new bike, I can easily get around the neighborhood.
>
> 새 자전거도 마련했으니 동네를 쉽게 돌아다닐 수 있겠군.

get around에는 '어려움, 장애물, 난관을 이기고 이동하다, 다니다'라는 의미도 있으며, 이때의 어려움은 주로 '나이나 신체적 불편함; 불편한 시설'인 경우가 많습니다. 다음 예문을 보겠습니다.

> My grandpa is 91, but he still gets around well.
>
> 저희 할아버지는 91세이신데도 여전히 (여기저기) 잘 다니십니다.(= 외출하시는 데 문제가 없습니다.)

'소문' 등이 주어로 올 경우 '~이 알려지다, ~라는 소문이 확산되다'라는 의미로도 쓰이는데, 소문이 마치 사람처럼 발이 달려서 이동한다고 생각하면 이해하기 쉬울 겁니다.

Word got around fast about the arrival of Taylor Swift, and she was met at the airport by hundreds of eager fans.

Taylor Swift가 도착한다는 소식이 빠르게 알려졌고, 공항에서 수백 명의 열혈 팬들이 그녀를 맞이했다.

☑ get around ① 요약

1 (이곳저곳을) 돌아다니다, 이동하다

e.g. As a digital nomad*, Sarah gets around by hopping from one country to another.

*digital nomad(디지털 노마드): 주로 노트북이나 스마트폰 등을 이용해 장소에 상관하지 않고 여기저기 이동하며 업무를 보는 사람

디지털 노마드인 Sarah는 이 나라 저 나라를 (돌아) 다닌다.

2 (어려움, 장애물, 난관을 이기고) 이동하다, 다니다

e.g. Mobility devices allow disabled individuals to get around independently.

모빌리티 디바이스(개인용 이동 수단) 덕분에 몸이 불편한 분들도 혼자서 다닐 수 있다.

3 ~이 알려지다, ~라는 소문이 확산되다

e.g. Word got around the office that Nick was getting married.

Nick이 결혼한다는 소문이 사무실에 쫙 퍼졌다.

1 주차 공간 부족에 대한 직장 동료 사이의 대화

Ⓐ Can you believe how difficult it is to find parking near the office lately? I'm considering ditching* my car altogether* and using a bike to get around.

Ⓑ Really? That's not a bad idea. I got three parking tickets last month. You might save some money, too.

> *ditch: (더 이상 원치 않거나 불필요한 것을) 버리다
> *altogether: 완전히

Ⓐ 최근에 사무실 주변에 주차 공간 찾기가 이렇게 어렵다니 말이 돼? 아예 차를 완전히 버리고 자전거로 다녀야 할까 봐.

Ⓑ 정말? 그것도 괜찮은 생각이다. 난 지난달에 주차 위반 딱지를 세 번이나 끊겼어. (차 안 가지고 다니면) 돈도 절약할 수 있겠네.

2 약속 장소에 대한 친구 사이의 대화

Ⓐ Hey, Dereck, why don't we meet at the new mall downtown for dinner?

Ⓑ Last time I went there I had trouble getting around the narrow aisles in my wheelchair. Could we try a place with better accessibility?

Ⓐ Dereck, 시내에 새로 생긴 쇼핑몰에서 만나서 저녁 먹을까?

Ⓑ 지난번에 거기 갔을 때 통로가 너무 좁아서 휠체어 타고 다니는 데 애를 먹었어. 이동이 쉬운 곳에 가 보는 게 어떨까?

3 깜짝파티 준비에 대한 친구 사이의 대화

Ⓐ I heard Samantha blabbed* about the surprise party to everyone.

B Ugh, now it's definitely going to get around to Peter and spoil his surprise!

*blab: ~에 대해 내뱉다; 떠벌리고 다니다; (비밀) 정보를 알려 주다

A Samantha가 동네방네 깜짝파티를 떠벌리고 다녔다네.

B 하이고, 이제 Peter한테 이야기가 들어가서 깜짝파티 다 들통나겠어!

CASES IN POINT

발리 여행을 다녀온 친구와의 대화

A Hey, Jieun, how was Bali? How did you get around on the island?

B You won't believe what happened. We had a lot of "taxi drama." Most of the taxi drivers there have become so spoiled, trying to rip off* tourists.

A Really?

B Yeah, this taxi driver yelled at my husband for not tipping. I was so angry. I was ready to call the police, but thankfully, the locals stepped in and talked me out of* it.

A That sounds awful.

B Yeah, those unpleasant experiences with the taxis ruined our entire trip.

*rip someone off(= rip off someone): ~에게 바가지를 씌우다
*talk someone out of: ~를 설득해서 말리다

A 지은아, 발리 여행은 어땠어? 발리에서는 어떻게 다녔어?

B 무슨 일이 있었는지 알면 믿기지 않을 거야. '택시 문제'로 아주 난리였어. 거기 택시 기사들 대부분이 정말 제멋대로더라고. 관광객들에게 바가지를 씌우려고 했거든.

A 정말?

B 응. 어떤 택시 기사는 팁을 안 줬다고 남편에게 소리를 질렀어. 너무 화가 나서 경찰을 부르려고 했는데, 다행히 지역 주민들이 개입해서 나를 말렸지.

A 끔찍하다.

B 응. 택시와 관련된 이런 안 좋은 경험이 여행 전체를 망쳐 버렸어.

get around ②

get around에는 '(개인적으로 또는 업무상) 활동적이다, 사교 활동을 많이 하다; 여기저기 많이 다니다'라는 의미도 있습니다. get around의 기본 의미가 '여기저기 다니다, 이동하다'이니 이런 의미를 갖게 된 것이 논리적으로 타당해 보입니다. 관련 예문을 한번 보겠습니다.

My mom is in her late 70s, but she still gets around more than I do. She's always attending and volunteering at community events. I really admire that.

저희 어머니가 70대 후반인데도 저보다 더 활동적입니다. 늘 지역 사회 행사에 참여하셔서 자원봉사를 하십니다. 정말 대단하다고 생각됩니다.

다음은 업무차 각종 행사나 모임에 다니는 친구와의 대화입니다.

A: Kevin, how's the new job?
B: Busy. I'm on the sales team and we get around to some kind of social function* five nights a week!

*social function: 파티, 결혼식, 콘서트, 장례식 등의 사교 행사

A: Kevin, 새 직장은 어때?
B: 바빠. 영업팀 소속이라 주 5회씩 밤에 이런저런 모임과 행사에 참석하거든.

get around에는 예상치 못한 의미도 숨어 있는데 '(당연히, 마땅히 해야 할) 행위, 의무, 규정, 법, 유료 구독 등을 피하다, 피해 나가다, 우회하다'라는 의미입니다. 좀 더 쉽게 이해하실 수 있도록 예시를 들어 설명하겠습니다. 세금 납부와 같은 의무의 이행을 회피하려고 하는 친구에게 충고하는 상황에서는 get around를 써서 다음과 같이 말할 수 있습니다.

Don't even think of trying to get around paying taxes. You would never get away with it.

세금 안 낼 생각은 하지도 마. 반드시 걸리게 되어 있어.

나이가 들면서 신기술을 익히는 걸 꺼리는 경우에 다음과 같이 표현할 수 있습니다.

You can't just relax and stop learning as an engineer. There's no getting around the continuous professional development to keep up with new technology.

엔지니어는 안이하게 배움을 멈추면 안 된다. 신기술에 뒤처지지 않으려면 지속적인 커리어 개발을 피할 수 없다.

의무 등을 행하지 않고 빠져나가려고 하는 경우 역시 다음과 같이 표현하게 됩니다.

Some companies are always looking for loopholes to get around the law.

일부 기업들은 법을 지키지 않으려고 늘 (법의) 허점을 찾는다.

get around에는 '상황, (부인할 수 없는) 사실[현실], 정보 등을 부인하다, 인정하지 않다'라는 의미도 있는데, 혹시 알고 계셨나요? 이 역시 around 이하의 내용을 피해 가려고 하는 이미지를 떠올리면 이해가 쉽게 될 겁니다.

There's no getting around getting older. It happens to us all.
나이 드는 것을 피하고 부정할 수는 없어. 우리 모두가 겪는 일이니까.

✅ get around ② 요약

1 (개인적으로 또는 업무상) 활동적이다, 사교활동을 많이 하다; 여기저기 많이 다니다

e.g. A: Listen to this: Monday, I was on the golf course. Tuesday, I was in Busan for a conference. Wednesday, I was back in Seoul for multiple dinner gatherings. Then tomorrow, I'm flying out to New York for more meetings.

B: Wow, you certainly get around.

A: 한번 들어 봐. 월요일에는 골프장에 갔어. 화요일에는 회의차 부산에 갔지. 수요일에는 여러 저녁 모임 때문에 서울에 다시 올라왔어. 그리고 내일은 추가 회의 때문에 뉴욕에 가.

B: 와, 너 정말 여기저기 많이 다니는구나.

2 (해야 할) 행위, 의무, 규정, 법, 유료 구독 등을 피하다, 피해 나가다; 우회하다

e.g. Some mornings, I really don't feel like cleaning, so I get around doing the dishes by pretending I'm late. I leave them by the sink for my wife to do and quietly head out to work. I know that makes me kind of a jerk.

어떤 날 아침에는 정말 청소하기가 싫다. 그래서 (회사에) 늦은 척하며 설거지하는 걸 피해 버린다. 아내가 하도록 싱크대 옆에 두고는 조용히 출근하러 나가 버린다. 이러면 정말 머저리가 된다는 걸 나도 안다.

3 (불쾌하지만 인정할 수밖에 없는 상황, 사실[현실], 정보 등을) 부인하다, 인정하지 않다

> 🔊 There's no getting around the fact that buying a house is expensive.
>
> 요즘 집 사는 데 돈이 많이 든다는 점은 부인할 수 없는 사실이다.

SMALL TALK

1 친구의 근황에 대한 대화

> Ⓐ Have you seen Nick lately?
> Ⓑ Oh yeah, he's been out every night this week. He certainly gets around.

> Ⓐ 최근에 Nick 봤어?
> Ⓑ 응, 그 친구 이번 주에는 매일 밤 외출하더라. 여기저기 정말 많이 다녀.

2 페이월*에 대한 친구 사이의 대화

> Ⓐ Jeff, you keep sending me these *New York Times* articles. They have a paywall. Do you subscribe to them?
> Ⓑ Oh, I use an app that allows me to get around paywalls. Here's the link. Check it out.

*페이월(paywall): 온라인 콘텐츠에 접근할 때 돈을 내도록 하는 것

> Ⓐ Jeff, 나한테 〈뉴욕타임스〉 기사 계속 보내는구나. 페이월이 있을 텐데. 구독하는 거야?
> Ⓑ 아, 앱을 쓰는데 이걸 쓰면 페이월을 피할 수 있어. 여기 링크 보낼게. 한번 봐 봐.

3 물가에 대한 친구 사이의 대화

Ⓐ The prices of everything keep going up lately.
Even jajangmyeon.

Ⓑ That's for sure*. There's no getting around inflation.

*that's for sure: (상대방의 말에 전적으로 동의하면서 하는 말) 누가 아니래; 내 말이

Ⓐ 최근에 안 오르는 게 없군. 자장면까지.

Ⓑ 누가 아니래. 인플레이션을 피해갈 수는 없지.

CASES IN POINT

신체적인 통증을 방치하고 있는 친구와의 대화

A Ugh, I've been feeling this discomfort* in my stomach for
weeks now.

B That doesn't sound good. Have you seen a doctor?

A I've been trying to ignore the pain for over a month now,
but there's no getting around it. I guess I do need to see
one.

B You're right, Mark. It's better to get it checked out sooner
rather than later.

A I know. I've been putting it off, but I just can't ignore it any
longer.

B I'll give you a ride if you need it.

A Thanks. I appreciate it. I guess I need to take better care
of myself.

*discomfort: 신체적인 불편함, 통증

A 아, 몇 주간 위에 불편함이 계속 느껴져.

B 어떡해. 병원에는 가 본 거야?

A 한 달 이상 통증을 그냥 무시하고는 있는데, 회피하면 안 될 듯해. 병원에 가 봐야 할 것 같아.

B 맞아, Mark. 더 늦기 전에 서둘러서 검사를 받아 보는 게 좋을 거야.

A 알아. 계속 미뤄 왔거든. 더 이상은 그냥 넘길 수가 없어.

B 필요하면 내가 태워 줄게.

A 고마워. 나 자신을 좀 더 잘 챙겨야 할 듯해.

get around to

get around to는 '그동안 미뤄 왔던 것이나 마음만 먹고 있었던 것을 드디어 시간이나 용기를 내어 하다'라는 의미의 구동사입니다. around라는 부사에서 짐작할 수 있듯이 '빙 둘러서' to 이하로 간다는 말이니, 미루거나 빙 둘러 와서 '결국 ~을 하게 되다'라는 의미입니다.

우리와는 달리 많은 미국인이 차량의 엔진 오일을 직접 교체한다고 하지요. 다음은 이런 상황에서 쓸 수 있는 예문입니다.

> I finally got around to changing the oil in my car. It was
> starting to make strange noises.
>
> 드디어 내 차 엔진 오일을 갈았어. 이상한 소리가 나기 시작했거든.

다음은 잔소리를 하는 아내에게 남편이 하는 말입니다.

> Please stop nagging me. I already said I'll take out the
> garbage. I'll get around to it when I have time!
>
> 제발 잔소리 좀 그만해. 쓰레기 내다 버린다고 내가 말했잖아. 시간 될 때 할게!

다음은 **get around to**의 의미를 아주 잘 살려서 표현한 또 다른 예입니다.

This isn't something you can just "get around to." That leaking pipe needs fixing today!

이건 '미뤘다가 할 수 있는 일'이 아니야. 파이프가 새는데 오늘 당장 고쳐야겠어!

✓ get around to 요약

그동안 미뤄 왔던 것이나 생각만 하고 있던 것을 시간이나 용기를 내어서 하다

e.g. Don't you think it's about time you got around to cleaning your room?

(엄마가 아들에게 하는 말)

이제 진짜 네 방 청소해야 하지 않겠니?

e.g. Do you think you can get around to ordering the Christmas cards this week? Or should I just go ahead and order them myself?

(남편이 아내에게 하는 말)

이번 주에 크리스마스 카드 주문할 시간 되겠어? 아니면 내가 직접 주문할까?

e.g. A: Hey, do you remember when the Monet exhibit is over? We've been wanting to go see it for weeks.

B: I'm not exactly sure of the date, but there must not be much time left. We should get around to seeing it before it's too late.

A: 이봐, 모네 전시회 언제 끝나는지 기억해? 몇 주째 보러 가기로 마음을 먹고 있잖아.

B: 정확한 날짜는 모르겠어. 근데 얼마 남지 않았을 거야. 너무 늦기 전에 보러 가야 해.

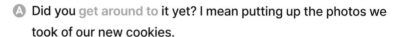

1 함께 카페를 운영하는 친구 사이의 대화

Ⓐ Did you get around to it yet? I mean putting up the photos we took of our new cookies.

Ⓑ I completely forgot. I swear I'll do it today. I don't know where my mind is these days.

Ⓐ 그거 아직 안 한 거야? 새로 만든 쿠키 사진 찍은 거 올리는 거 말이야.

Ⓑ 완전 깜박했어. 오늘 꼭 할 게. 요즘 왜 이렇게 정신이 없는지 모르겠어.

2 미루던 소득세 신고를 드디어 한 상황의 대화

Ⓐ I finally got around to filing my taxes this week. It feels really nice to have gotten it over with.

Ⓑ That's great! How much do you have to pay in taxes, by the way? Are you getting a refund or anything?

Ⓐ 드디어 이번 주에 세금 신고했어. 미루던 걸 하고 나니 속이 시원해.

Ⓑ 잘했다! 그나저나 세금은 얼마를 내야 해? 환급이나 그런 거 받는 거야?

3 치과 검진에 대한 친구 사이의 대화

Ⓐ I have been meaning to go to the dentist for a checkup for, like, the last nine months, but I just haven't gotten around to it.

Ⓑ No way. You should take better care of your teeth. If you don't go to the dentist regularly, you're going to have even bigger problems later!

Ⓐ 아홉 달째 치과 검진받으러 가야지 하고 있는데도 아직도 못 가고 있어.

Ⓑ 안 돼. 치아 관리를 좀 더 잘해야 해. 정기적으로 치과에 가지 않으면 나중에 더 큰 문제가 생길 거야!

세차를 미루고 있는 분의 일화

Last week, I was getting in my car and I dropped my apartment key card somewhere beneath my driver's seat where I can't reach it. I haven't had my car washed for months, so the inside is a bit of a mess, making it even harder to find the card. Now I have all the reason to take my car to the car wash, but still, I haven't gotten around to it. Every time I think about doing it, something else comes up at work or I just put it off for another day. Okay; I'm making a promise to myself to get it done this weekend. No more excuses.

지난주에 차에 타다가 아파트 카드 키를 운전석 아래쪽 손이 닿지 않는 곳에 떨어뜨렸다. (지금) 세차를 안 한 지 몇 달이나 되어서, 차 안이 좀 엉망이다. 그래서 카드 키를 찾기가 더 어렵다. (이 정도면) 세차를 해야 할 이유가 충분한데도 아직 안 하고 있다. 하려고 생각할 때마다 회사에 무슨 일이 생기거나, 그냥 하루를 더 미루게 된다. 그래, 이번 주말에는 반드시 하기로 다짐한다. 더 이상의 핑계는 안 된다.

get away with

get away with의 기본적인 의미는 '~을 가지고[훔쳐서] 달아나다'입니다. 해변에서 과자를 먹고 있는데 갑자기 갈매기가 나타나 과자를 채서 달아나는 상황을 떠올려 봅시다.

> We chased the birds off, but not before they got away with half our food.
>
> 새들을 쫓아 보냈지만, 이미 우리 음식의 반을 훔쳐 달아난 뒤였다.

어떤가요? 그림이 좀 그려지시나요?

get away with의 의미가 확장되면 '잘못을 하고도 벌을 교묘히 모면하다, 바람직하지 않은 행위를 하고도 별 탈 없이 무사히 지나가다'라는 뜻이 됩니다.

다음은 외모가 너무 닮아 학창 시절 재미 삼아 반을 바꾸어 수업을 들어도 아무도 몰랐던 쌍둥이 자매의 이야기입니다.

> The twins swapped classes at least once a week. It was a fun game they played, and they always got away with it.
>
> 그 쌍둥이는 최소 일주일에 한 번 반을 바꿔서 수업을 들었다. 재미 삼아 한 장난이었다. 그리고 한 번도 들키지 않았다.

다음은 엄마가 자녀에게 하는 말입니다.

> You can't get away with not doing your homework once you get to high school.
>
> 고등학교에 가면 숙제를 안 하고 그냥 넘어가지 못할 거야.

☑️ get away with 요약

1 ~을 가지고[훔쳐서] 달아나다

🗣️ I found the wallet that I left in the park, but someone had already gotten away with the cash that was in it.
(깜박하고) 공원에 두고 온 지갑을 찾았다. 하지만 이미 누군가가 그 안에 있는 돈을 가지고 달아난 뒤였다.

2 (잘못을 하고도) 처벌을 교묘히 모면하다, (바람직하지 않은 행위를 하고도) 별 탈 없이 무사히 지나가다

🗣️ I got away with parking in front of my building for months, but this month I've received six parking tickets. I guess I should find somewhere else to park.
몇 달간 우리 건물 앞에 (불법) 주차하고도 무사할 수 있었는데, 이번 달에 주차 위반 딱지를 여섯 번이나 끊겼다. 아무래도 다른 곳을 찾아봐야 할 것 같다.

🗣️ A: Sam still owes me money, too!
B: Well, we can't let him get away with not paying us back.

(친구 사이의 대화)
A: Sam이 나한테도 돈 갚을 게 있는데!
B: 음, 우리한테 돈 안 갚고 그냥 넘어가게 두면 안 되겠다.

1 학교 과제에 관한 친구 사이의 대화

Ⓐ Are you sure you can get away with it? I tried copying sentences from the Internet before too, and Mr. Harrison figured it out.

Ⓑ Really? Maybe I underestimated* him. Thanks for the heads-up*.

*underestimate: 과소평가하다
*heads-up: 알림, 경고

Ⓐ 진짜 괜찮겠어? 나도 예전에 인터넷에서 찾은 문장을 베끼려고 한 적이 있는데, Harrison 교수님이 눈치채시더라고.

Ⓑ 정말? 내가 교수님을 너무 얕봤네. 미리 귀띔해 줘서 고마워.

2 나이에 따른 신진대사의 변화에 대한 친구 사이의 대화

Ⓐ Now that I'm older, I can't get away with eating just before going to bed. That's a good way to pack on the pounds*.

Ⓑ I couldn't agree with you more on that! Metabolism slows down with age. That's why I never eat anything before going to sleep. I don't even drink water.

*pack on the pounds: 체중이 불다

Ⓐ 이제 나이를 먹으니 자기 직전에 뭐 먹으면 문제가 생겨. 살찌기 딱 좋아.

Ⓑ 누가 아니래! 나이가 들면서 신진대사도 둔해져. 그래서 난 자기 전에는 절대 안 먹어. 물조차도 안 마시거든.

3 매일 지각하는 동료 직원에 대한 대화

Ⓐ I don't understand how Tom gets away with arriving late to work every day.

Ⓑ Yeah, it's like nobody even notices. Maybe it's because he leads the company in sales.

ⓐ Tom은 매일 같이 회사에 지각하는데도 어떻게 아무 탈이 없을 수 있는지 이해가 안 돼.

ⓑ 맞아. 아무도 눈치 못 채는 것처럼 말이야. 회사에서 영업 실적이 제일 좋아서 그런 지도 모르지.

CASES IN POINT

1 의류 세탁에 관한 어느 유튜버의 의견

Clothing tags often say you need to dry clean wool and silk garments. But more often than not*, you can get away with hand washing. By the way, you might want to think about buying a steam closet. That would help to keep your clothes in mint condition and even sanitize* them. On top of that, a steam closet would save you trips* to the dry cleaner. There are different types of steam closets available, so you should check them out at department stores.

*more often than not: 대개의 경우
*sanitize: 위생 처리하다, 살균하다
*trip: (어디까지의) 이동

의류 태그에 보면 울과 실크 의류는 드라이클리닝을 해야 한다고 적혀 있습니다. 하지만 손빨래를 해도 괜찮은 경우가 대부분이죠. 그건 그렇고 의류 관리기 장만하는 거 한번 생각해 보세요. 새 옷같이 유지할 수 있고, 위생적으로 관리할 수 있답니다. 게다가 의류 관리기가 세탁소 가는 수고를 덜어 줄 것이고요. 의류 관리기는 여러 종류가 있는데 백화점에 가서 한번 보세요.

2 학창 시절에 있었던 일화

I really hated doing self-introductions at the beginning of a new semester. Once, however, it was my turn to speak,

I only said my name before somebody accidentally fell out of their chair. Everyone was distracted, and when people finished laughing, they moved on to the next person's introduction. I was glad I got away with not saying anything but* my name.

<small>*anything but: ~을 제외하고는 어떤 것도</small>

나는 학기 초에 하는 자기소개 시간이 너무 싫었다. 그런데 한번은 내 차례가 되었을 때, (겨우) 이름만 이야기했는데, 누군가가 의자에서 떨어졌다. 모두가 거기에 정신이 팔렸고, 웃는 걸 멈췄을 때는 이미 다음 사람 소개로 넘어갔다. 이름만 이야기하고 무사히 넘어갈 수 있어서 너무 다행이었다.

DAY 27

get by

get by는 '좁은 틈, 통로, 길을 겨우 지나가다'라는 의미에서 시작해서 '힘든 상황에서 근근이 버티다'라는 의미로 확장되어 사용되는 구동사입니다. 마트에서 고객이 통로를 지나려는데 박스가 놓여 있을 경우 직원과 다음과 같은 대화를 나눌 수 있습니다.

A: Can I get by[get past], please?

B: Oh, sure. Let me just move these boxes out of the way.

A: 좀 지나가도 될까요?

B: 네, 그럼요. 박스 치워 드릴게요.

'근근이 버티다'라는 의미로 쓰일 경우에는 다음 예시처럼 주로 재정적으로 힘든 상황에서 사용하는 것을 볼 수 있습니다.

We're just getting by and don't have any money to spare.

근근이 버티고 있어요. 여윳돈이 없습니다.

---

get by가 비단 재정적인 상황에만 국한되어 쓰이는 것은 아닙니다. 다음 예시들을 보겠습니다.

- He was so helpful. I couldn't get by without him.

(서울에서 머문 한 달 동안 민수로부터 이런 저런 도움을 받은 Samantha가 하는 말)

그가 정말 많이 도와줬어요. 그 친구 아니었으면 혼자서는 힘들었을 거예요.

- I don't think we need to buy a new car. We've had this one for 15 years, but it's still in good shape. I think we can continue to get by with it unless it completely breaks down.

(새 차로 바꾸자는 남편에게 아내가 하는 말)

우리 새 차 살 필요 없을 것 같아. 지금 차를 15년 동안 탔지만 아직 멀쩡하잖아. 완전히 고장 나지 않으면 계속 이걸로 버틸 수 있을 듯해.

☑ get by 요약

1 좁은 틈, 통로, 길을 겨우 지나가다

- There is enough room here for a car to get by.
  이 정도면 차 한 대 지나가기에 충분한 공간이야.

2 재정적으로 힘든 상황에서 근근이 버티다

- Most households can't get by on a single salary.
  대부분 가정은 외벌이 수입으로는 생활이 힘들다.

3 여의치 않은 어려운 상황에서 근근이 헤쳐 나가다, 버티다

- You can get by with a bicycle until you can afford a car.
  차를 살 형편이 될 때까지는 자전거로 버티면 되겠네.

SMALL TALK

1 같은 반 친구 사이의 대화

Ⓐ Can you move your chair a bit? There's not enough room for me to get to the window.

Ⓑ Oh, sure! Let me scoot over*. Is that better? Now you should have enough space to get by.

*scoot over(= slide over): 조금 옆으로 이동하다

Ⓐ 의자 조금 옆으로 옮겨 줄래? 창문 쪽으로 가려는데 좀 좁아서 말이야.

Ⓑ 물론이지! 조금 옆으로 비킬게. 좀 나아? 이제 지나갈 공간이 충분할 거야.

2 최근 택시 운전을 시작한 친구와의 대화

Ⓐ How have you been? Is your new job as a taxi driver coming along well?

Ⓑ It's not bad, but I'm just barely making enough to get by.

Ⓐ 어떻게 지내? 새로 시작한 택시 운전 일은 잘 되어 가?

Ⓑ 나쁘지는 않지만, 겨우 먹고 사는 수준이야.

3 회계사 시험을 앞두고 있는 친구와의 대화

Ⓐ How can you get by on less than five hours of sleep a day?

Ⓑ I'm only three weeks away from taking the test. What else can I do? I need the extra time to study.

Ⓐ 하루에 5시간도 안 자고 어떻게 버티니?

Ⓑ 시험이 3주밖에 안 남았어. 그러니 어떡해? 시간을 더 들여서라도 공부를 해야지.

서울에 산 지 10개월 남짓 된 외국인과의 대화

A How is life treating you* in Seoul?

B Well, it's going alright. I consider myself lucky that I got the chance to live in a vibrant* city like Seoul.

A You sound like you are quite happy living here. There must be some things that bother you, though, right?

B Not really. I am satisfied, overall. I can't complain.

A I'm pretty impressed with your Korean as well. It's good enough to get by on your own in the city. That must have helped a lot!

B Thank you for saying so. I still feel like my Korean could use some work, though.

*How is life treating you?: 어떻게 지내니?; (~에서의) 생활은 좀 어때?
*vibrant: 역동적인, 힘이 넘치는

A 서울 생활은 어때요?

B 음, 괜찮아요. 서울 같은 활기찬 도시에서 생활할 수 있는 기회를 가진 건 행운이라고 생각해요.

A 서울에서의 생활에 만족하시는 듯하네요. 그래도 좀 불편한 것이 있을 텐데요?

B 그렇지는 않아요. 대체로 만족해요. 나쁘지 않아요.

A 한국어도 상당히 잘하시던데요. 그 정도면 서울에서 혼자 생활하기에 충분한 듯해요. 한국어 실력이 큰 도움이 되었겠네요!

B 말씀 고마워요. 그래도 아직 한국어 실력이 부족한 기분이네요.

get into ①

개인적으로 **get into**라는 구동사를 생각하면 가장 먼저 떠오르는 표현이 '**get into** + 학교'입니다. 학창 시절 '학교에 입학하다'라고 배운 기억이 있기 때문이지요. 'enter + 학교' 역시 '학교에 들어가다'이지만 '**get into** + 학교'는 '쉽지 않은 상황에서 학교에 들어가다, 합격하다'라는 의미가 있다는 점이 다릅니다. 즉, 어려움, 난관 등을 이겨 내고 합격하는 뉘앙스가 있는 것이지요.

get into는 기본적으로 '물리적인 공간에 힘들게[어렵사리] 들어가다; 들어가면 안 되는 곳에 들어가다, 손을 대면 안 되는 것에 손을 대다'라는 의미입니다. 이때의 공간은 컴퓨터상의 폴더, 구글 독스와 같은 것이 될 수도 있습니다. 우선 **get into**가 물리적인 공간에 대해 쓰인 예를 보겠습니다.

> Employees can't get into the building without their company ID card.
>
> 직원들은 사원증 없이는 건물에 들어갈 수 없다.

다음은 온라인상의 공간에 대해 쓰인 예입니다. 이때는 주로 '접속하다'로 해석합니다.

> I tried to get into the Google Docs folder this morning, but I couldn't.
>
> 오늘 오전에 구글 독스 폴더에 접속하려고 했는데 접속이 안 되었다.

다음은 **get into**가 '손을 대면 안 되는 것에 손을 대다'라는 의미로 쓰인 경우입니다.

Make sure your brother doesn't get into the chocolate chip cookies. He'll be up all night.*

동생이 초콜릿 칩 쿠키에 손을 못 대게 해야 해. 쿠키를 먹으면 밤새 잠을 못 잘 테니.

*초콜릿 칩 쿠키를 많이 먹으면 sugar rush(탄수화물을 단기간에 대량 섭취하면 혈당이 증가하는데, 이로 인해 신체가 각성 상태가 되어 힘이 솟고 활동적이 되는 증상)가 발생해 잠을 못 잔다는 말.

✅ get into ① 요약

1 (쉽지 않은 상황에서) 학교에 들어가다, 합격하다

> **e.g.** I couldn't get into my dream university even on my second attempt.
> 재수를 했음에도 불구하고 제가 꿈꾸던 대학에 들어가지 못했습니다.

2 물리적인 공간에 힘들게 들어가다

> **e.g.** It took me 10 minutes just to figure out how to get into the building.
> 그 건물에 들어가는 방법을 알아내는 데에만 10분이 걸렸다.

3 온라인상의 공간에 접속하다

> **e.g.** I can't get into the folder because it's password protected.
> 암호가 걸려 있어서 폴더 접속이 안 됩니다.

4 들어가면 안 되는 곳에 들어가다; 손을 대면 안 되는 것에 손을 대다

 We had to take Minsu to the emergency room because he got into the medicine cabinet.
(복용하면 안 되는 약을 복용한 상황)
민수가 약상자에 손을 대는 바람에 응급실로 데려가야만 했다.

SMALL TALK

1 최근에 수능 시험을 다시 본 친구와의 대화　　　　

Ⓐ It's been a while since we talked. Did you get into the school you were aiming for?

Ⓑ No, I couldn't get in. I had to take the SAT again and I still didn't get a high enough score, even though it was the second time.

Ⓐ 우리 만난 지 한참 되었네. 목표로 하던 학교에는 입학한 거야?

Ⓑ 아니, 떨어졌어. 그래서 수능을 다시 봐야만 했는데, 점수가 (합격 선에) 못 미쳤어. 두 번을 봤는데도 말이야.

2 구글 문서 접속과 관련하여 출판사 직원과 저자의 대화　　

Ⓐ Good evening. I just wanted to let you know I tried, but couldn't get into the Google document. Would you mind going over the directions again with me? It seems like I missed something.

Ⓑ My bad. I just forgot to give you access, so let me do that right now. Okay, you should be able to get into it now. Give it a try.

Ⓐ 안녕하세요. 다름이 아니고 제가 구글 문서에 접속을 시도했는데 안 되더라고요. 죄송한데 방법 한 번만 더 설명해 주실 수 있을까요? 제가 뭔가를 놓친 것 같아요.

B 제 실수예요. 액세스 권한을 드리는 걸 깜박했네요. 지금 바로 해드리겠습니다. 네, 이제 접속될 거예요. 한번 해 보세요.

3 이웃과 문제가 생긴 직장 동료와의 대화

A What are those papers you're looking at?

B One of our neighbor's cats got into our yard and stepped on a nail. They had to take him to the vet, and now they're demanding that we reimburse* them. But the amount is ridiculous!

*reimburse: 배상하다

A 보고 있는 서류가 뭔가요?

B 이웃집 고양이 한 마리가 저희 마당에 들어와서 못을 밟았어요. 그래서 (주인이) 수의사한테 (고양이를) 데려갔는데 병원비를 변상하라고 하네요. 근데 좀 어이없는 액수라서!

CASES IN POINT

SNS 계정을 해킹당해 난처했던 경험담

I woke up one morning and saw that I had at least twenty messages on my phone from family and friends. They were asking me why I posted weird pictures on my Instagram account. Obviously, I had no idea what they were talking about. When I tried to get into my account, though, I realized that my password had been changed! Once everyone knew I had been hacked and it wasn't me, I felt a little better. But then I realized that I could no longer access about five years' worth of photos, and that was a terrible feeling.

어느 날 아침 일어나 보니 휴대폰에 가족과 친구들로부터 적어도 20건의 메시지가 와 있었다. 내 인스타그램 계정에 이상한 사진을 올린 이유를 물었다. 당연히 무슨 소리를 하는 건지 알 수가 없었다. 계정에 접속하려고 했더니 비번이 변경되었다는 것을 알게 되었다. 다들 내가 해킹을 당한 것이며, 사진을 올린 건 내가 아니라는 것을 알게 되었을 때는 마음이 좀 놓였다. 하지만 더 이상 5년 치 사진에 접속할 수 없게 되었다는 걸 알게 되었고, 정말 끔찍한 기분이 들었다.

get into ②

김재우의 영어관찰일기

get into에는 '~에 재미[흥미]를 느끼다, 붙이다'라는 의미가 있으며, 이는 다시 다음 두 가지 의미로 분류할 수 있습니다. 첫 번째는 말 그대로 '~에 재미[흥미]를 느끼다'이며, 두 번째는 '노력을 해서 재미를 붙이려고 하다, 흥미를 느끼려고 하다, (예상과 달리) 재미가 느껴지다'라는 의미입니다. 우선, 첫 번째에 해당하는 예시를 보겠습니다.

- I recently got into collecting records.
  최근에 레코드판 모으는 데 재미가 붙기 시작했다.(= 관심이 생겼다.)

- I got into photography last year, and it has become a fun hobby for me.
  작년에 사진 찍는 데 관심이 생겼는데 이젠 너무 재미있는 취미가 되었다.

두 번째에 해당하는 예시도 보겠습니다.

- I can't get into this book I am reading.
  지금 읽고 있는 책에 재미가 안 붙어요.

- French cinema sounds fascinating, but I just can't get into it. It's such a shame, because I find the French culture so charming.

  프랑스 영화는 매력적인 것 같다. 하지만 재미를 붙이는 게 너무 어렵다. 프랑스 문화는 너무 매력적이라서 정말 아쉽게 느껴진다.

그렇다면 get into에 왜 '재미를 붙이려고 노력하다'라는 의미가 있는 걸까요? DAY 28에서 학습한 대로 get into의 기본 뜻은 '어떠한 공간에 (어렵사리) 들어가다', 부정문에서는 '들어가려고 하지만 들어갈 수 없다'입니다. 이처럼 물리적인 공간에 힘겹게 들어가려 애쓰는 것과 같이 어떠한 이야기 안으로 들어가려고 노력하는 것을 상상해 보세요. 그러면 두 의미 사이의 논리적인 공통분모가 느껴지실 겁니다.

get into에는 '다툼, 논쟁, 싸움을 하게 되다'라는 의미도 있습니다. 이 경우 보통 get into it 형태로 쓰며, 말다툼뿐만 아니라 경우에 따라서는 약간의 신체적인 접촉까지도 포함됩니다. 화자의 어투나 대화의 맥락에 따라 정확히 어느 정도의 다툼인지 파악하면 됩니다.

- My husband and I always get into it over silly things. Last time we fought over who would wash the cat.

  남편과 저는 아무것도 아닌 것 가지고 늘 싸웁니다. 지난번에는 누가 고양이를 씻길 것인가를 두고 싸웠어요.

- During the soccer match, two players got into it over a foul, causing the referee to stop the game and separate them.

  (말싸움뿐만 아니라 신체적 접촉까지 포함하는 상황)

  축구 경기 중에 두 선수가 파울한 것을 두고 싸우는 바람에 주심이 경기를 중단하고 두 선수를 떼 놓아야만 했다.

마지막으로 '민감한 주제에 대해 이야기하다'라는 의미도 있습니다.

Let's not get into politics over lunch. Everyone will get indigestion.
점심 먹으면서 정치 이야기는 하지 말자. 다들 소화가 잘 안될 거야.

☑ get into ② 요약

1 ~에 재미를 붙이다, 흥미를 느끼다

> e.g. I recently got into painting. It's something that I always wanted to do.
> 최근에 그림 그리는 데 재미가 붙었어요. 늘 해 보고 싶었던 거예요.

2 (노력해서) 재미를 붙이려고 하다, 흥미를 느끼려고 하다, (예상과 달리) 재미가 느껴지다

> e.g. I tried watching the series you recommended, but I just couldn't get into it for some reason.
> 추천해 준 (미드) 시리즈를 보려고 노력했는데, 무슨 이유에서인지 재미가 안 붙더라.

3 다툼[논쟁, 싸움]을 하다

> e.g. Jake and I can't hang out without getting into it over who was better: Michael Jordan or Kobe Bryant.
> Jake와 나는 만나기만 하면 어떤 선수가 더 뛰어난지를 두고 싸운다. 마이클 조던이냐 코비 브라이언트냐.

4 (민감한 주제에 대해) 이야기하다

 I don't want to get into our money problem in front of the kids. Can't we talk about it later?

(차 안에서 하는 부부의 대화)

애들 앞에서 돈 문제 얘기하고 싶지 않아. 나중에 얘기하면 안 돼?

SMALL TALK

1 친구의 근황에 대한 대화

Ⓐ Why hasn't Sara been coming to our Friday movie nights?

Ⓑ She got into coding recently. She believes she's going to create a hit app, so she spends most of her evenings learning programming and developing her software ideas.

Ⓐ 요즘 Sara가 왜 금요일 밤 영화 모임에 안 오는 거지?

Ⓑ 그 친구 최근에 코딩에 재미가 붙었어. 대박 앱을 개발할 거라고 믿고 있어. 저녁 시간의 대부분을 프로그래밍 공부와 소프트웨어 아이디어 개발에 보내고 있지.

2 연애 중인 친구와의 대화

Ⓐ I know he's your first boyfriend, but are you his first girlfriend? For some reason, I doubt it. He seems experienced.

Ⓑ I asked him about his relationship history, but he didn't really get into it.

Ⓐ 그 사람 네 첫 번째 남자 친구잖아. 근데 네가 그 사람 첫 번째 여자 친구일까? 무슨 이유에서인지 아닌 것 같아. 그 사람 경험이 많아 보여.

Ⓑ 이전 연애 경험에 대해 물어봤는데, 자세히 말을 안 해 주더라고.

3 사장과 팀장의 대립에 대한 대화

Ⓐ I heard that our supervisor and the boss started getting into it in the cafeteria. Do you have any idea why?

Ⓑ It was about the new office hours. The boss wants us to start earlier to better match the India office, but our supervisor didn't agree because many of us have long commutes.

Ⓐ 우리 팀장이랑 사장이 카페에서 싸웠다고 하던데. 왜 그랬는지 알아?

Ⓑ 새로운 근무 시간 때문이지. 사장은 우리가 좀 더 일찍 근무를 시작하길 원해. 그래야 인도 사무실이랑 시간이 맞거든. 하지만 팀장은 우리 대부분이 출퇴근 시간이 굉장히 길다는 이유로 반대했거든.

CASES IN POINT

리얼리티 쇼에 빠지게 된 이야기

This weekend I finally had a little downtime*, and I was looking forward to catching up on some reading. My wife, however, begged me to watch this new reality dating series with her. She knows I'm not a fan of reality TV, but she was adamant* that I watch it with her, because she said that this show was different. I eventually agreed to give it a shot, but my expectations could not have been lower. To my surprise, I was wrong! I laughed, I cried, and found myself rooting for these strangers to find their true love. I got into it right away. So much so that I made my wife promise not to watch the next episode without me.

*downtime: 한가한 시간, 휴식시간
*adamant: 단호한

이번 주말에 드디어 조금 쉴 수 있는 시간이 생겼다. 그래서 그동안 못했던 독서를 할 생각에 들떴다. 하지만 아내는 자기랑 같이 리얼리티 연애 프로그램을 보자고 졸랐다. 내가 리얼리티 쇼를 그다지 좋아하지 않는다는 건 아내도 안다. 하지만 꼭 자기랑 봐야 한다고 했다. 이번 프로그램은 다르다고 했다. 그래서 결국 그럼 한번 보기나 해보자고 했다. 하지만 전혀 기대를 하지 않았다. 그런데 놀랍게도 내가 틀렸다! 웃고, 울고, 심지어 얼굴도 본 적 없는 출연자가 진정한 짝을 찾을 수 있도록 응원을 한 것이다. 보자마자 빠져들었다. 너무 재미있어서 아내에게 다음 에피소드를 나 없이 혼자 보지 않겠다는 약속을 받았다.

get over

김재우의 영어관찰일기

구동사 get over는 '장애물 등을 타넘다' 또는 '물건 등을 넘겨서 반대편으로 보내다'라는 의미에서 출발합니다. 다음 문장이 대표적인 사례입니다. 이럴 때는 'get over + 사물'의 형태로 사용됩니다.

> When Josh was moving yesterday, he left the sofa in front of the door. It was such a hassle to get over it every time I went outside.
>
> Josh가 어제 이사 가면서 소파를 문 앞에 두고 갔다. 그래서 밖에 나갈 때 마다 타넘고 가는 게 여간 번거로운 일이 아니었다.

'get A over B'의 형태로 쓰면 'A를 넘겨서 (반대편의) B 쪽으로 보내다'라는 의미입니다. 《윔피 키드 Diary of a Wimpy Kid》라는 동화에는 다음 상황이 소개됩니다.

> I didn't realize how heavy the trash can was, and I couldn't get it all the way over the top of the dumpster. So the whole garbage can tipped backward, and the trash emptied out of the bags.
>
> (주인공 Greg이 집 안에 있는 휴지통을 마당에 있는 대형 쓰레기통(dumpster) 위로 던지려는 상황)

휴지통이 그렇게 무거운 줄은 몰랐다. (마당에 있는) 큰 쓰레기통 위로 넘길 수가 없었다. 그래서 휴지통 전체가 뒤로 기울면서 (안에 있던) 쓰레기가 전부 밖으로 쏟아져 버렸다.

get over의 의미가 확장되면 감기 등의 증상과 같은 신체적인 고통을 비롯해 패배, 이별의 아픔, 슬픔, 수줍음 등의 '정신적인 아픔(어려움)을 이겨내다, 훌훌 털다', '헤어진 옛 연인을 잊다' 등의 뜻으로 사용됩니다. 장애물을 타넘고 반대편으로 넘어 가듯 아픔과 시련을 넘고 회복한다는 의미가 되는 것이지요.

다음은 '(어떤) 공포를 이기다'라는 의미로 주삿바늘에 대한 공포가 있는 사람이 한 말입니다.

I had such a fear of needles that my brother and dad had to hold me down to get a flu shot. It took me a while to get over that fear.
제가 주삿바늘을 너무 무서워해서 독감 주사를 맞히려면 형이랑 아빠가 저를 붙들고 있어야만 했답니다. 이 공포를 극복하는 데 한참이 걸렸습니다.

get over는 주로 부정문에서 '너무 좋아서 믿기지가 않는다, 얼떨떨하다'라는 의미로도 자주 쓰입니다. 나사(NASA)에서 근무하는 어떤 사람이 다음과 같이 말합니다.

I still can't get over the fact that I actually work at NASA.
제가 나사 직원이라는 게 아직 믿기지가 않아서 얼떨떨합니다.

마지막으로, **get over**를 부정문으로 쓰면 '불쾌한 사실이 받아들여지지가 않는다, 아직 화가 난다, 너무 놀라서 아직 충격에서 벗어나지 못하다'라는 뜻이 되기도 합니다. 얼마 전에 한 미국인이 저에게 다음과 같은 말을 한 적이 있습니다.

I still can't get over how the government is treating foreign residents of this country. They're even thinking of excluding us from the national health insurance.

한국 정부가 외국인 거주자를 대하는 방식에 너무 화가 납니다. 우리를 (국가) 건강 보험에서도 제외시키려고까지 하거든요.

✅ get over 요약

1 장애물 등을 타넘다; 물건 등을 넘겨서 반대편으로 보내다

> I don't think my car will be able to get over that hill in this weather. Better take the long way around.
> (날씨 때문에 길이 매우 미끄러운 상황)
> 이런 날씨 상황에서 우리 차가 언덕을 넘을 수 있을 것 같지 않군. 돌아가더라도 둘러서 가는 게 나을 것 같아.

2 (육체적 고통, 증상 또는 패배, 이별, 슬픔 등을) 극복하다, 이겨 내다

> How to Get Over Shyness and Gain Confidence
> 수줍음을 이기고 자신감을 얻는 방법

> You would make a really good salesperson if you could just get over your fear of talking to strangers.
> 낯선 사람에게 말을 거는 두려움만 떨치면 자네는 좋은 영업사원이 될 재목이야.

3 (좋은 일이나 긍정적인 상황에서 부정문으로) ~이 믿기지 않다, 얼떨떨하다

> I still can't get over the fact that we've finally broken the curse and won a championship. The last time this happened, I wasn't even born yet.

저주를 깨고 우승을 했다는 사실이 믿기지가 않습니다. 저희 팀이
마지막으로 우승했을 때는 저는 태어나지도 않았었죠.

4 (불쾌한 사실·사건 등에 대해 부정문으로) ~이 받아들여지지 않다,
~에 아직도 화가 나다, 충격을 잊지 못하다

 He said he was sorry, but I just can't seem to get over
it. I can't stop thinking about the two of them together.
(남자 친구가 바람을 피운 상황)
그가 미안하다고 했지만 아직 화가 안 풀려. 둘이 같이 있었다는 생각이
멈추질 않아.

 I can't get over how different the city looks since
I last visited. They've gotten rid of so many beautiful,
historical buildings.
(5년 만에 고향을 찾은 상황)
지난번 갔을 때와 너무 달라진 게 믿기지가 않아요. 아름다운 역사적인
건물들을 너무 많이 없앴더라고요.

SMALL TALK

1 빵집 사장이 예전 고객을 우연히 만나 나누는 대화

Ⓐ I'm so glad I ran into you here. Is everything alright with you?
How do you like living in Cheonan?

Ⓑ I am quite happy with my new neighborhood. By the way, I still
can't get over how good your bread is. I will definitely drop by
your bakery when I get a chance to visit Samgakji.

Ⓐ 여기서 만나니 정말 반갑네요. 잘 지내시죠? 천안은 어떤가요?

Ⓑ 새로 이사 간 동네가 꽤나 마음에 듭니다. 그나저나 사장님 집 빵이 너무 맛있어서 자꾸 생각납니다. 삼각지 갈 일 있으면 꼭 들를게요.

2 영업 부서 총괄 매니저가 신입 영업 사원에게 하는 조언

Ⓐ Jeff, let me tell you — I was just like you when I was starting out in sales. If you can't get over your fear of rejection, you'll never be successful.

Ⓑ Thanks for the advice. I know my fear of rejection is something I need to work on. I'm determined to overcome it and improve.

Ⓐ Jeff, 잘 들어 봐요. 나도 영업을 처음 할 때는 딱 당신 같았어요. 거절에 대한 공포를 이기지 못하면 성공할 수 없어요.

Ⓑ 조언 감사드립니다. 거절에 대한 두려움을 이겨 내야 한다는 점 잘 알고 있어요. 꼭 극복하고 나아지겠습니다.

3 새로 생긴 식당에 대한 친구 사이의 대화

Ⓐ Did you hear about the new restaurant downtown? Their cheapest dish is over 200,000 won. I still can't get over how pricey it is.

Ⓑ Really? That's outrageous*! It's like these fancy places are more about status than actually serving good food. Still, I'm sure plenty of people are lining up to get a table and show off (their status) on Instagram.

*outrageous: 터무니없는, 말도 안 되는

Ⓐ 시내에 새로 생긴 식당 들어 봤어? 제일 싼 음식이 20만 원이 넘는대. 너무 비싸서 믿기지가 않네.

Ⓑ 정말? 말도 안 돼! 이런 고급 식당은 좋은 음식을 파는 게 아니라 과시용 성격이 강한 듯해. 그래도 예약하고 인스타에 자랑하려고 줄 서는 사람들이 넘쳐날 거야.

자신만의 의류 브랜드를 시작한 여성의 인스타 피드

I'm pleased to tell you my personal brand, 'Me.Me', will officially be launched next week. I still can't get over the fact that I've got my own clothing brand... just pinch me, please! I can't thank you all enough for loving my clothes and everything I've come up with. This wouldn't have been possible without your support. To thank you, and to celebrate the launch of my brand, I have a small gift for everyone – 30% off everything in the store! You don't need a code; everything's reduced on the website. We ship worldwide, and the sale ends on Sunday. Happy shopping, Angels!

제 브랜드 'Me.Me'가 다음 주 공식 론칭을 하게 되었음을 알리게 되어 기쁩니다. 제 자신의 의류 브랜드를 가지게 된 게 아직도 얼떨떨합니다… 한번 꼬집어 주세요! 제 옷과 제가 만든 모든 것을 사랑해 주신 점에 어떻게 감사를 드려야 할지 모르겠네요. 여러분들의 성원이 없었다면 불가능했을 겁니다. 감사의 마음과 브랜드 론칭 기념으로 작은 선물을 준비했습니다. 모든 제품에 대해 30% 할인을 해드립니다! 별도의 코드는 필요 없습니다. 홈페이지에 모든 제품이 할인가로 되어 있습니다. 전 세계에 배송하며, 세일은 일요일에 끝납니다. 즐겁게 쇼핑하세요, 천사님들!

get past

get(이동하다)과 past(위치상으로 ~을 지나서)가 만나서 이루어진 구동사 get past는 '~을 지나가다, 통과하다'라는 뜻입니다. 다른 쪽으로 이동하거나 건너가기 위해서는 중간의 문턱, 관문, 장애물 등을 넘어가야 합니다. 학창 시절 선생님 몰래 월담(?)을 해 본 경험이 있으신가요? 이럴 경우 학교 안에서 밖으로 나가려면 중간에 있는 장애물 격인 선생님을 통과해야 하겠죠. 이 상황을 상상하면서 다음 예문을 확인해 보세요.

> Let's try and sneak out during lunch time. Do you think we can get past the teacher?
>
> 점심시간에 몰래 한번 나가 보자. 선생님한테 안 걸리고 나갈 수 있을까?

마트에 가면 다른 고객의 카트가 통로를 막고 있을 때가 종종 있지요. 이럴 때 너무 소심한 사람이라면 다음과 같이 반응할 수도 있을 것입니다.

> I hate when people block the aisles in E-mart with their carts. I want to get past, but I'm also too shy to say anything, so I just end up walking around to the other side.
>
> 이마트에서 카트로 통로를 막고 있는 사람들이 있는데 너무 싫어요. 지나가고 싶은데, 제가 너무 소심해서 아무 말도 못합니다. 그래서 그냥 다른 쪽으로 돌아서 가요.

get past는 추상적인 의미로 쓰이기도 하는데, 주로 부정문에서 시험 문제, 책, 영화 등에서 어떤 부분이 너무 어렵거나 폭력적이어서 '그 부분에서 막히다, 그 부분부터 읽기 힘들다, 그 부분부터 보지 못하다'라는 의미를 나타냅니다.

I couldn't get past the part with the murder.
(영화 내용에 대해 이야기하며)
살인 장면이 나오는 부분부터는 못 보겠더라고.

get past에는 우리가 생각지도 못한 의미와 용례도 있습니다. 역시 부정문으로 쓰이며, 중요한 결정을 할 때 '어떤 부분이 마음에 걸리다'라는 의미입니다. 다음은 승진 제안을 받았지만 망설이는 상황의 대화문입니다.

A: I heard you got offered the new promotion but haven't taken it yet. What's holding you up?

B: Well, I'd have to relocate if I accepted, and my mom's health is not that great. I just couldn't get past leaving her here on her own.

A: 승진 제안을 받았는데 아직 수락하지 않았다고 들었어. 뭐 때문에 망설이는 거야?

B: 음, 제안을 받아들이면 다른 데로 이사를 가야 하는데, 우리 엄마 건강이 썩 좋지가 않아. 엄마를 여기 혼자 두고 가야 한다는 게 마음에 걸렸어.

☑ get past 요약

1 **(걸리지 않고, 들키지 않고, 잡히지 않고) ~을 지나가다, 통과하다**

🔹 The mail carrier can never get past our front gate because of our dog.
집배원이 우리 집 개 때문에 대문을 통과하지 못한다.

2 (부정문으로) (시험 문제, 책, 영화 등에서 특정 부분이 어렵거나
   폭력적이어서) ~에서 막히다, ~부터 읽기 힘들다, ~부터 보지 못하다

 I couldn't get past the first episode of *Breaking Bad*
because of how gross it was.
너무 잔인해서 〈브레이킹 배드〉 1화도 다 못 보겠더라고.

3 (부정문으로) (결정을 할 때) ~이 마음에 걸리다

 A: How did your blind date with Gary go? Do you think
you'll end up seeing him again?

B: Well, his personality was great, but I couldn't get past
his laugh. I probably won't reach out, but I can see
why he and your husband are so close.

A: Gary와의 소개팅은 어땠어? 다시 볼 거야?

B: 음, 성격은 너무 좋던데 웃음소리가 좀 걸리네. 다시 연락은 안 할 것
같아. 그런데 Gary랑 네 남편이 친한 이유는 알겠더라.

SMALL TALK

1 읽고 있는 책에 대한 친구 사이의 대화

Ⓐ I like the look of this cover. What is this book about? Is it a
page-turner*?

Ⓑ Not really. Honestly, it was so bad that I couldn't get past the
first few pages.

*page-turner: 재미있어서 술술 읽히는 책

Ⓐ 이 책 표지 괜찮네. 내용이 뭐야? 잘 읽혀?

Ⓑ 그렇지도 않아. 솔직히 너무 별로라서 처음 몇 페이지 읽다가 말았어.

2 레딧*에 올라온 원어민들의 댓글 대화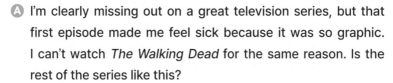

Ⓐ I'm clearly missing out on a great television series, but that first episode made me feel sick because it was so graphic. I can't watch *The Walking Dead* for the same reason. Is the rest of the series like this?

Ⓑ I couldn't get past the first episode, either. Honestly, if the first episode was too much for you, the rest of the series might be challenging as well. It keeps that tone throughout.

*레딧(Reddit): 미국의 소셜 뉴스 커뮤니티 사이트

Ⓐ 제가 너무 재미있는 TV 드라마를 놓치고 있는 게 분명하긴 한데, 그래도 1화가 너무 잔인해서 힘들더라고요. 〈워킹 데드〉도 같은 이유로 못 봐요. 다른 화도 이런가요?

Ⓑ 저도 1화를 끝까지 못 봤어요. 솔직히 1화가 견디기 힘들 정도면 다른 화도 그럴지도 모릅니다. 드라마 내내 그런 톤이거든요.

3 중고차 구매를 고민하는 친구와의 대화

Ⓐ Did you end up buying that car you checked out last week?

Ⓑ No, I am still on the fence. The last owner was a smoker, and I can't get past the lingering* smell.

*lingering: 냄새 등이 계속 남아있는

Ⓐ 지난주에 본 차는 산 거야?

Ⓑ 아니, 아직 고민 중이야. 전 차주가 흡연자였는데, 아직 담배 냄새가 나서 마음에 걸리더라고.

CASES IN POINT

코스트코에 장을 보러 갔다가 있었던 일

I have a bit of an embarrassing story. Last week, I went to Costco for the first time, but I didn't know you need a membership to check out. So, there I was at the checkout. I had all my groceries out on the belt, and the lady asked for my membership card. I was so confused, and people around me were all staring because the lines were so long. I just froze up for what seemed like forever. Anyways, I ended up just leaving my groceries at the checkout and walking out of the store. I had plans for all of the amazing food in that cart, but none of it actually got past the cash registers.

좀 당황스러운 경험을 했다. 지난주에 처음으로 코스트코에 갔는데, 계산을 하려면 회원카드가 있어야 한다는 걸 몰랐다. 그래서 그냥 계산대에 갔다. 장 본 것을 모두 벨트 위에 올렸더니 직원이 회원 카드를 달라고 했다. 나는 너무 어리둥절했고, 줄이 길어서인지 주변에 있는 사람들이 다들 나를 쳐다보고 있었다. (그 순간) 나는 완전히 얼어 버렸고 그 순간이 너무나 길게 느껴졌다. 어쨌든 장을 본 것을 그냥 계산대에 두고는 매장을 나와 버렸다. 카트에 담은 멋진 재료로 음식을 만들어 먹으려고 했는데, 실제로는 단 하나도 계산대를 통과하지 못했다.

DAY 32

get something over with

이번에 학습할 구동사는 우리나라 학습자 대부분이 전혀 구사하지 못하지만, 원어민들은 밥 먹듯 쓰는 표현입니다. 그래서 더더욱 중요한 표현이 아닐까 합니다.

get something over with는 '뭔가 하기 싫은 것, 귀찮은 것, 불쾌한 것, 미루고 있던 것을 빨리 끝내고 잊어버리다, 털어 버리다'라는 의미의 구동사입니다. 다음은 어차피 가야 할 군대라면 빨리 갔다 와 버리는 게 낫다고 생각하는 사람이 하는 이야기입니다.

> I went straight into the army after high school. I thought it would better to just get it over with.
>
> 고등학교 마치고 바로 군에 입대했습니다. 피할 수 없다면 빨리 해 버리는 게 낫다고 생각했어요.

다음은 아주 재미있는 예문인데, 반항적인 십 대 청소년이 할 수 있는 말입니다. 다만, 상당히 직설적으로 들린다는 점에 주의해 주세요.

If you're going to yell at me, let's get it over with. I'm late for class.

나한테 소리 지를 거면 어서 지르세요. 저 수업에 늦었어요.

치아 검진을 미루고 있던 사람이 다음과 같이 말합니다.

I haven't gotten my teeth checked in years, so I'm really not looking forward to this dentist appointment. Then again, I just want to get it over with so I finally don't have to worry anymore.

치아 검진을 안 받은 지 몇 년이나 되어서, (겁이 나서) 이번에 치과에 가는 게 좀 망설여지네. 근데 또 한편으로는 (어차피 해야 할 거면) 해 버리고 더 이상 걱정할 필요가 없게 하고 싶어.

✅ get something over with 요약

(하기 싫은 것, 귀찮은 것, 불쾌한 것, 미루고 있던 것을) 빨리 끝내고 잊어버리다; 털어 버리다

- **e.g.** I'm scared of hospitals, but I should be brave and get this surgery over with.
  병원에 가는 게 겁난다. 하지만 용기를 내서 수술을 받아야 한다.

- **e.g.** Don't be worried about getting a shot at the doctor's! You can get it over with in five seconds.
  병원에서 주사 맞는 거 걱정하지 마! 5초면 끝난다니까.

- **e.g.** A: You must be so excited that your book is done.
  B: I'm glad to have gotten it over with.
  A: 책이 다 마무리가 되어서 너무 좋으시겠네요.
  B: 다 끝나서 너무 후련합니다.

1 기말고사가 끝난 대학생들의 대화

Ⓐ I'm just happy that I got the finals over with. This definitely calls for a party.

Ⓑ So, what's first? Where do we start? Pigging out* on barbeque, a karaoke marathon, or even an all-nighter* in the clubs?

*pig out: 게걸스럽게 먹다, 과식하다
*all-nighter: 밤샘

Ⓐ 드디어 기말고사가 끝나서 너무 좋다. 이건 무조건 파티해야 해.

Ⓑ 그럼, 뭐부터 할까? 어디서 시작할까? 바베큐 왕창 먹기, 노래방 가서 쉼 없이 노래하기, 아니면 클럽에서 밤새 놀기?

2 인공 관절 수술을 망설이는 어머니와 자녀의 대화

Ⓐ I'm just not sure... is it really worth it to get the surgery? Can't I hold off on it for a bit longer? My knee doesn't even hurt that bad.

Ⓑ Mom! Why are you dragging your feet*? You're going to have to get it eventually, so just get it over with! The doctor said it's safe, period*.

*drag one's feet: 발을 끌 듯이 결정 등을 하지 못하고 지체하다
*period: 이상, 끝 (논쟁을 끝내고 더 이상의 말을 할 필요가 없을 때 사용)

Ⓐ 잘 모르겠네… 꼭 수술을 받아야 하는 거니? 좀 더 기다렸다가 하면 안 될까? 아직은 무릎이 너무 아픈 건 아니거든.

Ⓑ 엄마! 왜 이리 끄는 거예요? 결국에는 수술해야 할 거니까 빨리 하고 잊어버려요! 의사 선생님도 안전하다고 했으니 더 이상은 아무 말씀 마세요.

3 회사 때문에 이사해야 하는 친구와의 대화

Ⓐ So, you need to move to Busan for work? Have you mentioned it to your wife yet? Just get it over with. The more you delay, the harder it'll be.

Ⓑ Not yet. I want to try and ease her into the idea*, first. I've got to warm her up to it* or she'll straight-up refuse me.

> *ease somebody into something: 뜨거운 물에 천천히 몸을 담그듯이,
> 새로운 사건이나 환경 등에 조금씩 노출시킴으로써 힘듦을 덜어주다
> *warm somebody up to something: 이야기 등을 서서히 꺼내다

Ⓐ 회사 때문에 부산으로 이사를 가야 한다는 거지? 아내에게는 이야기한 거야? 어서 이야기해 버려. 끌면 끌수록 이야기하기 더 어려워질 거야.

Ⓑ 아직 안 했어. 우선은 갑작스레 이야기 안 하고 조금씩 하려고. 예열을 해야지, 안 그러면 바로 안 된다고 할 거야.

CASES IN POINT

최근에 대장 내시경 검사를 받은 사람의 경험담

After turning forty, my sister had a routine colonoscopy*. Her doctor found several pre-cancerous polyps*. Thankfully, she can get them treated now, before they become cancer. Unfortunately, however, that meant I should also get a colonoscopy. Colon problems tend to run in families, you see. I actually wanted to put off this procedure. It seemed kind of scary, weird, and disgusting. The problem is that my mom is a nurse, so she nagged me about it every time we talked. So, I just got it over with, and it turned out not to be a big deal at all. Nobody should be afraid of colonoscopies — just get it over with!

*colonoscopy: 대장 내시경 검사, 결장경 검사
*pre-cancerous polyps: 전암성 폴립(용종)

누나가 마흔 살이 된 후 통상적인 대장 내시경 검사를 받았어요. 의사가 전암성 폴립을 몇 개 발견했습니다. 다행히도 암이 되기 전에 치료가 가능한 것이었습니다. 그런데 유감스럽게도 이 말은 저도 대장 내시경 검사를 받아야 한다는 거죠. 대장 질환은 가족력인 점은 아실 거예요. 사실 이 검사를 미루고 싶었어요. 무섭고, 이상하고, 거북할 것 같더라고요. 문제는 저희 엄마가 간호사시라 저희가 대화할 때마다 이 문제에 대해서 잔소리를 하셨지요. 그래서 그냥 용기를 내서 받았는데, 막상 해 보니 별것 아니었어요. 대장 내시경 검사받는 것 무서워할 필요가 없어요. 어서 하고 잊어버리세요!

get through

get through는 '물리적인 공간을 힘겹게[어렵게] 통과하다'라는 의미의 구동사입니다. '이동하다'라는 의미의 **get**과 '통과하다'라는 의미의 **through**가 만난 구동사이니 어렵지 않게 이미지가 그려질 겁니다.

차가 커서 골목길을 지나가기 힘든 경우 다음과 같이 말할 수 있습니다.

> I don't think my SUV is small enough to get through the alley.
> 내 SUV가 좀 커서(골목을 통과할 만큼 작지 않아) 그 골목을 못 지나갈 것 같아.

이러한 **get through**가 비유적인 의미를 띠게 될 경우 '힘든 상황을 큰 탈 없이 잘 지나가다, 버티다'라는 의미가 됩니다.

> I am so tired after going out for drinks last night. I need some coffee to get through the afternoon.
> 어젯밤에 나가서 한잔했더니 너무 피곤해. 커피를 마셔야 오후 시간을 버틸 수 있을 것 같아.

get through는 '하고자 하는 말이나 메시지가 상대방에게 잘 전달되다' 또는 '전화 통화 등이 연결되다'라는 의미로도 사용됩니다.

다음은 아내와 남편의 대화입니다.

A: I don't think my point is getting through to you.

B: You want me to clean the bathroom. I get it.

A: It's not about the bathroom. It would just be nice if I didn't have to ask you to do it.

A: 내 말이 당신한테 제대로 전달이 안 되는 것 같네.

B: 욕실 청소하라는 말이지. 알았어.

A: 욕실이 문제가 아니야. 내가 말을 안 해도 알아서 하면 얼마나 좋을까.

get through는 get A through B의 형태로도 자주 쓰입니다. 먼저 물리적으로 'A가 B를 이동[통과]하게 하다'라는 의미로 쓰인 경우부터 보겠습니다.

A: Can you help me with this couch? We need to get it* through the door without scratching it.

B: Sure. How about we turn it sideways first? I think that will make it narrower and give us more room.

A: 이 소파 옮기는 거 좀 도와줄래? 안 긁히고 문으로 통과시켜야 하거든.

B: 물론이지. 우선 옆으로 누이는 게 어때? 그럼 폭이 좁아져서 공간이 좀 더 생길 것 같거든.

*여기서 it은 '소파'를 지칭하며 소파를 문으로 통과시켜야 하는 상황입니다.

다음은 'A가 B를 버텨 내게 하다'라는 비유적인 의미로 쓰인 경우입니다.

I know you are having a hard time with your studies. Maybe BTS's songs can get you through the rest of the semester.

공부하기 힘든 거 알아. BTS 노래를 들으면 남은 학기도 잘 이겨 낼 수 있을지 몰라.

✅ get through 요약

1 (물리적인 공간을 힘겹게[어렵게]) 통과하다[통과시키다]

> **e.g.** You'll need to use a compass to get through the dense forest.
> 나침반을 사용해야 그 우거진 숲을 무사히 통과할 수 있을 거야.

> **e.g.** I had a little trouble getting through customs at the airport. Apparently, you can't bring beef jerky into Korea.
> 공항에서 세관 통과하는 데 어려움을 겪었어요. 한국에는 소고기 육포 반입이 안 되나 봐요.

> **e.g.** What paperwork do I need to fill out to get my package through customs?
> 제 짐이 세관을 통과하려면 어떤 서류를 작성해야 하나요?

2 (힘들고 어려운 상황[부분]을 큰 탈 없이 잘) 지나가다, 이기다, 버티다 [버티게 해 주다]

> **e.g.** My girlfriend had to work part-time, but she was determined to get through her final exams with flying colors*.
> *with flying colors: 기를 나부끼며, 의기양양하게
> 여자 친구가 아르바이트를 해야 했지만, 기말시험을 멋지게 마무리해야 겠다는 의지가 강했습니다.

> **e.g.** Once you get through all the boring battle scenes, *Les Miserables* is a fantastic book.
> 지루한 전투 장면만 잘 넘기면《레미제라블》은 너무 멋진 책이지.

> **e.g.** I recommend this padded jacket. It will definitely get you through the winter.
> 이 패딩 재킷을 추천드립니다. 이거면 겨울을 거뜬히 날 수 있을 겁니다.

e.g. The support of my family has gotten me through a lot in my life so far.
가족의 응원 덕분에 지금까지의 삶에 있어 많은 것을 이겨 낼 수 있었습니다.

e.g. Good co-workers get me through difficult weeks at work.
좋은 동료들 덕분에 회사에서 힘든 시간들을 견디게 됩니다.

3 하고자 하는 말이나 메시지가 상대방에게 잘 전달되다; 전화 통화 등이 연결되다

e.g. I tried to get through to customer service, but I couldn't.
고객 센터에 전화 연결을 시도했지만, 연결이 되지 않았다.

e.g. I can't get through to my daughter.
(도대체가) 제 딸아이와 말이 안 통합니다.

SMALL TALK

1 산악 동호회 회원들의 대화

Ⓐ How intense is this hike going to be?
Ⓑ Not too intense. Once we get through the boulder section, it's pretty gradual.

Ⓐ 이번 산행은 어느 정도 힘들까?
Ⓑ 그렇게 힘들진 않아. 바위가 있는 구간을 지나가면 경사가 제법 완만하거든.

2 전화를 받지 않는 상점에 대한 대화

Ⓐ I've been trying to call the New Balance store in Bukchon, but I can't seem to get through.

Ⓑ I told you. They don't take calls for some reason. Maybe they know they don't have to answer the phone to sell shoes. I had the same experience and it was really frustrating.

Ⓐ 북촌 뉴발란스 매장에 계속 전화를 걸고 있는데 연결이 안 되는 듯해.

Ⓑ 내가 말했잖아. 무슨 이유인지 전화를 안 받는다고. 굳이 전화 안 받아도 신발 파는 데 문제가 없어서 그런지도. 나도 같은 경험을 했는데 정말 짜증 나더라고.

3 PT 트레이너와 회원의 대화

Ⓐ You seem to be taking exercise seriously. Can I ask what is really motivating you?

Ⓑ Sometimes I picture myself showing up at the swimming pool, looking bulky*. That helps to get me through this intense workout a little bit.

*bulky: 덩치가 큰, 부피가 큰

Ⓐ 운동을 정말 열심히 하시는 것 같네요. 진짜 동기가 무엇인지 물어봐도 될까요?

Ⓑ 가끔씩은 근육질 몸으로 수영장에 모습을 드러내는 걸 그려 봅니다. 그렇게 하는 게 힘든 운동을 이겨 내는 데 조금은 도움이 되지요.

CASES IN POINT

마라톤 대회 출전에 관한 친구 사이의 대화

A Did you already sign up for your marathon?

B Yes. Marathons are getting pretty popular. I think I signed up, like, four months ago. I mean, I had to get a spot.

A And do you think you're ready for it? Are you sure you can finish the whole 42.195 kilometers?

B Well, I did a 30-kilometer training run on Saturday, and that was pretty hard to get through. I took several breaks. I'll need to keep training as much as possible.

A That sounds intense. Remember to take enough time to rest, too, so you don't end up hurting yourself.

B I am thinking a lot about my nutrition and rest. Also, I've been doing yoga on rest days to manage my soreness.

A 마라톤 대회에 이미 신청한 거야?

B 응. 마라톤이 점점 인기가 늘고 있어. (출전할 수 있는) 기회를 잡기 위해 넉 달 전쯤 신청을 한 것 같아.

A 준비는 다 된 거야? 42.195km를 완주할 수 있겠어?

B 음, 토요일에 연습으로 30km를 뛰어봤는데, 끝까지 완주하기 꽤나 힘들었어. 중간에 몇 번을 쉬었어. 최대한 많이 계속 훈련을 해야 해.

A 힘들겠네. (훈련 마치고는) 충분히 휴식 시간을 가져. 그래야 부상을 안 당하지.

B 영양과 휴식에 대해 신경 많이 쓰고 있어. 근육통을 관리하기 위해서 쉬는 날에는 요가도 하고 있어.

give away

give away는 '무료로[거저] 주다, 나눠 주다'라는 의미의 구동사입니다. 다음은 자전거를 기부하려는 친구에게 하는 말입니다.

> You're going to give this away? I think you could sell it.
>
> 그걸 기부하려고? 팔아도 될 것 같은데.

지인이 부탁한 간단한 번역을 무료로 해 주려고 하는 번역가 친구에게는 다음과 같이 말할 수 있습니다.

> Don't give away your work for free. You should charge people for what you do.
>
> 무료 봉사하지 마. 돈을 받고 해야지.

give away의 두 번째 의미는 '티가 나게 하다'입니다. 이러한 의미의 **give away**가 생소한 학습자들이 많을 것 같은데요. 이때는 **give away**의 주어가 사물인 경우가 대부분입니다. 다음 예시를 통해 확인해 보겠습니다.

> He tried to pretend he hadn't been drinking, but his breath gave him away.

(음주 단속 경찰의 말)

(운전자가) 술을 안 마신 척했지만, 호흡을 하니 티가 나더군요.

호흡(숨을 쉬는 것)이 술을 먹은 사실을 드러나게 했다는 의미인 것이죠. 'give away 요약'과 SMALL TALK 그리고 CASES IN POINT에서 예문을 통해 좀 더 살펴보도록 하겠습니다.

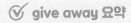

☑ give away 요약

1 무료로[거저] 주다, 나눠 주다

🔵 I can't believe how cheap this tteokbokki is. They could charge double the price. They're practically giving it away for free.

이 떡볶이 정말 너무 싸다. 가격을 두 배 더 받아도 되겠는데. 사실상 거저 주는 거랑 다름없네.

2 티가 나게 하다; 실체가 드러나게 하다

🔵 A: How did you know the old lady was the killer?

B: The opening scene when she talked to the police was a dead giveaway* to me.

A: 그 할머니가 살인자라는 걸 어떻게 알았어?

B: 경찰관이랑 이야기하는 첫 장면이 결정적인 단서였지.

*giveaway는 '티가 나게 하다, 실체가 드러나게 하다'라는 의미의 give away에서 파생된 명사로, '결정적 단서'라는 의미로 자주 사용됩니다.

1 토트백을 나눠 준다는 소식에 대한 친구 사이의 대화

Ⓐ Apparently, they are giving away tote bags this afternoon at Beaker in Seongsu. Let's head over to the store right now.

Ⓑ You can go. I have way too many tote bags as it is and I don't even use them.

Ⓐ 오후에 성수에 있는 비이커 매장에서 토트백을 무료로 나눠 주는 것 같더라. 당장 매장으로 가 보자.

Ⓑ 가 봐. 나는 지금 있는 것만으로도 너무 많아. 사용하지도 않거든.

2 옷이 너무 많은 친구와의 대화

Ⓐ Looks like you've got too many clothes you haven't even worn. Maybe you could just give them away.

Ⓑ I wish I could, but they are all out of fashion. I can't even give them away.

Ⓐ 보니까 너 입지도 않은 옷이 너무 많구나. 기부를 하는 것도 괜찮을 것 같은데.

Ⓑ 나도 그러고는 싶은데, 다 유행이 지났어. (그래서) 기부도 못 해.

3 거짓말을 잘 못하는 친구와의 대화

Ⓐ Hey, did you tell your wife that we were gambling at the horse track last Saturday? I thought we agreed to say that we went hiking.

Ⓑ I tried, but I am a terrible liar. I can never make eye contact with my wife and that gives me away.

Ⓐ 이봐, 아내한테 우리가 지난 토요일 경마장에서 도박을 했다고 말한 거야? 나는 우리가 그냥 등산 갔다고 말하기로 한 줄 알았는데.

Ⓑ 나도 그러려고 했는데, 나 정말 거짓말 못 하거든. 아내랑 눈을 못 맞추겠더라고. 그러면 바로 티가 나거든.

클럽에 갈 뻔했던 일화　◀■▭

Last Friday, I went to a dinner party at Sam's house, in Hongdae. On our way home, we noticed people lining up outside the clubs. It was about the time that college students normally start partying. My friend Lee said, "Hey, guys, why don't we go in and dance? It's not that late." My other friend Max, responded, "Lee, they wouldn't even let you in. You're too old. Your fashion gives you away." We all laughed, even Lee, because he had to acknowledge that it was true.

지난주 금요일 홍대에 있는 Sam의 집에서 하는 저녁 파티에 다녀왔다. (마치고) 집에 오는 길에 클럽 밖에서 사람들이 줄을 서 있는 것을 보았다. 대학생들이 주로 파티를 시작하는 시간이었다. 친구인 Lee는 이렇게 말했다. "이봐, 친구들, 우리도 들어가서 춤출까? 그렇게 늦은 시간도 아니야." 다른 친구인 Max는 이렇게 답했다. "Lee, 널 들여보내 주지도 않을 거야. (클럽 가기엔) 넌 나이가 너무 많아. 너의 패션을 보면 티가 나거든." 다들 한바탕 웃었다. Lee 본인도 말이다. 사실임을 인정할 수밖에 없었으니까.

go along with

go along with는 '~를 따라가다'라는 기본적인 의미를 지닌 구동사이지만, 이번 강의에서는 조금 색다른 의미로 소개하려고 합니다. 상대방의 결정이나 선택이 100% 마음에 들지는 않지만 '그러려니' 하고 따른다는 의미로 쓰이는 경우입니다. '어떤 사람을 따라가다'라고 할 때는 go along with somebody의 형태로 with 뒤에 사람 명사가 오고, '어떠한 선택에 따르다'라고 할 경우에는 go along with something 의 형태로 with 뒤에 사물 명사가 온다는 점도 꼭 기억해야 합니다.

실제 예시를 통해서 go along with에 대한 감을 익혀 보겠습니다.

- When I visit my hairdresser, he always wants me to try some new style that I'm not interested in. I need to insist more on what I want because whenever I go along with him, I end up unhappy with my haircut.

  담당 미용사에게 가면 그는 늘 내가 내키지 않는 새로운 스타일을 시도해 보라고 한다. 미용사가 하자는 대로 할 때마다 헤어 스타일이 만족스럽지 못하기 때문에 내가 원하는 스타일을 더 고집할 필요가 있다.

- I didn't really agree with the restaurant choice, but I just went along with it because my co-workers wanted to go.

식당 선택이 그다지 마음에 들지 않았다. 하지만 동료들이 이 식당에 가고 싶어 했기 때문에 그냥 따랐다.

✓ go along with 요약

1 ~를 따라가다

e.g. When I take my trash out, my dog always goes along with me.
쓰레기를 밖에 내놓을 때면 우리 집 개가 늘 나를 따라온다.

2 (썩 내키지는[마음에 들지는] 않지만 그룹[단체]의 생각[제안]에) 따르다, 동조하다

e.g. Let's just go along with the group's decision to hike the shorter trail, since everyone seems up for an easy day.
(등산 모임에서 등산 시작 전에 하는 말)
다들 오늘은 좀 수월하게 등산을 하고 싶어 하는 눈치니 좀 짧은 등산로를 타자는 결정에 따릅시다.

e.g. A: Do you really think this idea is going to work? I have my doubts...
B: So do I, but the manager and team leader love it. Let's just go along with it for now.
A: 정말 이 제안이 효과가 있을 거라고 생각하니? 난 좀 의구심이 드네….
B: 나도 그래. 하지만 매니저랑 팀장님이 너무 마음에 들어 하셔. 일단은 그냥 하자는 대로 하자.

1 성격이 털털해 보이는 직장 동료와의 대화

Ⓐ You seem like an easy-going person. I've never seen you say "No" to anything.

Ⓑ That's pretty true. Most of the time, I just go along with what others want. It's a different story with food, though. I'm a bit of a picky eater.

Ⓐ 넌 참 무난한 사람 같아. 어떤 것에도 "아니"라고 한 걸 본 적이 없거든.

Ⓑ 맞는 말이야. 나는 웬만하면 다른 사람이 하자고 하는 대로 따르지. 그런데 먹는 거는 달라. 입이 좀 까다롭거든.

2 주말에 있었던 일에 대한 친구 사이의 대화

Ⓐ My wife really wanted to go shopping this weekend, and I didn't feel like starting a fight.

Ⓑ So you just went along with it? I hope you got to choose where to get dinner, at least.

Ⓐ 주말에 아내가 쇼핑을 너무 가고 싶어 하더라고. 나는 싸우고 싶지 않았어.

Ⓑ 그래서 마지못해 그렇게 한 거야? 그래도 저녁 먹을 곳은 네가 골랐기를 바란다.

3 점심시간 변경에 대한 임원과 팀장의 대화

Ⓐ It might be hard to get everyone to go along with changing the lunch hour. These people are set in their routines.

Ⓑ Yeah, I get it. There's nothing we can do now, though. I just hope no one quits over it.

Ⓐ 점심시간 변경에 대해 모든 사람을 수긍하게 한다는 건 어려울지도 몰라요. 직원들이 워낙 정해진 일정에 익숙해 있어서 말이죠.

Ⓑ 네, 알아요. 하지만 지금은 어쩔 수가 없습니다. 이 때문에 그만두는 사람이 없기를 바랄 뿐이죠.

생선회를 좋아하지 않는 어느 여성의 이야기

Last week after Pilates, the teacher suggested drinks, and a classmate recommended the new amberjack* place near Gongdeok Station. Everyone was excited, so I went along with it. The thing is, I really can't stand raw fish — the smell and texture are just too much for me. I didn't want to spoil the mood, so I ended up eating one of the worst meals I've ever had, pretending to enjoy it. Next time, I should probably just bring up that I hate raw fish and see what happens.

*amberjack: 방어류(類)의 물고기

지난주 필라테스 수업 후에 선생님이 나가서 같이 한잔하자고 했다. 함께 수업 듣는 사람 중 한 명이 공덕역 근처 대방어 집에 가자고 제안했다. 다들 굉장히 들떠 보였다. 그래서 나도 그냥 동의했다. 근데 문제는, 생선회는 나랑 전혀 안 맞다. 냄새, 식감 등 모든 게 견디기 힘들다. 분위기를 망치고 싶지 않아서 인생 최악의 음식 중 하나를 먹었다. 맛있게 먹는 척하면서 말이다. 다음번에는 그냥 나는 생선회가 너무 싫다고 이야기하고 사람들의 반응을 봐야 할 것 같다.

go by

go by는 사람이나 사물이 '~를 지나가다'라는 의미의 구동사입니다. 다음 예문을 통해 확인해 보겠습니다.

- If you're going[walking] by the office, you should come up and say hi.
  혹시 지금 내 사무실 지나가는 길이면 올라와서 얼굴 보고 가.

- The tour bus goes by Heunginjimun Gate and Namdaemun Market.
  그 투어 버스는 흥인지문과 남대문 시장을 지나간다.

go by에는 '~에 들르다'라는 의미도 있습니다.

I need to go by the embassy to renew my passport.
여권 갱신해야 해서 대사관에 들러야 해.

go by는 '시간이 지나가다, 흐르다'라는 의미도 있으며 아주 자주 쓰이는 용법입니다. 다음은 회의 중에 이루어지는 대화입니다.

A: It's already 8:50? Time goes by so fast. We have to be out of this meeting room by 9.

B: Why don't we continue this meeting at a nearby café, then?

(공유 오피스에서 회의를 하고 있는 상황)

A: 벌써 8시 50분인가요? 시간 진짜 금방 가네요. 9시까지는 이 회의실에서 나가야 합니다.

B: 그러면 근처 카페에 가서 회의를 계속할까요?

마지막으로 **go by**는 '~라는 애칭[이름]으로 불리다', 즉 '사람들이 ~라는 이름으로 부르다'라는 뜻으로 쓰이는데, 원어민들이 특히 즐겨 사용하니 꼭 기억하세요. 다음은 스타크래프트라는 온라인 게임을 즐겨 하는 친구에게 하는 말입니다.

There's this guy Mike, who goes by StarCraft Moose online. He's a huge StarCraft fan from Canada. Maybe you guys can meet up while you're traveling in Canada.

Mike라는 친구가 있는데, 온라인에서는 (사람들이) '스타크래프트 무스'라고 불러. 캐나다 사람인데, 스타크래프트 광팬이야. 캐나다 여행 가면 한번 만나 보렴.

☑ go by 요약

1 ~를 지나가다

e.g. I was going by Shinsegae Department Store when a nice-looking bag caught my eye. I decided to go in and check it out.

신세계 백화점을 지나가는데 멋진 가방이 눈에 띄더군요. (그래서) 한번 들어가서 보기로 했습니다.

2 ~에 들르다

 I think I'll **go by** a duty-free shop. Do you want me to get you anything?
면세점에 들를까 해. 뭐 좀 사다 줄까?

3 (시간이) 지나가다, 흐르다

 I feel like time **goes by** faster when I'm busy.
바쁠 때면 시간이 더 빨리 가는 느낌입니다.

4 ~라는 애칭[이름]으로 불리다[사람들이 ~라는 이름으로 부르다]

 My name's Randle, but I **go by** Randy.
제 이름은 Randle이지만 다들 Randy라고 부릅니다.

SMALL TALK

1 좋아하는 만둣집에 대한 부부 사이의 전화 통화

Ⓐ I **was going by** that dumpling shop you like, but they sold out and closed for the day.

Ⓑ Really? Does that mean you can't bring home any dumplings tonight?

Ⓐ 당신이 좋아하는 만둣집을 지나가는데, 만두가 다 팔려서 영업이 끝났더라고.

Ⓑ 정말? 그럼 오늘 밤에는 만두를 하나도 못 사오는 거네?

2 일요일 밤 엄마와 아들의 대화

Ⓐ It's getting late; you should get ready for bed. Don't forget to set your alarm.

Ⓑ Oh no, tomorrow is Monday already? I can't believe how fast this 3-day weekend went by.

Ⓐ 늦었다. 잘 준비 해야지. 알람 맞추는 거 잊지 말고.

Ⓑ 오, 내일이 벌써 월요일이에요? 3일간의 주말 연휴가 이렇게 빨리 지나가다니 믿을 수 없어요.

3 새로 이사 온 이웃과의 대화

Ⓐ Hello, you must be our new Korean neighbors. I'm Samantha and this is my husband Jeff — but he goes by Bubba to most people around here.

Ⓑ It's nice to meet you guys. We are having a housewarming party next week, and I hope you both will come.

Ⓐ 안녕하세요. 새로 이사 온 한국 분들이시군요. 저는 Samantha라고 하고 이쪽은 제 남편인 Jeff예요. 근데 이 동네 사람들은 대부분 남편을 Bubba라고 불러요.

Ⓑ 두 분 모두 만나서 반갑습니다. 다음 주에 집들이를 하는데, 두 분 다 오셨으면 좋겠네요.

CASES IN POINT

자신을 놀리던 고등학교 동창에게 복수를 한 일화

You'll never believe what happened at work today. I finally got my revenge*. I was coming out of a meeting and I heard someone yell, "Hey, Donkey Lips!" I froze and slowly turned around only to see* Barry Simmons. We went to high school together and he was the one who started calling me Donkey Lips in school. I hated it. I walked right up to him and handed him my business card and said, "Hey, Barry.

Glad to have you on the team. I go by Director of Operations
now."

*get one's revenge / get revenge on + 사람: (~에게) 복수를 하다
*only to + 동사원형: 결과적으로 ~하게 되다

(퇴근 후 아내에게 하는 말)
오늘 회사에서 있었던 일이 믿기지 않을 거야. 드디어 복수를 했어. 회의를 마치고
나오는데 누군가가 "이봐, 당나귀 입술!"이라고 큰 소리로 나를 부르더라고. 순간
얼어 버렸다가 천천히 뒤돌아보니 바로 Barry Simmons였어. 같은 고등학교에
다녔는데, 학교에서 나를 '당나귀 입술'이라고 부르기 시작했던 친구였거든. (나를 그
렇게 부르는 게) 정말 싫었어. 그 친구한테 다가가서는 내 명함을 건네고는 이렇
게 말했어. "이봐, Barry. 우리 팀에 합류하게 되어서 기쁘군. 이 회사에서는 다들
나를 '운영 이사'라고 부르네."

go into ①

go into는 다음 두 예시에서처럼 '어떠한 공간 안으로 들어가다'라는 의미의 구동 사입니다.

> • Don't go into the basement. It's being remodeled.
>
> 지하실에 들어가지 마. 리모델링 중이거든.
>
> • I asked my grandma what goes into this soup.
>
> 할머니께 이 수프에 어떤 게 들어가는지 여쭤보았다.

그렇다면 다음에서는 go into가 어떤 의미로 쓰였을까요?

> You should go into the interview looking composed and confident.
>
> 침착하고 자신감 있는 모습으로 면접에 임해야 해.

이때의 go into는 물리적인 공간이 아니라 어떠한 '상황' 속으로 들어간다는 의미 입니다. 예전에 봉준호 감독이 미국 NBC 토크쇼 〈더 투나이트 쇼〉에 출연했을 때 진행자가 "How do you describe *Parasite*?(〈기생충〉은 어떤 영화인가요?)"라 고 물으니, "나는 되도록 여기서 말을 안 하고 싶어요. 스토리를 모르고 가서 (영화 를) 봐야 재밌거든요."라고 답했습니다. 통역을 담당한 샤론 최는 이 말을 다음과 같 이 표현합니다.

> I'd like to say as little as possible here because the film is best when you *go into* it cold*.
>
> *go into it cold: 사전 지식 없이 무엇을 보거나 하다
>
> 영화는 사전 지식 없이 볼 때 가장 좋기 때문에 여기서는 가능한 한 말을 아끼고 싶습니다.

이 문장에서의 **go into it** 역시 '어떠한 상황(영화) 속으로 들어가다'라는 의미로 **go into**를 적절하게 사용한 대표적인 사례입니다.

go into에는 '어떠한 상태가 되다, 어떠한 상태로 접어들다'라는 의미도 있는데, 매우 자주 쓰이는 용법입니다. '빚을 지게 되다'를 **go into debt**으로 표현하는 것이 대표적입니다. 다음 예문을 보겠습니다.

> I will try and talk my husband out of buying a luxury car. He would have to *go into* debt to do it, and he only recently paid off his student loans.
>
> 남편이 고급 차량 사는 것을 말려 보려고요. (고급 차) 사려면 빚을 내야 할 텐데, (남편이) 학자금 대출 갚은 지도 얼마 안 되었거든요.

go into에는 '~에 대해 자세히 이야기하다'라는 의미도 있습니다. 이때는 주로 **go into detail(s)**의 형태로 쓰입니다.

> I can't *go into* too much[many] detail(s) about it right now, but I'm working on an exciting project.
>
> 지금은 자세히 말해 줄 수는 없지만, (나) 재미있는 프로젝트를 하고 있어.

✅ go into ① 요약

1 (물리적인 공간에) 들어가다

e.g. We **went into** the Amazon jungle to visit a local indigenous community.

우리는 원주민 마을을 방문하기 위해 아마존 정글로 들어갔다.

2 ~한 상황 속으로 들어가다

e.g. Let's **go into** the meeting open-minded.

열린 마음으로 회의에 임합시다.

3 ~한 상태가 되다, ~한 상태로 접어들다

e.g. Make sure you try to stay calm as you **go into** labor.
(출산 경험이 있는 언니가 동생에게 하는 말)

진통이 시작되면 침착해야 해.

e.g. Plants can **go into** shock and lose some leaves after being moved to a new location.

식물은 새로운 장소로 옮겨지면 충격을 받아 잎이 떨어질 수 있다.

e.g. The new Netflix series **goes into** production in September.

새로운 넷플릭스 시리즈가 9월에 제작에 들어간다.

e.g. The new rule **goes into** effect next month.

새로운 규정이 다음 달에 시행된다.

4 ~에 대해 자세히 이야기하다

e.g. We can't **go into** details until the design is finalized, but it's roughly the same as the previous model.

디자인이 최종 결정되기 전까지는 자세히 이야기할 수 없습니다. 다만, 이전 모델과 거의 비슷합니다.

SMALL TALK

1 새롭게 제작되는 〈미션 임파서블〉 시리즈에 대한 대화

Ⓐ I heard a new *Mission: Impossible* movie is going into production.

Ⓑ Another one? Isn't Tom Cruise like 60 years old now?

Ⓐ 새로운 〈미션 임파서블〉 영화가 제작에 들어간다고 들었어.

Ⓑ 또? Tom Cruise도 이제 거의 60살 아니야?

2 회식 때 있었던 일을 묻는 동료와의 대화

Ⓐ Good morning, Tom. I heard you got into it* with the boss at dinner last night. What happened?

Ⓑ Pam, I can't go into what happened last night.

*get into it: (속어) 싸움을 시작하다

Ⓐ 안녕, Tom. 어젯밤 회식 때 상사와 싸웠다고 들었어. 무슨 일이 있었던 거야?

Ⓑ Pam, 어젯밤 일은 자세하게 이야기해 줄 수가 없어.

3 변호사와 이혼 소송 의뢰인의 대화

Ⓐ When we talk to her lawyer, we shouldn't try to be too greedy. That can make this divorce drag on* for months.

Ⓑ I agree. We both want to go into this with an attitude of cooperation.

*drag on: (너무 오랫동안) 질질 끌다[계속되다]

Ⓐ 우리가 아내분 변호사와 대화할 때 너무 욕심을 부려서는 안 됩니다. 그렇게 되면 이혼 소송이 몇 달간 계속될 수 있어요.

Ⓑ 저도 그렇게 생각합니다. 아내와 저 둘 다 협조한다는 마음으로 소송에 임하려고 합니다.

갑각류 알레르기가 있는 친구에 대한 이야기

My friend Sally is an adventurous person with a severe shellfish allergy. I remember our first night out as friends in college. Unaware of her allergy, we went out for seafood. She didn't say anything at first. Later, she told us that she didn't want to seem picky because we all just met. After plates of clams, oysters, and crab were served, we were all enjoying the feast*, except for Sally. A couple of us were putting bites of crab leg on her plate, but she looked uncomfortable. Finally, she said, "I am severely allergic to shellfish. If I eat even a bite of it, I will go into anaphylactic shock*." We took the food as far away from her as we could and decided to go for shellfish-less dessert right away.

*feast: 만찬
*anaphylactic shock: 특정 물질에 대해 몸에서 과민 반응을 일으키는 것

내 친구 Sally는 모험을 즐기는 사람인데 심한 갑각류 알레르기가 있다. 대학교 때 처음으로 밤에 같이 나가서 놀았던 기억이 난다. Sally가 갑각류 알레르기가 있다는 걸 모른 채 해산물을 먹으러 나갔다. 처음에는 Sally가 아무 말도 하지 않았다. 나중에 한 말이지만 당시에는 (우리가) 서로 안 지도 얼마 안 되고 해서 까탈스럽게 보이고 싶지 않았다고 한다. 조개, 굴, 게가 몇 접시 나왔고 우리는 만찬을 즐기고 있었다. Sally만 빼고 말이다. 우리 중 일부는 Sally 접시에 게 다리까지 얹어 주었는데, Sally는 불편해 보였다. 결국 이렇게 말했다. "나 갑각류 알레르기가 너무 심해. 한 입만 먹어도 과민성 쇼크에 빠져." 그래서 음식을 최대한 Sally 접시에서 멀리 치웠고, 즉시 갑각류가 안 들어간 디저트를 먹기로 했다.

go into ②

go into에는 '어떤 일 또는 공부 등을 시작하다, 어떤 분야에 뛰어들다'라는 의미가 있습니다. 다음은 오랜만에 연락이 닿은 고등학교 동창끼리의 대화입니다.

A: Did Jenny quit the law firm?

B: Yeah, she went into baking a couple of years ago. She opened her bakery last year in Paju and it's doing really well.

A: Jenny가 로펌 그만둔 거야?

B: 응, 몇 년 전에 제빵 일을 시작했지. 작년에 파주에 베이커리를 오픈했는데 정말 잘 돼.

오랫동안 다니던 대기업을 나와 새로운 일을 시작한 어떤 사람은 다음과 같이 말합니다.

Before thinking about opening a café, I started out by experimenting with cooking videos online. My videos got really popular, and that made me confident enough to quit my old job and go into business for myself.

카페를 오픈하려고 생각하기 전에 우선 요리 영상을 온라인에서 시험해 보는 것부터 시작했습니다. 제가 올린 영상이 엄청난 인기를 끌었고, 그 덕분에 회사를 그만두고 제 사업을 시작해야겠다는 확신이 들었어요.

go into에는 이 외에도 '시간, 노력, 돈 등이 투자되다, 들어가다'라는 의미도 있습니다. 다음은 아내가 남편에게 하는 말입니다.

I can't believe you forgot! You have no idea how much went into planning this party.

어떻게 잊어버릴 수가 있어! 이 파티 준비하느라 내가 얼마나 고생했는지 모를 거야.

이처럼 go into에는 다양한 용법이 있는데, 이를 제대로 활용하지 못한다면 위와 같은 상황에서도 언제나 It was so difficult to plan this party.와 같은 '한국식' 영어를 구사할 수밖에 없다는 점을 꼭 기억합시다!

✅ go into ② 요약

1 (일이나 공부 등을) 시작하다, (어떤 분야에) 뛰어들다

e.g. My daughter wanted to go into modelling.
제 딸이 모델 일을 시작하고 싶어 했습니다.

e.g. I'm interested in going into urban planning.
저는 도시 계획을 공부해 볼까 합니다.

e.g. I always wanted to go into politics and make a difference in our community.
저는 늘 정치를 해서 지역 사회에 변화를 일으키고 싶었습니다.

2 (시간, 노력, 돈이) 투자되다, 들어가다

e.g. A lot goes into publishing a book. It's really a collaborative process.
책을 출판하는 데는 많은 정성과 노력이 들어간다. (많은 이들의) 협업이 요구되는 과정이다.

e.g. I never realized how much goes into making perfume.
저는 향수 만드는 데 이렇게 많은 노력이 필요한지 몰랐습니다.

1 직종 변경을 고려하는 친구와의 대화

ⓐ I think I'd like to change careers. Firefighting is starting to get too physically demanding for me.

ⓑ Maybe you could go into coding. It didn't take me that long to establish myself.

ⓐ 나 직업을 바꿔야 할까 봐. 소방관 생활이 육체적으로 너무 힘들어지기 시작했어.

ⓑ 코딩을 한번 시작해 보는 건 어떨까. 나는 (코딩 쪽에) 자리 잡는 데 그렇게 오래 안 걸렸거든.

2 출간을 앞둔 저자와의 대화

ⓐ It took me more than half a year to finish this book, but I'm not really sure if readers will appreciate what went into it.

ⓑ I wouldn't worry about it, Sir. Even on the first page, the explanations and examples are far better than any other book I've seen.

ⓐ 이 책 마무리하는 데 6개월 이상 걸렸어요. 근데 독자들이 정말 많은 정성이 들어간 걸 알아줄까 모르겠네요.

ⓑ 선생님, 저라면 걱정 안 합니다. 첫 페이지만 봐도 설명이나 예시가 제가 본 어떤 다른 책보다 훨씬 좋습니다.

3 행사 총 책임자와 행사 참여자의 대화

ⓐ You can't imagine how much went into making this event happen. It took us months — not weeks, to put this together, and I'd like to thank the event planning head for all of her team's hard work.

ⓑ I'm so grateful to have been part of it. Thank you again for the opportunity to speak.

Ⓐ 이 행사를 준비하느라 얼마나 많은 노력이 들어갔는지 상상도 못 하실 겁니다. 이번 행사 준비에 몇 주, 아니 몇 달이 걸렸습니다. 팀의 모든 노고에 대해 행사 기획 팀장님에게 감사를 전합니다.

Ⓑ 이 행사에 참여할 수 있어서 정말 감사했습니다. 연설을 할 수 있는 기회에 다시 한번 감사드립니다.

CASES IN POINT

자녀의 꿈에 대한 어느 어머니의 연설

I always had a fantasy of seeing my son become a doctor. To support him, I had to sacrifice a lot. To be sure, he was a great student and studied really hard. I thought we were on the same page*. After being accepted to medical school, though, he looked really unhappy. He finally confessed that he actually wanted to go into art and become a webtoon illustrator. Can you imagine? Webtoons! I didn't take it well. It felt like all my sacrifices were for nothing, but you know what they say, 'There is no stopping a kid from pursuing his dream.'

*on the same page: 같은 생각인

저는 늘 제 아들이 의사가 되는 꿈을 꾸었습니다. 아이를 뒷바라지하기 위해 많은 희생을 해야만 했죠. 물론 우리 아들은 훌륭한 학생이었고 공부도 열심히 했습니다. 저는 우리가 같은 생각을 하고 있다고 믿었습니다. 그런데 아들이 의대에 합격한 후 불행해 보였습니다. 사실 예술을 시작해서 웹툰 일러스트레이터가 되고 싶었다고 고백했습니다. 믿기시나요? 웹툰이라니요! 잘 받아들여지지 않았습니다. 저의 모든 희생이 물거품이 되는 느낌이었습니다. 하지만 '자식이 자기의 꿈을 좇는 걸 말릴 수는 없다.'라고들 하잖아요.

go off

go off에는 정말 다양한 의미가 있습니다. 가장 많이 쓰이는 뜻은 '전화기나 알람, 화재경보기 등이 울리다'입니다. 다음 예문을 한번 보겠습니다.

> The fire alarm went off during dinner, and we panicked for a bit before realizing it was just a drill.
>
> 저녁 식사 중에 화재경보기가 울려서 잠깐 겁을 먹었는데, 알고 보니 그냥 화재 대피 훈련이었다.

'음식이 상하다'라는 뜻으로도 쓰이는데 이때의 go off는 영국식 영어이며 미국인들은 주로 go bad로 표현하는 것을 볼 수 있습니다.

> I had some really nice leftover steak, but I forgot about it and left it in the fridge for over a week. It went off and I had to throw it away.
>
> 정말 맛있는 스테이크를 먹다 남긴 것이 있었는데, 깜박하고 냉장고에 일주일 이상 두었다. (그랬더니) 상해서 버려야만 했다.

'전기가 나가거나 기계 등이 작동을 멈추다'라는 의미로도 자주 쓰입니다.

Just as I was finishing my laundry, the washing machine suddenly went off and wouldn't turn back on.

빨래를 거의 다 했는데 세탁기가 갑자기 멈췄고 전원이 다시 들어오지 않았다.

go off에는 조금은 생소한 용법도 있는데, '특별한 목적지나 목적 없이 어떠한 장소를 나서다, 떠나다'라는 의미로 쓰입니다.

After we had a fight, he went off on his own to cool down. I don't know where he is... maybe at a bar with friends.

우리가 다툰 뒤에 남편이 화를 식히려고 혼자 나가 버렸어요. 지금 어디에 있는지 모르겠어요... 아마도 친구들이랑 술집에 있겠죠.

마지막으로 **go off without a hitch**라는 관용 표현을 알려 드리겠습니다. '별 탈 없이[순조롭게] 진행되다'라는 의미로 쓰이는데, 생각보다 자주 쓰이는 용법이니 꼭 기억해 둡시다.

The marathon went off pretty much without a hitch. There was just a minor delay at the start due to unexpected rain.

마라톤이 (대체로) 별문제 없이 잘 진행되었습니다. 예상치 못한 비 때문에 초반에 살짝 지연되기는 했지만요.

☑ go off 요약

1 (전화기나 알람, 화재 경보기 등이) 울리다

🔵 My phone went off in the middle of the meeting.
회의 중에 전화기가 울렸어요.

2 (음식이) 상하다

🔵 I was about to make a smoothie when I noticed the yogurt had gone off.

스무디를 만들려던 참이었는데, 보니까 요구르트가 상했더라고요.

3 (전기가 나가거나 기계 등이) 작동을 멈추다

🔵 The water went off while I was taking a shower, and I had to rinse out the shampoo with bottled water.

샤워를 하고 있는데 갑자기 물이 안 나왔어요. 그래서 생수로 샴푸를 헹궈 내야만 했답니다.

4 (특별한 목적지나 목적 없이) 어떠한 장소를 나서다, 떠나다

🔵 Is Rachel going to be okay? She went off to check out some popular bars by herself, and she left her phone behind.

(친구들끼리 여행을 온 상황)

Rachel 괜찮겠지? 인기 있는 술집 가 본다고 혼자 나갔는데 휴대폰을 놔두고 갔네.

5 별 탈 없이[순조롭게] 진행되다

🔵 The school play went off without a hitch. Every student remembered their lines perfectly.

학교 연극이 순조롭게 진행되었다. 모든 학생이 자신들의 대사를 완벽하게 기억했다.

1 영화관에서 휴대폰이 울려 곤란했던 상황에 대한 대화

🅐 I forgot to silence my phone yesterday, and it went off in the middle of the movie. I was so embarrassed. It felt like everyone was staring at me.

🅑 That's rough! How about keeping your phone in airplane mode when going to the cinema?

🅐 어제 (영화관에서) 휴대폰을 무음으로 해 놓는 걸 깜박해서 영화가 한창 상영 중에 전화가 울렸어. 너무 당황스러웠어. 다들 나를 쳐다보는 것 같았어.

🅑 어떡해! 영화관 갈 때는 비행기 모드로 해 두는 게 어때?

2 갑자기 정전이 된 상황에 대한 대화

🅐 The power went off right in the middle of *I Live Alone* last night. Did that happen at your place, too?

🅑 It did! Everything just shut down out of nowhere. I had to finish the episode on my phone.

🅐 어젯밤에 〈나 혼자 산다〉를 한창 보고 있는데 전기가 나가 버렸어. 너희 집도 그랬니?

🅑 그랬어! 갑자기 모든 게 꺼져 버리더라고. 그래서 그 편 뒷부분은 휴대폰으로 봐야만 했지.

3 막 걷기 시작한 아기를 둔 부부의 대화

🅐 Have you seen our son? I can't find where he went off to. He's getting harder to keep track of now that he can walk.

🅑 Last time I saw him he was heading towards his room. Maybe he's hiding in the closet.

🅐 애 못 봤어? 어디로 갔는지 찾을 수가 없네. 이제 걸을 수 있다 보니 찾기가 점점 힘들어지네.

🅑 지난번에는 보니까 자기 방으로 (걸어서) 가고 있더라고. 옷장에 숨어 있을 수도 있어.

최근 처남의 결혼식에 다녀온 사람의 이야기　◀▬▭

My wife and I have been married for almost eight years now, and the entire family has gotten pretty close. My brother-in-law's wedding was last weekend, and he asked both me and my wife to sing a song for him during the ceremony. He also had some of his close friends come up and perform this surprise dance! He looked a bit nervous, but everything went off without a hitch. Everyone loved our song and the dancing. The food was great, and except for some older relatives who drank a bit too much, everyone had a good time.

아내와 저는 결혼한 지 거의 8년이 되었고, 가족 모두가 꽤나 친해졌습니다. 처남 결혼식이 지난 주말에 있었는데, 처남은 저랑 아내에게 축가를 부탁했습니다. 친한 친구들에게는 앞으로 나와 깜짝 댄스를 부탁했고요! (처남이) 좀 긴장돼 보이긴 했지만 모든 게 순조롭게 진행되었습니다. 다들 저희가 부른 노래와 (친구들의) 춤을 아주 좋아했습니다. 음식도 정말 맛있었습니다. 술을 조금 과하게 마신 친척 어르신들 빼고는 다들 즐거운 시간을 보냈습니다.

DAY 40

go on

김재우의 영어관찰일기

go on은 많은 학습자에게 익숙한 구동사일 것입니다. 우선 go on의 네 가지 의미부터 살펴보겠습니다.

❶ 일이 벌어지다, 진행되다
❷ 상황이 계속되다
❸ 계속하여[쉬지 않고] 말을 하다
❹ 불, 전기 등이 들어오다

이 네 가지 의미 중 ❸의 용법을 매우 생소하게 느끼는 분이 많을 것입니다. 매우 냉정하게 생각해 보면 ❷의 용법 역시 활용해 본 분들이 많지 않을 것입니다. 우리가 주로 써 온 go on은 ❶의 용법이 아닐까요?

> • What's going on out there? What's all the ruckus*?
>
> *ruckus: 야단법석, 대소동
>
> 밖에 무슨 일이야? 웬 소동이지?
>
> • I read online that there's an international street food festival going on downtown. Feel like going out tonight?
> 온라인에서 봤는데 시내에서 세계 길거리 음식 페스티벌을 하고 있대. 오늘 가 볼 생각 있어?

다음은 ❷의 의미를 담은 예문입니다.

> You haven't been on good terms with Barry for days, and I can't let this go on. What do you think about moving to a new team?
>
> (팀장이 팀원에게 하는 말)
> Barry랑 며칠째 사이가 좋지 않군요. 이런 상황이 계속되도록 놔 둘 수가 없네요. 다른 팀으로 이동을 하는 건 어떻게 생각해요?

❸ '계속하여[쉬지 않고] 말을 하다'에 해당하는 예문도 보겠습니다.

> When my family gets together, my uncle goes on and on about his travels, sometimes repeating the same stories. It's exhausting.
>
> 가족이 모일 때면 우리 삼촌은 자신이 여행 다녀온 이야기를 끊임없이 한다. 같은 이야기를 반복할 때도 있다. 정말 지친다.

위와 같은 문장을 구사할 때 go on을 떠올리지 못한 채 He never stops talking. 이라고만 표현하는 분들을 많이 볼 수 있습니다. 바로 이러한 부분이 한국식 영어와 원어민식 영어의 차이라는 점을 꼭 기억해야겠습니다.

마지막으로 소개할 go on은 ❹의 용법인 '불, 전기 등이 들어오다, 켜지다'라는 의미입니다. 다음 예문을 보세요.

> Exactly at sunset, the street lights automatically go on.
> 정확히 해질 무렵이 되면 가로등이 자동으로 켜진다.

☑️ go on 요약

1 (일이) 진행되다, 벌어지다

e.g. I have a lot going on at work and with the kids these days. That's why I haven't been able to hit the gym.

요즘 회사 일과 아이들 보는 것 때문에 바쁘다. 그래서 헬스장에도 못 가고 있다.

2 (상황이) 계속되다

e.g. I see the boss is still giving you the cold shoulder*. This has been going on for weeks now, right?

*give someone the cold shoulder: ~를 차갑게 대하다

보니까 상사가 너를 여전히 차갑게 대하는 것 같구나. 벌써 몇 주째 계속 그러는 거 맞지?

3 (어떤 주제에 대해서) 계속 말을 하다; 한 번 말을 시작하면 멈추지 않다

e.g. You've been going on for a while. Why don't we give someone else a chance?

한참 동안 계속 이야기를 하는군요. 다른 사람에게 말할 기회를 좀 주는 게 어때요?

*위의 표현은 조금 직설적으로 들릴 수 있다는 점을 참고해 주세요.

4 (불, 전기가) 켜지다, 들어오다; (전자 장비가) 작동을 시작하다

e.g. This app on my phone controls my smart home. I set up everything to go on at the same time in the morning.

내 전화기에 있는 이 앱으로 스마트 홈을 조정해. 아침에 (집에 있는) 모든 게 동시에 켜지도록 설정해 두었지.

1 근황을 묻는 친구 사이의 대화

Ⓐ What's going on with you these days? I haven't been able to get ahold of you*.

Ⓑ Yeah, I'm sorry. I've been taking classes during winter break and barely have time to check my phone.

*get ahold of someone: ~와 연락이 닿다

Ⓐ 요즘 어떻게 지내니? 연락이 안 되더라.

Ⓑ 그래, 미안. 겨울 방학 동안 이런저런 수업을 듣고 있어서 휴대폰 확인도 겨우 하고 있어.

2 인간 관계에 대해 조언하는 대화

Ⓐ He's been treating you terribly. You can't let this go on any longer! Stand up for yourself* and let him know he can't treat you like that!

Ⓑ I know, but it's so hard. I don't even know where to start.

*stand up for oneself: 자신을 지키다, 보호하다

Ⓐ 그 사람 너를 너무 막 대하는구나. 더 이상 가만히 있으면 안 돼! 당당하게 행동하고, 너를 이런 식으로 대접하면 안 된다는 걸 알려 줘야지!

Ⓑ 알아. 그런데 너무 어려워. 어디서부터 시작해야 할지도 모르겠어.

3 스포츠에 관심이 많은 직장 동료에 대한 대화

Ⓐ I was so surprised when I talked to Sarah yesterday. I asked her what sports she liked, and she suddenly got so talkative!

Ⓑ Yeah, she is normally so quiet, but when it comes to sports, she can go on for hours.

Ⓐ 어제 Sarah와 대화했을 때 정말 놀랐어. 어떤 스포츠를 좋아하는지 물었는데, 갑자기 말이 엄청 많아지더라고!

Ⓑ 그래, 평소에는 조용한 친구인데, 스포츠 이야기가 나오면 몇 시간을 떠들지.

CASES IN POINT

영어 공부를 위해 미드를 보는 학습자의 후기

Recently I've been watching this new show on Disney Plus to study English, but honestly, it's gotten a bit frustrating. I'm the type who can't move on unless I understand every single word. But one of the characters is so difficult to understand! I just can't make out what's going on whenever he comes into the scene. He's so sarcastic and funny, too, so it's hard to even figure out what he means through context. Studying shouldn't be this stressful, and so I've been thinking about switching to a different show. I hate to give up, but I don't know how much longer I can take that one character.

최근에 영어 공부를 하려고 디즈니 플러스에서 새로운 드라마를 보고 있다. 그런데 솔직히 좀 좌절된다. 나는 단어 하나하나를 다 이해하지 못하면 다음 장면으로 넘어가지 못하는 스타일이다. 그런데 등장인물 중 한 명의 말이 알아듣기에 너무 어렵다! 이 사람이 나올 때마다 무슨 말인지 못 알아듣겠다. 비꼬는 말과 유머를 너무 많이 쓴다. 그래서 맥락으로는 무슨 말인지 짐작도 하기 힘들다. 공부가 이렇게 스트레스를 받을 일은 아니라서, 다른 드라마로 바꿀까 생각 중이다. 그냥 포기하기는 싫지만, 이 인물을 얼마나 더 견딜 수 있을지 모르겠다.

go over

go over는 go(가다)와 over(~을 넘어서, 저쪽 편으로)가 결합된 형태의 구동사입니다. 우선 over(저쪽 편으로, 건너서)가 부사로 쓰일 경우 go over는 '저쪽 편으로 가다, 건너가다'라는 의미가 됩니다.

> Did you just punch Tom and run away? Go (back) over to him and apologize.
>
> (선생님이 학생에게 하는 말)
> 너 방금 Tom을 때리고 도망간 거니? Tom에게 (다시) 가서 사과하렴.

go over는 비유적인 의미로도 쓰이는데요, 이때는 '말(설명, 메시지) 등이 상대에게 어떠한 식으로 받아들여지다'라는 의미가 됩니다. 즉, 화자가 한 말이 상대편 쪽으로 이동해서(건너가서) 상대에게 받아들여진다는 의미로 이해하시면 됩니다. 주로 부정문에서 not go over well의 형태로 사용되며, 다음 예시를 통해 확인해 보겠습니다.

> I told her what happened, and it didn't go over well.
>
> 그녀에게 자초지종을 설명했지만, 잘 못 받아들이더라고(= 여전히 화가 나 있어).

위 예문에서 it didn't go over well은 화자의 의도가 잘 전달되지 않아 상대방이 여전히 화가 안 풀린 상태, 언짢아하는 상태(pissed or not happy)라는 의미입니다.

over가 전치사로 쓰이면 go over는 '~을 건너서[타넘고] 가다'라는 의미가 됩니다. 예를 들어, '다리를 건너다'는 go over the bridge가 되는 것이지요. 다음은 교실에서 벌어지는 짧은 대화입니다.

A: Do you need me to get up?

B: Oh, no. I can just go over you.

A: 내가 일어날까?

B: 아, 아니. 내가 너를 타넘고 가면 돼.

이러한 시각적인 의미가 확장되어 '~을 (꼼꼼히) 살펴보다, 검토하다'라는 의미로도 자주 쓰입니다. 다음 예시들을 보겠습니다.

- Before the exam, the teacher asked us to go over our notes one last time.

  시험 시작 전에 선생님은 노트를 마지막으로 한 번 더 살펴보라고 했다.

- Please make sure to go over the fine print* before signing the contract.

  *fine print: (보험약관, 계약서 등에 작은 문자로 인쇄된) 세세한 항목

  계약서에 서명하기 전에 반드시 작은 글씨를 검토해 보세요.

go over에는 '설명하다'라는 의미도 있습니다. 회의 등에서 상대가 설명하려는 내용을 잘 이해하지 못했을 경우 다음과 같이 표현할 수 있습니다.

Could you go over it again? I can't quite understand what you were getting at*.

*get at: ~을 말하고자 하다, 의미하다

다시 한번 설명해 주실 수 있을까요? 무슨 말을 하시려는 건지 잘 이해가 안 돼서요.

마지막으로 **go over one's head**라는 관용구의 형태로도 자주 사용되는 것을 볼 수 있으며, 직역하면 상대의 설명이 내 머리 위로 지나가 버린다는 말로, 상대의 설명이 이해가 안 된다는 의미입니다.

> Every time someone tries to explain how the vaccine works, it goes over my head.
>
> 누군가가 백신의 원리를 설명해 줄 때마다 전혀 이해가 안 된다(= 감이 안 잡힌다).

 **go over 요약**

1 (자동사) 저쪽 편으로 가다, 이동하다; (타동사) 건너가다, 타넘고 가다

e.g. I need to go over to Sam's place to pick up the tool he's lending me.
Sam이 나한테 공구 빌려주기로 해서 (공구) 가지러 Sam 집 쪽으로 가야 해.

e.g. If you go over that hill, you'll find a gas station and they have an ATM inside.
그 언덕을 넘어가면 주유소가 있을 거야. 그 안에 현금 인출기가 있어.

2 (말 등이 상대방에게) 받아들여지다

e.g. I was late to pick up my girlfriend for our date last night, and it didn't go over well when I tried to explain why. She still won't talk to me.
어젯밤 데이트 때 여자 친구를 늦게 데리러 갔다. 이유를 설명하려 했지만 여자 친구가 잘 받아들이지 않았다. 아직도 나랑 말을 안 하려 한다.

e.g. The new education policy is not going over well with citizens who have young children.

새로 발표된 교육 정책이 어린 자녀를 둔 시민들 사이에서 반응이 좋지 않다.

3 꼼꼼히 살펴보다, 검토하다

e.g. Let's go over the vocabulary one more time before the quiz.

(수업 중 선생님의 말)

쪽지 시험 보기 전에 어휘를 한 번 더 살펴봅시다.

e.g. My job at the law firm is to go over my client's documents again and again before the trial to ensure we get the facts right.

로펌에서의 내 업무는 재판 전에 고객 문서를 반복적으로 검토해서 사실을 정확히 파악하는 것이다.

4 설명하다

e.g. I bought a new steam closet for my wardrobe, but I wasn't paying enough attention when the installation guy went over how to use it. I had to call customer service yesterday so he could go over it with me again over the phone.

의류 관리기를 새로 구매했다. 문제는 설치 기사님이 사용법을 설명해 주는 동안 딴생각을 한 것이다. 그래서 어제 고객센터에 전화해서 유선상으로 다시 설명을 부탁해야 했다.

e.g. A: I've been stuck on this one algebra problem for, like, 30 minutes.

B: Oh, I think I see the problem. Let me go over the rules for multiplication.

A: 나 지금 이 대수학 문제를 30분 동안이나 못 풀고 있어.

B: 아, 문제가 뭔지 알겠다. 곱셈 법칙을 설명해 줄게.

5 (농담, 설명, 개념 등이) 이해가 안 되다, 무슨 말인지 모르겠다

 A: I want to get into baseball, but every time someone tries to explain the rules, they go right over my head.

B: Yeah, I know what you mean. It's not as simple as it looks.

A: 야구에 재미를 붙여 보고 싶지만, (누군가) 야구 규칙을 설명해 주려고 할 때마다 이해가 안 돼.

B: 응, 무슨 말인지 알아. (야구 규칙이) 보기보다 복잡하거든.

SMALL TALK

1 함께 여행을 가는 지인 사이의 대화 ◖■▢▢

Ⓐ Would it be easier if I went over to Yongsan Station tomorrow when you pick me up? My place is a little tricky to get to.

Ⓑ No, I think it'll be fine. I know your area pretty well. I'll see you in front of your place at 8 a.m.

Ⓐ 내일 데리러 오실 때 제가 용산역 쪽으로 가는 게 편할까요? 저희 집이 오기가 좀 까다로워서요.

Ⓑ 아니요, 괜찮을 것 같아요. 그 동네 잘 알거든요. 아침 8시에 집 앞에서 뵐게요.

2 엔진 오일 교환에 대한 미국인과 한국인의 대화 ◖■■▢

Ⓐ I've heard that most Americans know how to do oil changes themselves. Is that true?

B Yeah! I think pretty much everybody learns basic maintenance as a teenager. Do you maybe want me to go over how to do it? It doesn't take long and you can save some money.

A 대부분 미국인들은 엔진오일 교환 방법을 안다고 들었어요. 진짜예요?

B 네! 거의 대부분은 십 대 때 기본적인 차량 관리를 배워요. 제가 교환하는 법을 설명해 줄까요? 오래 안 걸리고, 돈도 아낄 수 있을 거예요.

3 전공 변경에 대한 친구 사이의 대화

A Why haven't you told your parents about switching your major yet?

B It wouldn't go over well with my parents, so I just don't tell them. They're really set on me becoming* a dentist.

*be set on -ing: ~하기를 몹시 원하다, ~하는 것에 확고하다

A 전공 바꾸는 거 왜 아직 부모님한테 말씀 안 드린 거야?

B 우리 부모님이 잘 못 받아들이실 것 같아서 그냥 말 안 하는 거야. 부모님은 무조건 내가 치과의사가 되기만을 원하시거든.

CASES IN POINT

친구들과의 저녁 식사 중 있었던 일화

I went out to dinner with my friends last night. We were all having a good time, but one of my old college friends kept bringing up the problems in the Middle East, and everyone but me really got into the topic. It all went over my head, maybe because I don't follow the news at all. It made me feel left out and dumb. I tried to start talking about other things, like variety shows or video games, but no one seemed interested.

어젯밤에 친구들과 저녁을 먹으러 나갔다. 다들 즐거운 시간을 보내고 있었는데, 대학교 친구 중 한 명이 중동 문제 이야기를 계속 꺼냈다. 나만 빼고 다들 그 주제를 재미있어 했다. 나는 무슨 말인지 도무지 이해가 안 되었다. 내가 (시사) 뉴스를 잘 안 봐서 그런지도 모른다. 소외된 기분도 들고 멍청이가 된 기분이었다. 버라이어티 쇼나 비디오 게임과 같은 다른 이야기를 하려고 시도해 봤지만, 아무도 관심이 없어 하는 눈치였다.

go through ①

go through는 문자 그대로 '어떠한 공간을 통과하다, 거쳐 가다'라는 의미의 구동사입니다. 다음 두 예문에서 알 수 있듯이 사람과 사물 모두 주어가 될 수 있습니다.

- If you're driving, it would take too long to reach Bundang because you have to go through Gangnam. You'd better take the subway, instead.

  차를 가지고 가면 분당까지 가는 데 너무 오래 걸릴 거야. 강남을 거쳐야 하니까. 차라리 지하철을 타는 게 나을 거야.

- The Gyeongui Line Forest Park goes through Hongdae and eastern Mapo, almost all the way to Yongsan Station.

  경의선 숲길은 홍대와 마포 동쪽을 관통해서 용산역까지 이어져 있다.

---

go through에는 '샅샅이 뒤지다'라는 의미도 있습니다. 터널을 통과하는 이미지를 떠올려 보세요. 고속도로에서 터널을 통과할 때 터널 입구부터 출구까지 중간을 건너 뛰지 않고 모든 곳을 지나가지요. 이런 이미지를 그려 보면 '샅샅이 뒤지다'라는 의미로 go through가 쓰이는 상황이 이해가 되실 겁니다.

다음 예문을 한번 볼까요? 호텔에서 가방 어딘가에 있을 카드키를 찾으려고 가방 입구부터 바닥까지 다 훑어보는 상황을 go through를 사용하여 표현하고 있습니다.

I'm having trouble getting into my room. I went through my bag and I couldn't find my key card.

방에 들어가지 못하고 있습니다. 가방을 다 뒤져 봤는데도 카드키를 못 찾겠어요.

go through에는 '~를 거치다, 중간에 ~를 끼다'라는 의미가 있습니다. 집을 구할 때 보통 부동산 중개인을 거치죠. 이 경우 역시 **go through a realtor**라고 표현합니다.

go through는 '고통이나 힘든 상황 등을 경험하다, 겪다' 또는 '어떠한 시기를 거치다'라는 의미로 확장되어 쓰이기도 하는데 사실 가장 자주 볼 수 있는 용례라고 할 수 있습니다. 다음 예문이 대표적입니다.

I know you have gone through a lot lately.

너 최근에 여러 가지로 힘들었다는 것 알아.

☑ go through ① 요약

1 (공간을) 통과하다, 거쳐 가다

e.g. The highway goes through several mountains.

이 고속도로는 산을 몇 개나 지나간다.

2 샅샅이 뒤지다, 살펴보다

e.g. I was sure that I had my family register saved somewhere, but I went through my computer for like an hour and couldn't find it.

분명히 가족 관계 등록부를 어딘가에 저장해 뒀는데, 한 시간 동안 컴퓨터를 뒤져 봐도 없었다.

3 ~을 이용하다; 중간에 ~을 끼고 하다

 When investing in stocks, it's wise to go through a financial advisor.

주식 투자를 할 때는 재무 상담가를 거치는 것이 현명하다.

4 (힘든 상황 등을) 경험하다, (힘든 시기를) 거치다

 It doesn't feel very comfy when I wear inserts. Now I know what women go through when they wear heels.

깔창을 하면 편하지가 않아. 이제서야 하이힐 신을 때 여성들이 겪는 고충을 알겠어.

SMALL TALK

1 하이패스 카드를 권하는 친구와의 대화

Ⓐ I noticed you always go through the manual toll booths on the highway. Haven't you considered getting a Hi-Pass card?

Ⓑ Oh, yeah. I know I should get one, but it always slips my mind.

Ⓐ 보니까 고속도로에서 늘 요금소로 통과하더라. 하이패스 카드 만드는 건 생각 안 해 본 거니?

Ⓑ 아, 맞아. 만들어야지. 근데 맨날 깜박해.

2 옷이 없다고 투덜거리는 친구와의 대화

Ⓐ I can't believe this! I went through my entire closet, but I can't find anything to wear for the wedding.

Ⓑ Seriously? How can you not have any decent clothes for a wedding? All I ever see you buying is clothes.

Ⓐ 이런! 옷장을 다 뒤져 봤는데도 결혼식에 입고 갈 옷이 없네.

Ⓑ 진짜? (다른 사람은 몰라도) 네가 결혼식에 입고 갈 만한 옷이 없다는 게 말이 돼? 너 맨날 옷만 사던데.

3 말썽을 부리는 학생에 대한 교사들의 대화

Ⓐ James has been acting out a lot lately. Do you know how things are at home?

Ⓑ I heard it's been tough at home and his parents might separate. He's really going through a lot. Let's do our best to take care of him.

Ⓐ James가 최근에 말썽을 많이 부리네요. (이 친구) 집에 무슨 일 있는지 아세요?

Ⓑ 요즘 집 분위기가 안 좋고 부모님이 헤어질 수도 있다고 들었어요. 애가 요새 진짜 힘들어합니다. 우리가 최선을 다해 잘 돌봐 주자고요.

CASES IN POINT

공항에서 여권이 없어져 당황했던 사람의 경험담

I arrived at the airport with plenty of time before the flight, so I was going to take a little break to grab some coffee and a sandwich in the Asiana business lounge before I got on the plane. To my shock, I couldn't find my passport, which meant I couldn't check in. I went through my bag and luggage, and then I backtracked to all the places I had gone before that moment. It turned out I forgot it on the bathroom counter when I went to check my makeup. I was so relieved that I wouldn't have to miss my flight.

비행기 출발 한참 전에 공항에 도착했다. 그래서 탑승 전에 잠시 짬을 내서 아시아나 비즈니스 라운지에서 커피랑 샌드위치를 좀 먹으려고 했다. 그런데 놀랍게도 여권이 없었다. 그건 탑승 수속을 할 수 없다는 말이었다. 나는 가방과 수하물을 다 뒤져 봤다. 그러고 나서 그 전까지 내가 다녀왔던 장소에 다시 다 가 봤다. 알고 보니 화장을 확인하러 갔을 때 화장실 카운터에 놔두고 온 것이었다. 비행기를 놓치지 않게 되어서 천만다행이었다.

go through ②

DAY 42에서 언급한 대로 **go through**는 긴 터널을 통과하는 이미지가 연상되는 구동사입니다. 이러한 의미가 확장되어 '~을 처음[맨 앞부분]부터 끝까지 하나하나 자세히 살펴보다'라는 뜻을 지니게 되었습니다. 다음 문장을 통해 확인해 보겠습니다.

> I was going through my bank transactions, and I found a charge that I didn't recognize.
> 계좌 거래 내역을 꼼꼼하게 살펴보고 있었는데, (제가) 모르는 출금 내역이 있었습니다.

위에서 알 수 있듯이 **go through**는 계좌 내역, 서류, 이력서, 보고서, 각종 문서의 중간을 건너뛰지 않고 처음부터 끝까지 자세히 살펴보는 느낌입니다. 다시 한번 말씀드리지만, 차를 몰고 터널을 통과한다고 치면 중간에 어떤 지점을 건너뛰면서 터널을 통과할 수는 없다는 점을 떠올려 보세요. **go through**의 의미가 선명하게 이해되실 것입니다.

go through에는 전혀 뜻밖의 의미도 있는데 '~을 많이 소비하다, 쓰다, 사용하다'라는 의미입니다. **go through**가 이러한 용법으로 심심치 않게 사용되기는 하지만, 내일 혹은 다음 주에 당장 이 용법을 활용하려고 애쓰기보다는 먼저 이러한 의미로 쓰이는 **go through**가 내 귀에 꽂히는 경험을 몇 차례 하는 것이 더 중요합니다. 바로 다음과 같은 문장을 자주 접하는 식인 것이죠.

I can't believe we've already gone through all of our milk!

우리 벌써 우유를 다 먹었네!

마지막으로 **go through**가 자동사(목적어를 취하지 않는 경우)로 쓰일 경우 부정문에서 '카카오톡 메시지 등이 보내지지 않다; 온라인상에서의 결제가 이루어지지 않다; 승인이 거절되다'라는 의미로도 사용되며, 이 역시 매우 자주 쓰이는 표현입니다.

I need to go outside to text somebody. My message didn't go through because there is no reception down here.

밖에 나가서 문자 보내야겠어. 지하라서 신호가 약해서 메시지가 안 보내지네.

☑ go through ② 요약

1 ~을 처음[맨 앞부분]부터 끝까지 하나하나 자세히 살펴보다

🔹 Let's go through chapter 1 and find any vocabulary you are not familiar with.

1장을 자세히 살펴보고 익숙하지 않은 어휘가 있는지 봅시다.

2 ~을 많이 소비하다, 쓰다, 사용하다

🔹 It's hard to maintain my long hair. I go through three or more bottles of hair spray a month.

긴 머리 관리하기가 힘들다. 한 달에 스프레이를 3통 이상 쓴다.

3 (부정문에서) 인터넷 메시지 등이 보내지지 않다; 결제가 이루어지지 않다

🔹 Are we having Internet issues? My Kakao messages aren't going through.

여기 인터넷이 안 되는 거야? 카카오톡 메시지가 안 보내져.

e.g. Your payment didn't go through.
결제가 이루어지지 않았습니다.

SMALL TALK

1 외국계 기업에서의 면접 상황

🅐 I was going through your résumé and I saw that you worked at LG for two years. What was it that made you leave that position?

🅑 I was satisfied with my job there, overall. The thing is, I was really hoping to work for a more multinational company.

🅐 이력서를 자세히 검토해 보니 LG에서 2년 근무하셨더군요. 그 자리를 그만둔 이유가 뭔가요?

🅑 그곳에서의 업무도 전반적으로 만족스러웠습니다. 그런데 저는 좀 더 다국적 기업인 곳에서 일해 보고 싶었습니다.

2 수능 만점자 인터뷰

🅐 Your perfect score is all over the news sites and social media. Tell us, how did that make you feel?

🅑 Words can't describe how thrilled I am. When I went through my exam papers, there were several problems I wasn't sure if I got right. I didn't even think a perfect score was possible.

🅐 만점 받은 소식이 언론과 SNS에 쫙 퍼졌습니다. 소감 한마디 부탁드릴게요.

🅑 얼마나 기쁜지 말로 표현이 안 됩니다. 시험지를 자세히 살펴봤을 때는 긴가민가하는 문제가 몇 개 있었습니다. 그래서 만점은 힘들다고 생각했어요.

3 휴대폰으로 모임 장소 위치를 보내려는데 전송이 안 된 상황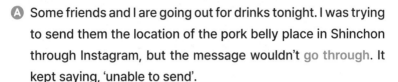

Ⓐ Some friends and I are going out for drinks tonight. I was trying to send them the location of the pork belly place in Shinchon through Instagram, but the message wouldn't go through. It kept saying, 'unable to send'.

Ⓑ You didn't know? Instagram crashed for like two hours this afternoon. No wonder you couldn't send it.

Ⓐ 친구들이랑 오늘 밤에 한잔하러 가거든. 신촌에 있는 이 삼겹살 집 위치를 인스타로 보내려고 했는데, 메시지 전송이 안 되더라고. 계속 '보낼 수 없습니다'만 떴어.

Ⓑ 몰랐어? 오늘 낮에 인스타그램 2시간 동안 먹통이었잖아. 그러니까 당연히 안 보내진 거지.

CASES IN POINT

커피를 너무 많이 마시는 동료와의 대화

A You already had two cups of coffee, didn't you? Why are you having another one? It's not even lunchtime yet.

B I know, I know. I actually used to go through six cups a day.

A That's way too much. You should definitely cut down. Or you could try decaf*.

B I've already tried it, but decaf wasn't really for me.

A Didn't you say that your stomach was bothering you? Coffee is only going to make it worse.

B I know and I've been trying to drink less, but I just can't seem to get through my day without it.

*decaf: 카페인을 뺀, 카페인이 없는 (커피)

A 너 벌써 커피 두 잔째 마신 거 알아? 왜 또 한 잔 더 마시는 건데? 아직 점심 전이잖아.

B 알아, 안다고. 사실 전에는 하루에 여섯 잔 마셨어.

A 너무 많다. 줄여야 해. 아님 카페인이 없는 걸로 마셔 보든지.

B 이미 마셔 봤지. 근데 카페인이 없는 건 별로더라고.

A 위가 불편하다고 그러지 않았어? 커피 마시면 더 안 좋아질 텐데.

B 알지. 줄이려고 하고는 있는데, 커피 없이는 하루를 버틸 수가 없어.

DAY 44

hang out vs. meet up vs. mingle with

김재우의 영어관찰일기

이번 DAY 44에서는 hang out, meet up 그리고 mingle with에 대해 학습해 보겠습니다.

hang out은 기본적으로 누구를 만나서 '함께 시간을 보내며 놀다, 함께 어울리다'라는 의미입니다. 우리에게 비교적 익숙한 구동사이지만, 적절한 상황에서 바로 쓸 수 있느냐는 또 다른 문제이지요. 그런 면에서는 충분히 학습 가치가 높은 구동사가 아닐까 싶습니다. 원어민들이 다음과 같이 말하는 경우를 자주 보게 되는데, **hang out**의 가장 기본적인 의미가 아주 잘 드러나는 문장입니다.

> We should hang out soon.
> 조만간 얼굴 한번 보자(= 만나서 놀자, 모이자).

다음은 친구에게 보내는 메시지입니다.

> If you are ever bored, you can always come hang out at my place.
> 심심하면 언제든 우리 집에 와서 (나랑 같이) 놀아도 돼.

다음으로 **meet up**에 대해 살펴보겠습니다. **hang out**이 누군가를 만나서 함께 놀거나 어울리면서 시간을 보내는 모든 행위를 가리키는 비교적 포괄적인 의미를 띤다면, **meet up**은 만남의 장소와 목적 등을 강조하여 '(~와) 만나다'라는 뜻입니다. 즉, 만나는 행위가 주가 되는 표현입니다. 다음의 예시를 통해 이 두 표현의 차이를 살펴보겠습니다.

Let's meet up at exit 7 around 4 p.m., and then we'll hang out until dinner time.

7번 출구에서 4시쯤 만나서 저녁 먹을 때까지 놀자고.

meet up이 적절하게 사용된 다음 대화문도 한번 보겠습니다.

A: Did you meet up with that lady from Daangn Market?

B: Yeah, and she paid in cash, but I didn't have change, so she said I could keep it.

A: 당근마켓의 그 여성분은 만난 거야?

B: 응, 현금으로 결제했는데, 내가 잔돈이 없으니까, 그분이 (거스름돈은) 그냥 놔두라고 하더라고.

마지막으로 **mingle with**는 잘 모르는 이와 친해지거나 익숙해지기 위해 '간단한 대화 등을 하면서 어울리다'라는 의미의 구동사입니다. 결혼식이나 파티 등에 가면 처음 보는 사람들이 많지요. 이러한 사교 모임 등에서 처음 보는 사람들과 '짧게 어울리다'라고 할 때 **mingle with**를 씁니다. 다음은 파티에서 이루어지는 대화의 일부입니다.

You've been talking to Nick all evening — you really ought to be mingling with the other guests.

저녁 내내 Nick과 이야기를 하는구나. 다른 손님들하고도 좀 어울려야지.

다음 역시 **mingle with**의 뉘앙스를 파악할 수 있는 좋은 사례입니다.

Any salesperson has to enjoy mingling with potential clients in order to get ahead.

영업하는 사람은 성공하려면 잠재 고객들과 어울리는 걸 즐길 수 있어야 한다.

✅ hang out vs. meet up vs. mingle with 요약

1 **hang out: (사람들과 함께) 시간을 보내며 놀다; (~와) 어울리다**

    e.g. I haven't been able to hang out with any of my friends since I joined this company.

    이 회사에 입사하고는 친구들과 전혀 못 어울렸습니다.

2 **meet up: (장소와 목적 등을 강조하여) 만나다 (만나는 '행위' 강조)**

    e.g. A few of us are meeting up at the wine bar after work. You're free to join us if you'd like.

    우리들 몇 명이서 퇴근하고 와인 바에서 만날 건데, 생각 있으면 편하게 오세요.

3 **mingle with: (잘 모르는 이와 친해지거나 익숙해지기 위해) 간단한 대화 등을 하면서 어울리다**

    e.g. The upcoming workshop will give you a chance to mingle with other students.

    곧 있을 워크숍은 다른 학생들과 어울릴 수 있는 기회를 줄 것입니다.

1 연남동에 놀러 간 커플 사이의 대화

Ⓐ So this is where you used to hang out in college? It looks pretty fancy.

Ⓑ Yeah, it didn't look like this when I was in college. It wasn't a popular area to hang out back then.

Ⓐ 대학교 때 주로 놀았던 곳이 여기란 말이지? 꽤나 고급스러워 보인다.

Ⓑ 응, 대학교 때는 이런 모습이 아니었어. 그때 당시에는 사람들이 그렇게 많이 가는 곳은 아니었지.

2 우연히 만난 두 남녀가 헤어지면서 하는 대화

Ⓐ Well, I have to go meet my friend now, but here's my number if you'd like to meet up some other time.

Ⓑ Absolutely. I will call you soon.

Ⓐ 음, 이제 친구 만나러 가야 하는데, 언제 한번 만날 생각 있으시면 여기 제 전화번호 드릴게요.

Ⓑ 당연하죠. 곧 전화드릴게요.

3 사교 모임에 온 두 친구의 대화

Ⓐ Hey, we're here to meet new people. Don't just sit around. Get out there and mingle with people.

Ⓑ I'm really not good at small talk. Do I have to?

Ⓐ 이봐, 여기 새로운 사람들 만나려고 온 거잖아. 그냥 앉아 있지 말고, 나가서 사람들과 좀 어울려.

Ⓑ (모르는) 사람들이랑 담소를 나누는 게 익숙하지가 않아. 꼭 그래야 되는 거야?

친구의 결혼식 피로연에서 있었던 일　

After my friend's wedding, the reception took place at a fancy hotel ballroom. People there were all dressed up and sipping wine. I felt so out of place* and I didn't want to mingle with these pretentious* strangers. My friends were busy dancing, so I couldn't leave right away. I was, instead, standing alone just looking out the window. That's when the groom's friend came up to me and offered me a glass of wine, which I flatly* declined because I wasn't in the mood. What an uncomfortable day that was!

*feel out of place: 그 자리에 어울리지 않는 것 같은 기분이 들다
*pretentious: 허세를 부리는, 가식적인
*flatly: 단호하게

친구 결혼식이 끝난 후 고급 호텔 연회장에서 피로연이 열렸다. 다들 잘 차려입고 와인을 마시고 있었다. 내가 있을 곳이 아니라는 기분이 들었고 허세를 부리는 듯한 모르는 이들과 어울리고 싶지도 않았다. 내 친구들은 춤을 추느라 정신이 없었기 때문에, 당장 그 자리를 뜰 수도 없었다. 그래서 혼자 서서 창문 밖을 보고 있었다. 그때 신랑 친구가 내게 다가와서는 와인을 권했다. 하지만 (술) 생각이 없었기 때문에 단칼에 거절했다. 정말 불편하기 짝이 없는 날이었다.

DAY 45

hold back

hold back은 '무언가가 앞으로 나아가려 하는 것을 물리적인 힘으로 막다'라는 의미에서 출발합니다. 예컨대 산책 중인 애완견이 다른 강아지를 공격하려 하자 hold him back 한다고 하면, 앞으로 나아가려 하는 애완견을 '전진하지 못하게 한다'라는 뜻이 됩니다.

> I had to hold my dog back because he was going to attack another dog.
>
> 제 강아지가 다른 개를 공격하려고 해서 그러지 못하게 붙잡아야만 했어요.

하지만 hold back은 비유적(figurative) 의미로 더 자주 쓰입니다. 다음은 '누군가의 발전과 목표 달성을 가로막다'라는 뜻으로 쓰이는 경우입니다.

> You could be a good manager, but your fear of taking risks is holding you back.
>
> 자네는 좋은 매니저가 될 수 있어. 하지만 위험을 감수하는 걸 두려워하는 태도가 발목을 잡고 있어.

hold back은 할 말이 있는데도 '억누르고 꾹 참다'라는 뜻도 있으며 다음과 같은 상황에서 쓸 수 있습니다. 남편과 아내가 다투는 중에 나누는 대화입니다.

A: You know, I've been trying to hold back, but now I have had enough. I won't tolerate this anymore.

B: Holding back? Are you joking? All you ever do is nag me!

A: 나도 할 말 많지만 참으려고 노력하고 있는데, 참을 만큼 참았어. 이제 더 이상은 못 참겠어.

B: 참는다고? 장난해? (당신은) 나를 들들 볶기만 하는데!

'웃음이나 눈물을 억누르고 참다'라고 할 때 역시 **hold back**을 씁니다.

I know I should work on holding back my anger. It always gets the best of* me and I say hurtful things.

*get the best of: ~을 이기다, 능가하다

내 화를 억누르기 위해 노력해야 하는 건 알아. 하지만 늘 내가 지지(= 화를 참지 못 하지). 그러고는 상처 주는 말을 하게 돼.

마지막으로 '무언가를 숨기다'라는 의미도 가지고 있는 **hold back**은 활용도 만점의 구동사입니다.

He is obviously holding something back.

그 사람은 틀림없이 뭔가 숨기고 (말하지 않는 게) 있어.

☑ hold back 요약

1 (앞으로 나아가려 하는 것을) 물리적인 힘으로 막다[저지하다]

e.g. The security guards had to hold back the crowd for Ohtani's safety.

보안 요원들이 Ohtani의 안전을 위해 군중을 막아야만 했다.

2 (사람, 상황, 성향 등이) 발전이나 목표 달성을 가로막다

e.g. Most of us are often held back by fear of failure or ridicule.

우리 대부분은 실패와 조롱의 두려움에 발목이 잡힌다.

3 할 말이 있는데도 억누르고 꾹 참다

e.g. I nearly told him what I thought of him, but I held back.

내가 그를 어떻게 생각하는지 말할 뻔했지만, 참았다.

4 웃음이나 눈물, 방귀 등을 억누르고 참다

e.g. One day, I was in an elevator by myself, so I thought I didn't have to hold back my fart. Not even five seconds after I let it rip*, an old lady came into the elevator, and she gave me such a dirty look.

*let it rip: 방귀를 뀌다

하루는 엘리베이터에 혼자 있어서 굳이 방귀를 참아야 하나 생각했다. 방귀를 뀐 후 5초도 안 되어 한 나이든 여성분이 엘리베이터에 탔다. 그러고는 나를 째려봤다.

5 ~을 숨기다

e.g. He seems like such a great guy, but he won't get into his personal life with me. It seems like he's holding something back.

그는 정말 좋은 사람처럼 보이지만, 저와 사생활에 대해 이야기하지 않으려 해요. 뭔가 숨기는 게 있는 것 같아요.

1 회사 대표의 신년 파티 연설에 대한 동료 사이의 대화

🅐 Our boss gave a speech at the New Year's Party, and he blew everyone away! I never knew he had such a funny side. It seemed like everyone was holding back tears from laughing so hard.

🅑 I couldn't make it to the party, but I saw the video! It's actually going viral*. Maybe he'll become a comedian if it really takes off!

*go viral: 입소문이 나다, 널리 퍼지다

🅐 우리 대표님이 신년 파티에서 연설했는데, 다들 깜짝 놀랐잖아! 대표님에게 그런 재미있는 면이 있는 줄을 미처 몰랐거든. 다들 웃겨서 눈물을 참느라고 고생을 한 듯 보였어.

🅑 난 파티에 못 갔지만 영상은 봤어! 영상이 지금 퍼지고 있어. 영상 대박 나면 사장님 코미디언이 될지도!

2 여성의 경력 발전에 대한 두 직장인의 대화

🅐 Some people say that the term "glass ceiling" is becoming a thing of the past*. I read an article that said something like – even at major tech companies, almost half of senior-level positions are now held by women.

🅑 I think there are still a lot of small things holding women back from career advancement. Just because the ceiling is harder to see doesn't mean it's not there.

*a thing of the past: 과거지사, 과거의 일; 더 이상 일어나지 않는 일

🅐 '유리 천장'이라는 게 옛말이 되고 있다고 하는 사람들이 있어. 기사를 읽었는데, 주요 IT 기업에서조차 고위직 직원의 거의 절반이 여성이라고 해.

B 그래도 아직 여성들의 경력 발전을 가로막는 작은 것들이 많아. 유리 천장이 무너지고 있다는 말이 없어졌다는 말은 아니거든.

3 남자 친구와 심하게 다툰 친구와의 대화

A I was feeling terrible yesterday and my boyfriend kept getting on me about* being late. Usually I can hold back, but not this time. We ended up getting in a huge fight.

B Have you talked to him today about it? If he's cooled down, he might understand that you just weren't feeling well.

*get on someone about: ~에 대해 사람을 들들 볶다, 잔소리하다

A 어제 몸이 너무 안 좋았는데 남자 친구가 (내가) 늦었다고 계속 뭐라고 하는 거 있지. 보통은 참는데, 이번에는 못 참겠더라고. 대판 싸우고 말았어.

B 그래서 어제 일 관련해서 오늘 얘기 좀 해 본 거야? 남자 친구가 좀 가라앉으면 어제 네가 몸이 안 좋았다는 걸 이해해 줄지도 모르잖아.

CASES IN POINT

영어 공부에 진심인 어느 학습자의 이야기

It seems like people don't take studying English seriously anymore. They just seem to believe watching some English-learning YouTube channels or using speaking apps would help them to become fluent at some point. They are just like, "What's the point of spending all this time and money learning English when I could just use ChatGPT and stuff like that?" I see where they are coming from, but I had a different point of view. ChatGPT and free YouTube channels only go so far*. You can never expect to have a good command of English* unless you fully commit and

invest time and money. My goal is to work at Google, so the
need to speak English fluently is not an option for me. I can't
let English hold me back.

*only go so far: 한계가 있다
*have a good command of + 언어: 어떠한 언어를 훌륭하게 구사하다

사람들이 더 이상 영어 공부를 진지하게 생각하지 않는 듯합니다. 영어를 배우는
유튜브 채널을 보거나 스피킹 앱을 이용하면 언젠가는 유창해질 거라고 생각
하는 것 같습니다. "챗GPT 같은 걸 쓰면 되는 데 굳이 영어 배우는 데 많은 시간과
돈을 들여야 하나?"라는 태도입니다. 왜 그렇게 생각하는지는 알겠습니다만, 제 생
각은 다릅니다. 챗GPT와 무료 유튜브 채널은 한계가 있습니다. 전력을 다하고 시
간과 돈을 투자하지 않는 한 영어를 잘하는 것을 기대하기는 힘듭니다. 구글에서
근무하는 것이 제 목표라서 영어를 유창하게 하는 건 필수입니다. 영어에 발목을
잡힐 수는 없습니다.

hold off (on)

hold off는 '~한 행위[결정]를 잠시 보류하다, 미루다'라는 의미입니다. hold와 off 사이에 oneself를 넣어 보면 그림이 그려지는데, 어떠한 행위를 하려고 하는 자기 자신을 붙잡고(hold) 그 행위로부터 떨어지게(off) 만든다는 의미로 이해하면 됩니다. 주로 **hold off on -ing**의 형태로 쓰이는데 다음 예시를 통해 이를 확인해 봅시다.

- Maybe we should hold off on telling her we are going to the doctor's for now. It will just make her more worried. Let's just tell her to get in the car for a ride.

  (부부가 아이를 병원에 데리고 가려는 상황)

  애한테 병원 가는 이야기는 지금 하지 않는 게 좋을지도 모르겠어. 괜히 더 걱정하게 만들 테니까. 그냥 차에 타서 드라이브 가자고 하자.

- Let's hold off on buying Christmas presents for now. We should ask them what they want, first.

  우선은 크리스마스 선물 사는 거 보류하자. 먼저 그분들께 뭘 원하는지 여쭤봐야 해.

이렇게 **hold off**가 '어떠한 행위를 보류하다, 뒤로 미루다'라는 의미일 때는 다음 ❶, ❷, ❸과 같은 형태로 쓰이며 의미상의 차이는 없습니다.

① **hold off on -ing**

I am going to hold off on buying the new Galaxy.

갤럭시 새 모델 사는 거 좀 미루려고 해.

② **hold off -ing**

I'm holding off signing up for the gym.

헬스장 등록 좀 미뤄야겠다.

③ **hold off (on) + 명사**

* A: Should I order us some drinks?

  B: Let's hold off on that and wait till everyone arrives; they're almost here.

  (바에서 친구 사이의 대화)

  A: 술을 좀 시켜야 하나?

  B: 좀 있다 하자. 다들 도착할 때까지 기다리자고. 거의 다 왔대.

* I was hoping the bank could hold off my payments until I get a new job, but they want their money now.

  내가 새로운 직장을 구할 때까지 은행에서 대출금 (상환)을 좀 유예해 줬으면 했지만, 바로 갚기를 원한다.

④ **hold off + 명사[hold + 명사 + off]**

hold off는 'hold off + 사람/사물' 또는 'hold 사람/사물 + off' 형태로 쓰여 '물리적으로 ~의 진행을 막다, 저지하다; ~이 다가오고 전진하는 것을 막다'라는 의미를 나타내기도 합니다.

- A good Samaritan* held off an attacker in the subway while others escaped.

*a good Samaritan: 선한 사람, 선한 시민

어느 선량한 시민이 지하철에서 (다른 승객을) 공격하려는 사람을 제지했고 그러는 동안 다른 승객들은 탈출했다.

- I'm finally dating someone, so that will hold off the constant nagging from my family to go on so many blind dates.

드디어 내가 연애를 하고 있다. 이제 가족들이 더 이상 소개팅 나가라는 잔소리를 못하게 될 것이다.

☑ hold off (on) 요약

1 ~한 행위[결정]를 잠시 보류하다, 미루다

> 🔵 I think I should hold off on buying the new model until I can see some reviews online.
> 온라인에서 후기를 좀 볼 때까지는 신규 모델 구매를 보류해야 할 것 같아.

> 🔵 I am going to hold off on baking the cake until they start arriving.
> 손님들이 도착하기 시작할 때까지는 케이크 굽는 걸 미뤄야겠다.

2 (물리적으로) ~을 막다, 저지하다; ~이 다가오거나 전진하는 것을 막다

> 🔵 I wanted to save that rice cake for my husband, but I couldn't hold my son off.
> 남편 줄 떡을 남겨 두려고 했지만, 아들을 말릴 수가 없었어요.

e.g. It's essential to have a guide in that country. You need someone to hold off all the aggressive street vendors.
(해외여행을 가는 친구에게 하는 말)
그 나라에서는 가이드를 대동하는 것이 필수야. (호객 행위를 하는) 몹시 적극적인 노점상들이 너무 많아서 (그들의) 접근을 막을 누군가가 필요하거든.

SMALL TALK

1 신형 애플 스마트 워치에 대한 친구 사이의 대화

Ⓐ Finally, Apple's new smartwatch goes on sale this weekend. I am definitely not gonna miss out on this.

Ⓑ Sounds like you are thrilled, but is it really such a big deal? I am not really sure if the new model will be all that different from the previous one. I think I'll hold off (on buying the new model) until I can see some reviews online.

Ⓐ 드디어 애플 신형 스마트 워치가 이번 주말에 판매되기 시작하는군. 이번엔 절대 놓치지 않을 거야.

Ⓑ 정말 신난 듯한데, 그게 정말 그렇게 대단해? 새 모델이 이전 모델이랑 많이 다를지 잘 모르겠던데. 나는 온라인 후기를 좀 볼 때까지 (새 모델 사는 것을) 미루려고 해.

2 술자리에서 나누는 친구 사이의 대화

Ⓐ Wow, I'm starting to feel a bit tipsy. Catching up over drinks is great, but I'm more of a social drinker. This pace is more than I can really handle.

B Really? I thought you were better at holding your liquor*. Maybe you should hold off on the drinks for a bit. It's more about bonding, anyway. No fun if you're not able to think straight.

*hold one's liquor: 술에 강하다

A 아우, 나는 조금 취기가 오르기 시작한다. 술 한잔하면서 이야기하는 건 너무 좋지만, 나는 (술 자체보다는) 분위기를 즐기는 타입이야. 이 정도로 빨리 마시는 건 감당하기 어려워.

B 정말? 난 네가 나보다 술을 더 잘 마시는 줄 알았어. 너 잠깐 동안 마시지 말아야겠다. 어차피 (술을 먹는 게 목적이 아니라) 서로 친해지자고 마시는 건데. 네가 정신이 혼미하면 무슨 재미야.

3 아빠의 귀가를 기다리는 아들과 엄마의 대화

A Mom, I want to eat my birthday cake, but I'm holding off until Dad gets home. When is he going to get here?

B It's so sweet of you to put your dad first! Please don't worry about it, though. I'm sure he won't mind if you eat without him.

A 엄마, 생일 케이크 먹고 싶지만, 아빠가 집에 오실 때까지 참을래요. 아빠 언제 오시나요?

B 아빠부터 생각하고 우리 아들 참 착하네! 근데 걱정 마. 아빠 안 계실 때 먹어도 아빠는 개의치 않으실 거니까.

CASES IN POINT

1 피아노 연습을 놓고 엄마와 타협한 중학생의 이야기

I love playing piano, but my mom is always pushing me to practice more. Last Friday, my mom wanted me to skip my friend Steve's birthday party to get in more practice time. I knew I had to find a way to hold Mom off*, so I promised to practice extra on Sunday. She agreed, and I could take Friday off. It was a good compromise — I got to have fun and still keep my mom happy.

나는 피아노 연주가 즐겁다. 하지만 엄마는 늘 나에게 더 연습하라고 강요한다. 지난주 금요일에 엄마는 내가 연습 시간을 더 가지게 하려고 Steve의 생일 파티에 빠졌으면 했다. 그래서 엄마를 설득할 방법을 찾아야만 했다. 그래서 일요일에 연습을 좀 더 하겠다고 약속했다. 엄마도 동의했고, 금요일에 피아노 연습을 쉴 수 있었다. 좋은 절충안이었다. 나는 나대로 즐기면서 엄마도 기쁘게 해 드릴 수 있었다.

*이때의 hold Mom off는 나를 몰아붙이려는 엄마를 저지하여 그렇게 하지 못하게 한다는 뉘앙스입니다.

2 대형 마트 유료 회원에 가입한 이유

I recently signed up for a Costco membership. The reason I held off on joining was that I didn't see the point of paying an annual membership fee when I could just shop at other grocery stores. Besides, Costco only takes Hyundai cards and cash, which is really inconvenient. I guess they have a certain business partnership with Hyundai Card or something. Because of that, every time you go, you can see shoppers waiting in line at ATMs near the front door to withdraw the money they need.

나는 얼마 전에 코스트코 회원에 가입했다. 그동안 가입을 미뤄 온 이유는 다른 마트에서 쇼핑을 하면 되는데 굳이 연회비를 내야 할 이유를 몰랐기 때문이었다. 게다가 코스트코는 현대카드와 현금만 받는데, 정말 불편하다.

아마도 현대카드와 사업적인 제휴 같은 걸 맺었나 보다. 이런 이유로 코스트
코에 갈 때마다 쇼핑객들이 현금을 인출하기 위해 정문 근처에 있는 인출기
에 줄을 서 있는 걸 보게 된다.

DAY 47

hold up ①

hold up은 동사 hold(들고 있다)와 부사 up(위로, 아래로 내려가지 않게)이 만나 '아래로 내려가지 않게 들고 있다'라는 의미가 된 구동사입니다. 선생님의 호명을 기다리며 손을 들고 있었던 학생의 상황을 다음과 같이 표현할 수 있습니다.

> I was holding my hand up, but the teacher didn't call on me.
> 계속 손을 들고 있었지만 선생님은 나를 호명하지 않았다.

결제를 위해 휴대폰을 카드 단말기에 갖다 대는 것 역시 hold up을 써서 다음과 같이 표현합니다. 주머니에 있던 휴대폰을 꺼내 들어서 조금 위쪽에 위치한 단말기에 갖다 대는 이미지를 연상하면서 다음 예문을 확인해 보세요.

> Hold your phone up to the card reader.
> 전화기를 단말기에 갖다 대세요.

주어가 사람이 아니라 사물이나 상황일 때는 '~이 아래로 내려가지[떨어지지] 않게 지탱하다'라는 의미가 됩니다. 사람이 무언가를 아래로 내려가지 않게 들고 있듯이, 사물이나 상황이 무언가를 떨어지지 않도록 떠받치는 이미지를 연상하시면 됩니다.

How does that little table hold up such a heavy piece of glass?
The design is amazing.

(큰 유리판이 올려져 있는 테이블을 가리키며)
어떻게 저렇게 작은 테이블이 이렇게 무거운 유리를 지탱하는 걸까? 디자인이 정말
놀랍군.

hold up은 '~을 지연[지체]시키다'라는 의미로도 매우 자주 쓰입니다.

The train was supposed to arrive five minutes ago. I wonder
what's holding it up.

기차가 5분 전에 도착했어야 하는데. 왜 지연이 되는지 모르겠네.

이때의 **hold up**은 명사형인 **hold-up**(지체)으로도 자주 쓰입니다. 다음 대화문을
보세요.

A: Hey, where are you? You went to get coffee 30 minutes ago.
What's the hold-up?

B: I know. There was construction going on and I had to park
six blocks away.

A: 어디야? 커피 사러 30분 전에 갔잖아. 왜 이렇게 늦어?

B: 그러게 말이야. 공사를 하고 있어서 (카페에서) 여섯 블록 떨어진 곳에 주차를
해야만 했어.

☑️ hold up ① 요약

1 (주어가 사람일 때) 아래로 내려가지 않게 ~을 들고 있다; ~을 들어서 (어디에) 갖다 대다

> **e.g.** A: These silly phones never work. Why can't I just use cash?
>
> B: Mom, you need to hold your phone up closer to the card reader.
>
> A: 이 바보 같은 휴대폰은 맨날 안 돼. 왜 그냥 현금을 쓸 수 없는 거야?
>
> B: 엄마, 휴대폰을 들고 단말기에 가까이 대야 해요.

> **e.g.** Campaign season is in full swing. I saw campaigners holding up signs in the subway station and at pretty much every intersection.
>
> 본격적인 선거철이다. 선거 운동원들이 지하철역과 거의 모든 교차로에서 (선거 관련) 표지판을 들고 있었다.

2 (주어가 사물/상황일 때) ~이 아래로 내려가지[떨어지지] 않게 지탱하다

> **e.g.** A: I'm really struggling to find a comfortable position when I use my laptop for video calls.
>
> B: You should consider getting a good computer stand. Mine holds my laptop up at eye level. It's helped my posture and made my setup look more professional.
>
> A: 화상회의 시 노트북을 쓸 때면 편안한 자세를 찾는 게 쉽지가 않아.
>
> B: 좋은 컴퓨터 거치대를 하나 마련하는 걸 생각해 봐. 내 거치대는 눈높이에 맞게 노트북을 유지해 주거든. 자세에도 도움이 되고 좀 더 전문적으로 보이더라고.

3 ~을 지연[지체]시키다; ~을 막아 앞으로 가지 못하게 하다

> **e.g.** There is an accident holding up traffic at the intersection.
> 교차로에 사고가 나서 차가 막히고 있어.

> **e.g.** I was held up in traffic.
> 차가 막혀서 옴짝달싹을 못 했어.

> **e.g.** Let's not get held up on small details.
> 지엽적인 세부 내용에 얽매이지 맙시다.

SMALL TALK

1 크리스마스 화환을 걸 장소에 대한 부부의 대화

Ⓐ I wonder where a good place would be to hang this Christmas wreath*. Maybe here, by the window?

Ⓑ Well, let's see. I'll hold it up. Try taking a few steps back and tell me how it looks.

*Christmas wreath: 크리스마스 화환

Ⓐ 이 크리스마스 화환을 어디다 걸면 좋으려나. 여기 창문 옆은 어때?

Ⓑ 음, 한번 보자. 내가 들고 있어 볼게. 뒤로 몇 걸음 가서 어떤지 말해 줘.

2 캠핑장에서 텐트를 치는 부부의 대화

Ⓐ I can't find the tent pole, but this stick should hold the tent up for the night.

Ⓑ That stick looks too weak. I think you left it in the truck. I'll go look again.

ⓐ 텐트 폴을 찾을 수가 없네. 그런데 이 막대면 오늘 밤 동안 텐트가 잘 버틸 수 있을 거야.

ⓑ 그 막대는 너무 약해 보여. 텐트 폴을 트렁크에 두고 온 거 같아. 다시 가서 한번 보고 올게.

3 헬스 트레이너와 회원의 대화

ⓐ So, I need to eat every 2-3 hours, but I can't eat carbohydrates before protein, and I should eat no more than 100 calories worth of fat... this diet is getting confusing.

ⓑ I don't want you to get held up on small details right now. Just try to eat more protein and walk more.

ⓐ 그러니까 (트레이너님 말은) 2-3시간에 한 번씩 먹되 단백질을 섭취하기 전에는 탄수화물을 먹으면 안 되고, 지방은 100칼로리 이상 섭취하면 안 된다는 말이군요… 이번 다이어트는 너무 복잡하네요.

ⓑ 지금은 너무 세부적인 것에 얽매이지 마세요. 그냥 단백질 섭취량을 늘리고 더 많이 걷도록 하세요.

CASES IN POINT

시위 때문에 차가 막혀 난감했던 경험담

The protest downtown held up traffic most of the evening. I knew I shouldn't have taken the bus home on a Friday night. I just wanted a seat by the window where I could relax after a grueling* week at work. One bus, no underground subway transfers. The bus didn't move for thirty minutes, though, because the biggest protest of the year was tonight... just my luck*. I was held up on the bus for two hours. What a way to end the week!

*grueling: 녹초로 만드는, 너무 힘든
*just my luck: 나는 참 운이 없다; 내가 그렇지 뭐

시내에서 시위가 있어 저녁 내내 차가 막혔다. 금요일 밤에는 집에 갈 때 버스를 타면 안 된다는 걸 알고는 있었다. 하지만 너무 힘든 한 주를 보냈던 터라 창가 쪽 자리에 앉아서 좀 쉬고 싶었다. 지하철로 갈아타지 않고 버스로 한 번에 가려고 말이다. 하지만 버스는 30분이나 움직이지 않았다. 올 들어 최대 규모의 시위가 오늘 밤에 있었기 때문에… 난 참 운도 없다. 2시간 동안 버스에서 옴짝달싹하지 못했다. 이렇게 한 주를 마무리하다니!

hold up ②

DAY 47에서는 타동사로 쓰이는 **hold up**의 용법을 소개했습니다. 이번에는 자동사로 쓰이는 **hold up**에 대해 살펴보려고 합니다. **hold up**이 자동사로 쓰이면 '어려운 상황[악조건] 속에서도 좋은 상태를 유지하다, 견디다, 버티다'라는 의미가 됩니다. 수많은 상황에서 이 같은 의미로 사용되며, 신체적·정신적으로 힘든 상황에 처한 사람에게 안부를 묻는 표현으로 자주 쓰입니다.

> I know your mother is sick. How is she holding up?
>
> 어머니께서 편찮으신 거 알고 있어요. 잘 견디고 계시나요?

이처럼 사람이 주어인 경우가 가장 많지만, 사물이 주어로 오는 경우 역시 빈번합니다. 다음 예문은 **hold up**의 주어로 사물 명사가 와서 '물리적으로 잘 견디다, 버티다'라는 의미로 쓰인 경우로, 미드 〈영거Younger〉에서 발췌한 대사입니다.

> Hello? Diana, it's Dr. Sarkisian. I'm just checking in on you. How is that temp* holding up?
>
> *temp: 임시 치아
>
> (치과 의사가 치료를 받은 환자에게 전화로 하는 말)
> 안녕하세요, Diana. Sarkisian 박사입니다. 안부 확인차 연락드렸습니다. 임시 치아는 안 떨어지고 잘 붙어 있나요?

다음은 동화 《윔피 키드*Diary of a Wimpy Kid*》에서 발췌한 문장입니다. 빗자루를 벤치프레스 대신 쓰는 장면에서 주인공인 Greg이 형인 Rowley에게 먼저 써보게 하는 상황입니다.

> I made Rowley use the bench press first, because I wanted to see if the broomstick was going to hold up.
>
> 형인 Rowley에게 먼저 벤치프레스를 써 보게 했다. 빗자루가 (안 부러지고) 잘 견디는지 보고 싶어서였다.

hold up은 비유적인 의미로도 쓰이는데요, 다음과 같이 기사문 등에서 '판매량 등이 떨어지지 않고 버티다'라는 의미로 쓰이는 것을 자주 볼 수 있습니다.

> Even though we haven't introduced any new products recently, sales have surprisingly held up.
>
> 최근에 신규 제품을 출시하지 않았음에도 매출이 의외로 줄지 않고 잘 버티고 있다.

☑ hold up ② 요약

1 (사람이) 신체적·정신적으로 힘든 상황에서 잘 견디다, 버티다

🔊 My brother hasn't been holding up very well after the divorce. I'm worried; I don't think he's left the house in over a week.

내 남동생이 이혼한 후에 잘 지내지 못하고 있다. 걱정된다. 일주일 넘게 집에만 있는 것 같다.

2 (사물이) 어려운 상황[악조건] 속에서도 좋은 상태를 유지하다, 견디다, 버티다

e.g. How has your business been holding up since, you know, the product recall?

제품 리콜 이후에 사업이 좀 어떤가요?(= 잘 버티고 있나요?)

e.g. This bridge has held up under the weight of the heavy traffic.

이 교각은 많은 교통량의 무게에도 잘 견뎌 왔다.

SMALL TALK

1 최근에 대장 내시경 검사를 받은 친구와의 대화

Ⓐ I just wanted to check on how you are holding up. This was your first colonoscopy, after all.

Ⓑ I'm feeling fine. It was no big deal, actually. I just hope I never have to face the doctors and nurses who did it in public. The shame would be too much to bear*.

*bear: 감당하다, 견디다

Ⓐ 잘 버티고 있는지 궁금해서 연락했어. 이번이 첫 대장 내시경 검사였잖아.

Ⓑ 괜찮아. 사실 생각보다는 별것 아니더라고. 다만 검사를 담당한 의사분과 간호사분들을 길거리에서 안 마주쳤으면 해. 너무 창피할 것 같거든.

2 전자 제품 수리 기사와 고객의 대화

Ⓐ Now do you think our refrigerator will hold up for a while longer?

Ⓑ Absolutely. It should be good to go* for quite some time now.

*good to go: (수리를 하여) 사용하는 데 아무런 문제가 없는 상태인

Ⓐ 이제 저희 집 냉장고가 한동안은 고장 안 나고 잘 쓸 수 있을 거라는 말씀이죠?

Ⓑ 맞습니다. 한동안은 아무 문제 없이 쓰실 수 있을 겁니다.

3 같은 동네에서 자영업을 하는 사람들의 대화

Ⓐ How is your business holding up in this current economic downturn? My margins are getting squeezed more and more every month.

Ⓑ You're telling me.* I can barely stay afloat*. I can't afford to pay my part-timer, so I'm opening and closing up every day myself. It's not just the slumping economy, though. There are simply too many cafés in this neighborhood.

*You're telling me.: (적극적인 동의의 표현) 누가 아니래, 정말 그래.
*stay afloat: 빚지지 않고 살다

Ⓐ 경기가 안 좋은데 장사는 잘 되고 있는 거예요? 저희 가게 마진은 매달 줄고 있어요.

Ⓑ 누가 아니래요. 겨우 버티고 있어요. 아르바이트생 급여도 주기 힘든 상황이라, 제가 직접 매일 가게 문을 열고 닫고 그럽니다. 그런데 경기 탓만은 아니에요. 이 동네에 카페가 너무 많아요.

CASES IN POINT

대회 출전을 포기한 테니스 선수의 이야기

I've decided not to play in the US Open this year. I am afraid my knee wouldn't hold up. You know, I've had several surgeries on my knee. As you probably noticed, I wasn't my usual self out on the grass courts. Even if I went ahead and entered the upcoming* tournament, I wouldn't be able to play at my best* with the injured knee. Instead, I've chosen to focus on my recovery to make sure that I come back stronger for the next season. It's a tough decision, but I believe it's the right one for my health and career.

*upcoming: 곧 다가올, 조만간 있을
*at one's best: 최상의 상태인, 최선의 모습을 보여 주는

올해는 US 오픈에 출전하지 않기로 했습니다. (출전을 강행할 경우) 제 무릎이 버티지 못할 것 같습니다. 아시다시피 제가 무릎 수술을 몇 차례 받았습니다. 눈치 채셨겠지만, 제가 코트에서 평상시의 모습이 아니었습니다. 이번 대회에 출전을 강행하더라도 성치 않은 무릎으로는 최선의 모습을 보여 드릴 수 없을 겁니다. 출전 대신에 회복에 집중하기로 했습니다. 그래서 다음 시즌에 더 강한 모습으로 돌아오겠습니다. 힘든 결정이었지만 저의 건강과 커리어를 위해서는 옳은 결정이었다고 생각합니다.

keep up (with)

keep up은 '앞서가고 있는 무엇의 속도를 뒤처지지 않고 따라가다'라는 의미의 구동사입니다. 너무 빨리 걷는 친구에게 다음과 같이 말할 수 있습니다.

> You walk too fast. I can't keep up.
>
> 넌 너무 빨리 걸어. 따라갈 수가 없어.

이렇듯 물리적인 속도를 뒤처지지 않고 쫓아간다는 의미의 **keep up**은 다음의 상황에서도 쓸 수 있습니다.

> A: Hey, Sally. Are you feeling okay today?
>
> B: I've been feeling a cold coming on since this morning. I'm having a hard time keeping up.
>
> (오늘따라 업무처리 속도가 느린 팀원과의 대화)
>
> A: Sally. 오늘 컨디션 괜찮은 거예요?
>
> B: 아침부터 감기 기운이 있어요. 그래서 업무를 제때 처리하는 게 어렵네요.

앞서가는 사람의 발걸음에 보조를 맞추듯 예정된 업무 진도를 따라가는 것 역시 **keep up**으로 표현할 수 있습니다.

물리적인 속도를 뒤처지지 않고 쫓아가듯이 어떠한 행위 등을 '중단하지 않고 계속

하다, 이어가다'라는 의미로도 사용됩니다.

다음은 쉬지 않고 근력 운동을 꾸준히 해온 남성분의 말입니다.

I've kept up with weightlifting. I feel like I'm maintaining muscle mass.
그동안 근력 운동을 꾸준히 했습니다. 근육량이 유지되고 있는 기분입니다.

이러한 **keep up**은 한편 완전히 비유적인 의미를 띠기도 합니다. 이때는 '최신 트렌드를 따라가다, 어떠한 소식을 뒤처지지 않고 접하다, 지인과 연락하고 지내다' 등의 의미로 사용된답니다. 관련 대화문을 하나 보겠습니다.

A: Is that a smart ring? You're the first person I know who's actually gotten one.
B: Yeah! I'm not normally the kind of person who keeps up with tech trends, but I wanted to get a smart ring because smart watches always looked so bulky and annoying.
A: 그거 스마트 링이야? 스마트 링 가지고 있는 사람은 처음 본다.
B: 응! 내가 IT 트렌드에 민감한 편은 아닌데, 스마트 링은 하나 갖고 싶더라고. 스마트 워치는 너무 크고 성가셔서.

☑ keep up (with) 요약

1 (물리적인 속도나 일의 진도 등을) 뒤처지지 않고 따라가다

🔊 I could barely keep up with my husband on the hiking trail.
등산로에서 (너무 빠른) 남편의 속도에 겨우 보조를 맞췄어요.

2 (중단하지 않고) ~을 계속하다

e.g. I took Japanese for three years in high school, but
I haven't kept up with it since graduating. I need to
work on it again if I want to claim that I'm fluent on job
applications.

고등학교 때 3년간 일본어 수업을 들었지만 졸업 후에는 (일본어)
공부를 하지 못했다. 그래서 이력서에 '일본어 유창'이라고 적으려면
다시 연습해야 한다.

**3 (최신 트렌드를) 따라가다, (정보나 소식을) 뒤처지지 않고 접하다,
~와 연락하고 지내다**

e.g. I just can't keep up with all these new apps coming
out.

요즘은 신규 앱이 너무 많이 출시되어서 따라갈 수가 없다.

e.g. A: Hey, sorry I haven't been keeping up with you
these days. Life has been crazy.
B: It's okay; don't worry! I've had my own stuff going
on, too.

A: 요즘 통 연락을 못해서 미안해. 너무 정신이 없었어.
B: 괜찮아, 걱정 마! 나도 나름 정신이 없었어.

SMALL TALK

1 영국 사람을 만난 친구와의 대화

Ⓐ Last week, I met someone from England at Mangwon Market!
It was fascinating, but he spoke so fast it was hard to keep up
with him.

🅑 That's so cool! It must have been hard with the accent, too. My friend's husband is from England and I always have a hard time keeping up.

🅐 지난주, 망원 시장에서 영국 사람을 만났어! 너무 멋진 경험이었는데, 말이 너무 빨라서 못 따라가겠더라고.

🅑 멋지다! 악센트 때문에도 힘들었겠네. 내 친구 남편도 영국 출신인데 말을 따라가기 힘들더라고.

2 파리 여행을 계획 중인 친구와의 대화

🅐 You're planning a trip to Paris in a few months, right? Are you going to study French before you go?

🅑 Well, I actually studied French in college. But I didn't keep up with it, so I'm pretty rusty. I'll have to brush up on it, and then I should be fine.

🅐 몇 달 뒤에 파리 여행 계획하고 있는 거지? 가기 전에 프랑스어 공부할 거야?

🅑 음, 실은 대학교 때 프랑스어를 했어. 그런데 그 뒤로는 못 해서 지금은 프랑스어 실력이 녹슬었어. 복습을 좀 하면 문제없겠지 뭐.

3 연봉과 물가에 대한 친구 사이의 대화

🅐 I just got a raise, but money is still tight.

🅑 I hear you. Annual raises can't seem to keep up with inflation.

🅐 최근에 연봉이 인상됐어. 그런데도 여전히 빠듯하네.

🅑 누가 아니래. 연봉 인상률이 물가 인상률을 못 따라가는 듯해.

패션에 관심이 많은 어느 직장인이 쓴 글

I've always been a big fan of fashion. And these days, with social media, it's easy to keep up with new styles and trends. But you know, what started out as* fun has turned into a big waste of time. When I look at new styles or watches, I always picture them on myself. I imagine what they would look like on me, and whether I could pull them off or not. Just thinking about it takes up so much time. It's such a distraction at work! I have to find a way to get my work done on time, while still keeping up with what I love.

*start out as: 처음에는 ~로서 시작하다

나는 늘 패션에 관심이 무척 많았다. 요즘은 SNS 덕분에 새로운 스타일과 트렌드를 따라가는 게 어렵지 않다. 하지만 재미로 시작한 것이 시간을 너무 많이 빼앗는 취미가 되었다. 새로운 스타일의 패션이나 시계를 보면 이를 착용한 나를 상상해 본다. 내가 착용하면 어떤 모습일까, 내가 소화를 할 수 있을까를 상상한다. 이런 생각을 하는 것만으로도 시간을 너무 많이 소비한다. 일할 때는 정말 집중을 방해하는 요소다! 내가 좋아하는 것을 놓치지 않으면서도 제때 업무를 처리할 방법을 찾아야 한다.

leave out

여러분은 leave out과 take out의 차이를 아시나요? leave out은 '무언가를 처음부터 넣지 않는 것'을 뜻하는 데 반해, take out은 '이미 들어가 있는 것을 빼는 것'입니다. 어떤 음식을 맛본 다음 '설탕을 안 넣었으면 맛이 더 좋을 텐데'라고 아쉬움을 표현하려면 다음과 같이 말할 수 있습니다.

> This would taste better if you left out the sugar.
>
> 처음부터 설탕을 안 넣었으면 더 맛날 텐데요.

아몬드 알레르기가 있는 사람이라면 다음과 같이 말할 수 있습니다.

> I am allergic to almonds. Can you leave them out?
>
> 아몬드 알레르기가 있어서요. 아몬드는 (음식에) 넣지 말아 주시겠어요?

이 외에도 leave out은 말을 할 때 '어떤 부분을 빼고 이야기하다', '빠뜨리다'라는 뜻으로 쓰입니다.

> Whenever someone asks me how I met my boyfriend, I just say we were introduced by a mutual friend. I leave out the part where we met dancing at a club. That's not the kind of thing I want people to remember.

남자 친구를 어떻게 만났냐고 물으면 그냥 서로가 아는 친구가 소개해 줬다고 말해요. 클럽에서 춤추다가 만났다는 건 이야기 안 합니다. 사람들이 저희를 그렇게 기억하는 건 싫거든요.

마지막으로 '소외되다, 따돌림을 당한 기분이 들다'라고 할 때는 **feel left out**으로 표현합니다.

I felt left out at the party.
파티에서 따돌림을 당한 기분이 들더라고.

 leave out 요약

1 (처음부터) ~을 넣지 않다

🗣 I'd like the tomato pasta, but could you leave out the chili peppers, please?
토마토 파스타 주세요. 그런데 고추는 빼 주실 수 있을까요?

2 ~을 빼고 말하다

🗣 When I asked Minsu about why he broke up with his girlfriend, he said all kinds of things about her annoying habits. Of course, he left out the part about him cheating.
민수에게 여자 친구와 헤어진 이유를 물었더니 여자 친구의 습관이 거슬린다는 등 주저리주저리 늘어놓았다. 당연히 자신이 바람을 피운 부분은 말하지 않았다.

3 소외감을 느끼다

e.g. I'm feeling left out by my co-workers. I wish they'd invite me out drinking at least once.
동료들에게 왕따를 당하고 있는 기분이다. 한 번이라도 술 자리에 나를 불러 주면 좋으련만.

SMALL TALK

1 식당에서 손님과 종업원의 대화

Ⓐ I'm leaning towards the beef curry, but could you leave out the green peppers? I can't really handle lots of spice.

Ⓑ Of course. I'll have the chef prepare it without the peppers. Any other changes, like extra vegetables or cheese?

Ⓐ 비프카레가 좀 더 당기는군요. 혹시 청고추는 넣지 말아 주실 수 있을까요? 너무 매운 건 힘들어서요.

Ⓑ 물론입니다. 주방장님에게 청고추를 빼고 준비해 달라고 할게요. 채소를 추가하거나 치즈를 넣는 것 같은 다른 변경 사항 있을까요?

2 여행을 다녀온 친구와의 대화

Ⓐ Tell me all about your trip to Brisbane. Don't leave out any details!

Ⓑ The weather was great, but I wish I'd known everything closes early. One night, we ended up buying beers from a convenience store because all the bars were closed.

Ⓐ 브리즈번 여행 갔다 온 것 다 이야기해 줘. 하나도 빠짐없이!

B 날씨가 너무 좋더라. 그런데 가게가 전부 일찍 닫는 걸 알았더라면 좋았을 텐데. 어느 밤에는 술집이 전부 닫아서 편의점에서 맥주를 샀지 뭐야.

3 미국인 영어 강사와 한국인 영어 강사의 대화

A You know, in English, we usually shouldn't leave out the subject.

B I am well aware of that as an English teacher myself, but that's not the case in Korean. I would say that's a difference that makes learning English tricky for most Korean learners.

A 아시다시피 영어에서는 대부분의 경우 주어를 생략하지 않잖아요.

B 저도 영어 교사로서 그 점 잘 알고 있어요. 하지만 한국어는 그렇지 않거든요. 바로 이런 차이점 때문에 한국 학습자들이 영어를 배우기가 쉽지 않은 것 같아요.

CASES IN POINT

복지관에서 요가 수업을 듣는 미국 여성의 이야기

I started a yoga class at Namyeong-dong Community Center last month. Since I moved to this neighborhood just three months ago and didn't have any close friends, I hoped yoga would help me ease my back pain and meet new people. However, it hasn't gone as planned. Although I chat with some housewives in my class, they go out for lunch without inviting me. I don't want to invite myself and make things awkward, but I feel really left out when this happens.

지난달에 남영동 복지관에서 요가 수업을 듣기 시작했다. 석 달 전 이 동네로 이사와서 친한 친구를 만들지 못했기 때문에 요가를 하면 허리 통증도 좋아지고 새로운 사람도 만날 수 있기를 바랐다. 하지만 계획대로는 되지 않았다. 수업 시간에 몇몇 주부들과 대화를 하긴 하지만, 이들은 같이 점심 먹으러 나갈 때 나를 초대하지 않는다. (부르지도 않았는데) 가서 분위기를 어색하게 하고 싶지는 않지만, 이럴 때면 정말 소외감이 든다.

let go (of)

let go (of)는 '꽉 쥐고[붙들고] 있던 것을 놓다, 놓아 주다'라는 의미의 구동사입니다. '의도해서' 놓아 주거나 '실수로' 놓아 버리는 상황 모두 let go (of)를 쓸 수 있다는 점은 흥미로운 부분입니다. 다음 예문은 '실수로, 부주의해서 ~을 손에서 놓아 버리다'라는 용례의 let go (of)입니다.

> My daughter accidentally let go of the balloon and cried as it floated away into the sky.
>
> 딸아이가 실수로 풍선을 손에서 놓아 버렸고 풍선이 둥둥 떠서 하늘로 날아가자 울었어요.

'가지고 있던 물건을 정리하다, 버리다'라고 할 때는 물론이고 '과거(의 일), 미련 등을 훌훌 털다, 잊어버리다, 연연하지 않다'라고 할 때도 let go (of)를 쓰며, '기존에 자신이 가지고 있던 생각이나 태도 등을 버리다'라고 할 때 역시 let go (of)를 쓰면 자연스러운 원어민식 표현이 완성됩니다.

> If you want to be happy in your current relationship, you need to let go of what happened with your exes*.
>
> *ex(es): 전 연인(들)
>
> 지금 만나고 있는 사람과 행복하려면 전 연인과 있었던 일을 완전히 잊어야 합니다.

마지막으로 '직원 등을 정리하다, 내보내다'라는 의미도 있습니다. 다음은 어느 영어 학원에서 근무하는 원어민 교사들이 나누는 대화의 일부입니다.

Since there are fewer and fewer students, I'm afraid some of us will have to be let go.
학생 수가 점점 줄어드니 우리 중 일부는 아무래도 나가야 할 것 같아.

참고로, **let go of**는 반드시 of 뒤에 목적어가 와야 하지만, **let go**는 'let + 목적어 + go' 형태로 쓸 수 있다는 점을 기억하세요.

☑ let go (of) 요약

1 (꽉 쥐고[붙들고] 있던 것을) 놓다, 놓아 주다

 I failed my driving exam after letting go of the wheel for a moment.
잠깐 운전대에서 손을 놓아서 운전면허 시험에서 떨어졌다.

2 (물건을) 정리하다, 버리다; (과거(의 일), 미련 등을) 훌훌 털다, 잊어버리다, 연연하지 않다

e.g. I finally decided to let go of the old books I'd been hoarding for years and donated them to the library.
나는 결국 수년간 버리지 않고 있던 오래된 책을 정리하기로 하고 책들을 도서관에 기부했다.

e.g. I try to let go of hard feelings toward others as soon as possible. It's not easy, but I feel better once I let things go.
다른 사람에 대한 안 좋은 감정은 최대한 빨리 털어 버리려고 한다. 쉽지는 않지만, 털어 버리고 나면 마음이 한결 편해진다.

3 (직원 등을) 내보내다, 해고하다

 A: Seems like the company* is really struggling.

B: Yeah, I'm worried that they might have to **let** some of us **go**.

A: 우리 회사가 정말 많이 힘든가 봐.

B: 응, 우리 중 일부를 내보내야 할까 봐 걱정이야.

*여기서 the company는 화자들이 근무하는 회사를 지칭합니다.

SMALL TALK

1 동굴 관광 중인 친구 사이의 대화

Ⓐ Wow, this cave is a lot darker than I expected. I can barely see my own feet.

Ⓑ Just stay alert*, and while you keep one hand on the guide rope, don't **let go of** the flashlight.

*stay alert: 긴장을 늦추지 않다

Ⓐ 이 동굴이 생각했던 것보다 훨씬 더 어둡네. 내 발도 겨우 보일 정도야.

Ⓑ 긴장을 늦추지 마. 한 손으로 가이드 밧줄을 쥐고 있는 동안 손전등 놓으면 안 돼.

2 헤어진 여자 친구를 잊지 못하는 친구와의 대화

Ⓐ I don't know why, but I just can't seem to forget her.

Ⓑ Man, you need to move on. **Let go of** that relationship. She wasn't good for you, and you can find someone better.

Ⓐ 이유는 모르겠지만, 도저히 그녀를 잊을 수가 없어.

Ⓑ 이봐, 잊어야 해. 전 여자 친구와의 관계는 그만 잊어. 너랑 안 맞는 사람이었고, 더 좋은 사람 만날 수 있어.

3 해고 통보를 하는 상황에서 사장과 직원의 대화

Ⓐ Jeff, I am sorry to tell you this, but times are tough, so we're going to have to let you go.

Ⓑ What? This is so out-of-the-blue*. I could use a better explanation. Why am I being let go?

out-of-the-blue: 갑작스러운, 예상치 못한

Ⓐ Jeff, 미안한 이야기지만, (회사) 상황이 매우 어렵습니다. 그래서 더 이상 함께 할 수 없을 것 같습니다.

Ⓑ 뭐라고요? 너무 갑작스럽네요. 좀 더 자세히 설명해 주세요. 제가 왜 나가야 하죠?

CASES IN POINT

결혼 8년차에 아이를 가지게 된 여성의 이야기

This has been a year of big decisions for me and my husband. We decided to have a baby. At first, we thought it would take a while because most of our friends had trouble getting pregnant. Surprisingly, though, it happened for us right away. It's been quite the journey so far. I'm six months pregnant, and I've been thinking about how our life is about to change. We're going to have to let go of a lot of our freedom and independence — like, we can't spontaneously* go backpacking or drinking anymore. Overall, I'm very excited to see what the future brings.

spontaneously: 즉흥적으로

올해는 나와 남편에게 있어서 중요한 결정을 하는 해였다. 아이를 가지기로 한 것이었다. 처음에는 (임신하려면) 시간이 좀 걸릴 거라고 생각했다. 친구들 대부분이 임신에 어려움을 겪었기 때문이다. 그런데 우리는 바로 임신에 성공해서 놀

랬다. (임신 후) 지금까지는 쉽지 않은 여정이었다. 현재 임신 6개월 째인데 (앞으로) 우리 삶이 어떻게 바뀔지 생각하고 있다. 우리는 자유와 독립을 상당 부분 포기해야 할 것이다. 예를 들어, 이제 더는 갑작스레 배낭 여행을 가거나 술을 마실 수 없다. (그래도) 전반적으로, 미래가 어떻게 펼쳐질지 너무 흥분된다.

look at

주로 '~을 보다, ~ 쪽으로 보다, 쳐다보다'라는 의미로 알고 있는 구동사인 look at은 consider(~을 고려하다)와 비슷한 의미로 사용될 때가 많습니다. 다만, consider와 비교해 좀 더 일상적인 상황에서 사용됩니다. 이때의 look at의 정확한 뉘앙스를 설명하면, 최종 결정을 하기 전에 '~을 하는 것을 조심스럽게 고민하다, 고려하다'입니다. '~을 쳐다보다'라는 의미가 확장되어 '~한 행위를 고려하다'라는 뜻이 된 것이죠. 주로 **look at -ing** 형태로 사용되며 다음과 같은 다양한 상황에서 쓸 수 있습니다.

영화 〈세컨드 액트Second Act〉를 보면 주인공 제니퍼 로페즈가 일하는 회사 사장의 딸이 로페즈에게 다음과 같이 말합니다.

> Can I talk to you for a second? We are looking at taking on a new Chinese distributor. Their CEO is in town and wants to meet me for dinner this Thursday.
> 잠깐 이야기 좀 할까요? 우리가 새로운 중국 유통사를 고용하려고 생각 중입니다. 이 회사 CEO가 시내에 있다고 하며 이번 주 목요일 저를 만나 저녁 식사를 하길 원합니다.

이 경우 역시 무언가를 고려하고 있다고 할 때 **look at -ing**로 표현하고 있습니다. 그럼 다른 예문들도 한번 살펴보겠습니다.

- A: I can't seem to get into shape on my own. I've tried everything.
  B: Have you looked at getting a personal trainer in your area? They're worth every penny.

  A: 혼자서는 몸이 안 만들어지네. 해 볼 건 다 해 봤는데.
  B: 동네에서 PT 받는 거 생각해 봤어? 돈 안 아까워.

- A: You should consider joining the photography club; it's a great way to improve your skills.
  B: Thanks. I'll definitely look at doing that.

  A: 사진 동호회에 가입하는 거 생각해 봐. (사진 찍는) 기술을 키우는 데 너무 좋은 방법이거든.
  B: 고마워. 꼭 고려해 볼게.

- Maybe we should look at buying a new car.
  우리 새 차 사는 거 고려해 봐야 할 것 같아.

☑ look at 요약

~을 하는 것을 조심스럽게 고민하다, 고려하다

🔵 You should look at getting another job. I know you could make more money with your experience.
다른 직장을 구하는 걸 생각해 보렴. 네 경력이면 더 많이 벌 수 있을 거야.

🔵 A: My son's been having trouble at his math academy. It seems like his classmates are teasing him.
B: Maybe you should look at changing academies.

A: 제 아들이 수학 학원에서 어려움을 겪고 있어요. 보니까 친구들이 애를 놀리는 것 같아요.

B: 다른 학원으로 바꿔 보는 걸 생각해 보셔야겠네요.

e.g. We **are** not **looking at** withdrawing from Korea.
저희는 한국 시장에서의 철수를 고려하지 않고 있습니다.

SMALL TALK

1 쿠키를 온라인에서 판매하려고 하는 친구와의 대화

Ⓐ I've been looking at selling my cookies online, but I'm not really sure they are good enough.

Ⓑ You don't need to worry about that! As long as you can figure out a way to promote, they're going to be in high demand*. Your cookies are the best I've had in Seoul!

*in high demand: 수요가 많은, 찾는 사람이 많은

Ⓐ 내가 만든 쿠키를 온라인에서 팔아 볼까 생각 중인데, 이 정도면 충분할지 확신이 없네.

Ⓑ 걱정 안 해도 될 듯해! 홍보 방법만 찾으면 인기가 많을 거야. 내가 서울에서 먹어 본 쿠키 중 최고거든!

2 아버지의 수술로 결혼식 연기를 고려하는 상황에서의 대화

Ⓐ The doctor told me it would take at least four months for my dad to fully recover, so I am looking at postponing my wedding for another six months.

Ⓑ I'm so sorry to hear that. Having to push your wedding back can't be easy. But you know, your dad's health is more important. You're doing the right thing.

Ⓐ 의사 선생님 말이 아버지가 완전히 회복하는 데 최소 4개월이 걸린대. 그래서 내 결혼식을 6개월 더 미루는 걸 고민 중이야.

Ⓑ 어떡해. 결혼식 미루는 게 쉬운 건 아닐 텐데. 그래도 아버지 건강이 더 중요하잖아. 잘한 결정이야.

3 자동차를 팔려고 하는 상황에서의 대화

Ⓐ I'm looking at selling my 1993 993 Targa Tiptronic. What do you think would be the best way to sell it? Ebay? Autotrader?

Ⓑ I think pricing it right will be the deciding factor*. There's always a market for these cars at the right price.

*the deciding factor: 결정적인 요인

Ⓐ 93년 식 993 타르가 팁트로닉을 팔까 합니다. 어떻게 판매하는 게 최선일까요? 이베이에서? (아니면) 오토트레이더에서?

Ⓑ 가격을 잘 책정하는 게 가장 중요할 듯하네요. 좋은 가격에만 내놓으면 이런 차에 대한 수요는 늘 있으니까요.

CASES IN POINT

피부과 원장의 회의 중 발언

We seem to be the only skin clinic in Gangnam that isn't making money. I know we could use a better marketing strategy, and we need to train our staff more. I think we can turn it around ourselves, but if things don't get better soon, then I'm afraid we will have to look at getting some professional consulting. Honestly, I'm hesitant to pay for that kind of overpriced service, though it may be something we need to look at. Does anyone else have any bright ideas?

강남에서 수익을 내지 못하는 피부과는 우리가 유일한 것 같습니다. 지금보다 나은 마케팅 전략이 필요하며, 직원들 교육도 더 시킬 필요가 있습니다. 우리 스스로 상황을 개선시킬 수 있다고 생각하지만, 조만간 나아지지 않으면 전문 컨설팅을 받는 것을 고려해야 할 수도 있습니다. 고려해 봐야 할 수도 있겠지만, 솔직히 그런 비싼 서비스에 돈을 지불하는 것이 망설여집니다. 혹시 다른 좋은 생각 있으신 분 있을까요?

look down on[upon]

look down on[upon]은 '사람·사물·행위를 낮게 보다, 얕보다, 깔보다'라는 의미의 구동사입니다. look down의 기본적인 의미가 '아래로 보다'이니 쉽게 이해가 되실 겁니다. '자기 자신이 상대방보다 낫다, 어떠한 물건이 자신의 가치보다 낮다고 생각하다'라고 할 때 look down on[upon]을 쓴다고 이해하시면 보다 정확할 것입니다. 다음은 look down on의 목적어로 사람 명사가 온 경우입니다.

> Senior consultants often look down on the new recruits for their lack of experience.
>
> 선임 컨설턴트들은 경험이 부족하다는 이유로 신입 컨설턴트를 좀 낮게 보곤 합니다.

사물 명사가 목적어로 와서 다음과 같이 쓰이기도 합니다.

> Growing up in a wealthy neighborhood, I was taught to look down on thrift shopping*.
>
> *thrift shopping: 중고품을 저렴한 가격에 구매하는 것
>
> 저는 부자 동네에서 성장을 하면서 중고품 구매는 별로라고 배웠어요.

행위가 목적어로 오는 경우도 있습니다. 다음 예문을 통해서 확인해 보세요.

There are some people who look down on eating out alone.
밖에서 혼밥 하는 것을 안 좋게 보는 사람들이 있다.

✅ look down on[upon] 요약

(사람·사물·행위를) 낮게 보다, 얕보다, 깔보다

- **e.g.** She looks down on people who haven't gone to college.
  그녀는 대학을 안 나온 사람을 얕잡아 본다.

- **e.g.** My parents look down on fast food and insist on eating only organic.
  저희 부모님은 패스트푸드를 안 좋게 생각하고 꼭 유기농만을 먹어야 한다고 해요.

- **e.g.** My brother still looks down on buying second-hand cars, even though it's pretty common nowadays.
  제 남동생은 여전히 중고차 구매를 안 좋게 생각합니다. 요즘은 중고차 구매가 꽤나 흔한 일인데 말이죠.

SMALL TALK

1 출신 지역 선입견에 대한 미국인과 한국인의 대화

Ⓐ It used to be common for New Yorkers to look down on people from the countryside. It's gotten better, though. We mostly appreciate diversity. Does that prejudice exist in Korea, too?

Ⓑ It's kind of a sensitive topic, but I'd say so, we've had these regional rivalries for thousands of years. It's hard to change such attitudes.

예전에는 뉴욕 사람들이 시골 출신을 얕잡아 보는 일이 흔했습니다. 하지만 이제 많이 나아졌습니다. 전반적으로 다양성을 중요하게 생각하지요. 한국에도 이런 선입견이 존재하나요?

Ⓑ 좀 민감한 주제이긴 한데 수천 년 동안 지역 간의 경쟁 구도가 존재해 왔습니다. 이런 태도를 바꾸기란 어렵죠.

2 응급실 근무 의사들의 대화

Ⓐ It's not just Charles. Lots of, or maybe most, neurosurgeons*
think they're better than other specialties.

Ⓑ You're right, but I can't believe they look down on us in
emergency medicine. They must know how important our
work is.

*neurosurgeon: 신경외과 의사

Ⓐ Charles만 그런 건 아닐 거야. 많은, 아니 대부분 신경외과 의사들이 다른 전공의들보다 자신들이 더 훌륭하다고 생각할 거야.

Ⓑ 맞아. 그런데 응급실에 근무하는 우리의 가치를 낮게 본다는 건 믿기 힘들어. 우리가 하는 일이 정말 중요하다는 걸 알아야 해.

3 중고 장비 구입에 대한 친구 사이의 대화 ◧▮▮▯

Ⓐ You're not going to dive professionally or anything. Don't look
down on buying used gear. You don't need top-of-the-line*
products, like professionals do.

Ⓑ No way. I'd rather buy it all brand new. I don't want stuff other
people are throwing away.

*top-of-the-line: 최고급품의, 무리 중에서 최고의

Ⓐ 직업적으로 잠수를 할 건 아니잖아. 중고 장비 사는 걸 너무 안 좋게 생각하지 마. 전문 잠수사들처럼 최고 사양 제품은 필요 없어.

Ⓑ 안 돼(아니거든). 완전 새것을 살 거야. 다른 사람들이 버리는 걸 사고 싶지는 않아.

20년 경력 택시 기사의 이야기

Having worked as a cab driver for 20 years, I take pride in what I do — getting people from Point A to Point B on time. I feel like this is my calling*. However, it is true that there are some people out there who look down on cab drivers, seeing us as unskilled or stereotypical* boring old guys. It's not like this in Tokyo. When I went there, I was blown away by how they carry themselves*. They dress up in suits and gloves, and they always have nice cars with automatic doors. Tokyo passengers seem to respect the job, and the pay reflects that, too.

*calling: 천직, 소명
*stereotypical: 정형화된 이미지의
*carry oneself: 말, 표정, 외모 단장 등으로 스스로를 표현하다

20년간 택시 기사 일을 하면서 제가 하는 일, 즉 사람들을 제시간에 A 지점에서 B 지점으로 데려다주는 일에 자긍심을 가지고 있습니다. 천직이라는 생각이 듭니다. 하지만 택시 기사를 좀 낮게 보는 분들이 있습니다. 우리를 특별한 기술이 없거나 전형적인 지루한 나이 든 사람들로 봅니다. 그런데 도쿄는 다릅니다. 제가 도쿄에 갔을 때 기사님들의 복장에 상당히 놀랐습니다. 정장을 차려입고 장갑을 낍니다. 자동문이 딸린 멋진 차를 운행합니다. 도쿄 승객들은 택시 기사라는 직업을 존중하는 것 같습니다. 그들의 급여가 이를 말해 줍니다.

look into

look into는 말 그대로 '~의 안을 들여다보다'라는 의미입니다. 가령 '내 눈을 바라봐.'라고 하려면 Look into my eyes.라고 할 수 있습니다. 구멍이나 상자 안을 들여다보는 것은 look into the hole 또는 look into the box라고 표현할 수 있겠죠. 여기서 의미가 확장되어 '심각하게[진지하게] 고려[고민]하다'라는 뜻으로 자주 사용되는데, 'look into + 명사' 또는 look into -ing의 형태를 띕니다. 다음 예문으로 확인해 보겠습니다.

- When I looked into the cup of tea I was drinking, I actually found a coffee bean at the bottom.
  마시고 있던 찻잔 안을 들여다보니 밑바닥에 원두가 있더라고.

- If you think your phone is getting slow, maybe you should look into getting a new one.
  휴대폰 속도가 느려지는 것 같으면 새 휴대폰을 장만하는 것을 진지하게 생각해 보는 게 좋을 듯해.

그렇다면 다음과 같은 의문이 드는 학습자들도 있을 것입니다. look into가 '진지하게 고려하다'라는 뜻이라면 그냥 seriously consider를 쓰면 되지 않을까 하는 것이죠. 네, 어느 정도 일리가 있는 말씀입니다. 하지만 중요한 것은 이와 같은 상황에서 다수의 원어민이 look into를 사용한다는 것입니다. 영어 실력 향상이나 원어민과의 원활한 소통을 원한다면 이런 점을 절대 간과하면 안 되겠죠.

☑ look into 요약

1 ~의 안을 자세히 들여다보다

🔵 I used my flashlight to look into the dark cave on the hiking trail.

손전등을 사용해 등산로에 있는 어두운 동굴 안을 들여다보았다.

🔵 I looked into the microscope to see the detailed patterns of scales on the insect wings.

곤충 날개에 있는 비늘의 자세한 패턴을 보기 위해 현미경 안을 들여다 보았다.

2 (상황이나 문제 등을) 자세히 살펴보다

🔵 A: I'm not sure why Kyle has been feeling so down lately.

B: I'll look into it and give his mom a call.

(교사들 사이의 대화)

A: Kyle이 최근에 의기소침한 이유를 모르겠습니다.

B: 제가 한번 살펴보고 Kyle 엄마에게 전화해 보겠습니다.

3 심각하게[진지하게] 고려[고민]하다

🔵 I'm looking into buying an electric car. I don't want to spend all that money, but I feel guilty about global warming.

제가 전기차를 살까 진지하게 고민하고 있어요. 그렇게 큰돈을 쓰고 싶지는 않지만 지구 온난화에 대한 죄책감이 들어서요.

1 배송 지연에 관한 택배사 직원과 고객의 전화 통화

Ⓐ Hello. I just wanted to let you know the package hasn't been delivered yet. When I placed the order, it said it should arrive sometime this morning.

Ⓑ Sorry for the inconvenience, sir. Do you mind if we look into the matter and contact you before noon today?

Ⓐ 안녕하세요. 다름이 아니라 택배가 아직 도착하지 않았습니다. 주문을 넣을 때는 오늘 아침에 도착할 거라고 했거든요.

Ⓑ 불편을 드려 죄송합니다, 고객님. 문제를 살펴본 후에 오늘 낮 12시 전에 연락드려도 될까요?

2 영어 수업 수강을 고려하는 친구와의 대화

Ⓐ Now that I am working fewer hours, I have been looking into taking night English classes.

Ⓑ Don't bother. There is no point in taking offline classes when you have Jaewoo Kim's online lectures.

Ⓐ 근무 시간도 줄고 해서, 밤에 영어 수업을 들을까 진지하게 고민 중이야.

Ⓑ 굳이 그럴 필요는 없을 듯해. 김재우 선생님 온라인 수업을 들을 수 있는데 굳이 오프라인 수업을 들을 이유가 없잖아.

3 어머니 수술 기간 동안 아이 돌봄에 대한 부부의 대화

Ⓐ Honey, you know my mom is having knee surgery next month. I am not sure who I should ask to take care of Jinwoo in the meantime*.

Ⓑ Maybe we should look into hiring a sitter, then. The only thing is, that's probably gonna cost us a small fortune*.

*in the meantime: 그러는 동안에
*a small fortune: 상당한[꽤 많은] 돈

Ⓐ 여보, 우리 엄마가 다음 달에 무릎 수술을 받으시잖아. 근데 그동안 진우를 누구한테 봐 달라고 해야 할지 모르겠어.

Ⓑ 그럼 아이 돌보미를 고용하는 걸 진지하게 고민해 봐야겠다. 다만, 돈이 좀 많이 들 수는 있을 거야.

CASES IN POINT

반려 동물을 키워 보라는 친구와의 대화

A Hey, do you want to go out tonight?

B I can't... but didn't you go out last night? What's going on with you?

A Honestly, I just hate going home these days. After living alone for so long, it feels so lonely. Walking into an empty house is depressing.

B Hmm, maybe you should look into getting a dog.

A You know what, that's not a bad idea. I'll find out if my apartment building lets us keep dogs. Hopefully they do.

A 오늘 밤에 나가서 놀래?

B 안 돼… 근데 너 어젯밤에도 나가지 않았어? 무슨 일 있어?

A 솔직히 요즘 집에 가기가 너무 싫어. 혼자 너무 오래 살았더니 너무 외롭다. 텅 빈 집에 들어가는 게 너무 우울해.

B 음, 반려견을 키워 보면 어떨까.

A 나름 괜찮은 생각인 듯하네. 우리 아파트에서 강아지 키우는 걸 허용하는지 알아봐야겠다. 그랬으면 좋겠어.

look over vs. look through

김재우의 영어관찰일기

이번에 살펴볼 구동사는 look over와 look through입니다. look over는 '~을 빨리, 대충 훑어보다'라는 의미인데 반해 look through는 '처음부터 끝까지 한 장 한 장 넘기며 (자세히) 보다'라는 뜻입니다. 이러한 의미 차이는 결국 over와 through 라는 부사 때문인데, over는 '~의 표면 위로', through는 '처음부터 끝까지'라는 의 미를 지니고 있습니다.

다음은 결혼식에서 음악을 담당하게 된 DJ가 예비부부와 나누는 대화입니다.

A: I've just finished putting together the playlist for your wedding. Could you look it over and see if it matches the vibe you're going for*?

B: Absolutely. I can't wait to check it out! Thanks for putting this together.

*go for: ~을 원하다, 추구하다

A: 결혼식 연주곡 목록 작성을 마쳤습니다. 살짝 한번 보시고 원하시는 결혼식 분 위기와 어울리는지 확인해 주시겠어요?

B: 물론이죠. 어서 보고 싶네요! 만들어 주셔서 고맙습니다.

다음은 여동생의 건강에 각별히 신경 쓰는 사람의 말입니다.

When I'm cooking for my sister, I always look carefully through the nutrition facts on my ingredients. I can't use anything with gluten, or she'll have an allergic reaction.

제 여동생을 위해 요리할 때는 음식 재료에 기재된 영양 성분을 꼼꼼히 확인합니다. 글루텐이 들어 있는 건 사용하면 안 됩니다. 그랬다가는 동생이 알레르기 반응을 보이게 될 거예요.

연주곡 목록이야 한 번 쓱 훑어보면 되지만, 작은 글씨의 영양 성분은 처음부터 끝까지 자세히 봐야 하기 때문에 각각 look over와 look through가 쓰였습니다.

> ### ☑ look over vs. look through 요약
>
> **1 look over: ~을 빨리[대충] 훑어보다**
>
> 🔵 I need you to look over my assignment for me and check if anything is wrong.
> 내가 과제 한 거 훑어봐 주고 잘못된 거 있는지 확인 좀 해 줘.
>
> 🔵 I'm interested in the mountain bike you have for sale. However, I can't see many details in your photos. Could we maybe meet this weekend so I can look it over?
> (중고로 내놓은 산악자전거 관련 내용)
> 판매하시는 산악자전거에 관심 있습니다. 그런데 사진상으로는 자세히 보이지 않습니다. 혹시 이번 주말에 만나서 제가 한번 전체적으로 볼 수 있을까요?

2 look through: ~을 (처음부터 끝까지) 자세히 보다

e.g. Before selling my old phone, I decided it was a good idea to look through it one last time for any personal information.

내가 쓰던 전화기를 팔기 전에 혹시 개인 정보가 남아 있을까 싶어서 마지막으로 한 번 더 전화기를 꼼꼼하게 살펴보는 게 좋겠다고 생각했다.

e.g. Luckily, there were several security cameras in the area. The detective looked through hours of security footage and found some clues about the robbery.

다행히 (사건이 발생한) 지역에 CCTV가 몇 개 있었다. 형사가 몇 시간짜리 보안 영상을 자세히 살펴보았고 강도 사건과 관련된 몇 가지 단서를 찾았다.

SMALL TALK

1 추천서 작성자와 의뢰인의 대화

Ⓐ Jeff, feel free to look over this letter of recommendation and let me know if there's anything you want me to change.

Ⓑ Sure! At first glance*, I think adding something about my ability to meet tight deadlines could really help my chances.

*at first glance: 언뜻 보기에는

Ⓐ Jeff, 이 추천서 훑어보고 수정했으면 하는 게 있으면 알려 주세요.

Ⓑ 물론이죠! 언뜻 본 바로는 촉박한 마감 시간을 맞추는 능력에 대한 내용을 추가하면 (제가) 합격하는 데 도움이 될 것 같습니다.

2 비건 메뉴를 찾는 손님과 식당 직원의 대화

Ⓐ I've looked through the menu and can't see much in the way of* vegetarian meals. Do you have any vegan options available?

Ⓑ Actually, we do have an off-menu vegan pizza. How does that sound?

*in the way of: (의문문·부정문에서) ~라고 할 만한 것이

Ⓐ 메뉴판을 다 봤는데요. 채식주의자가 먹을 만한 건 별로 안 보이네요. 비건 메뉴가 있을까요?

Ⓑ 사실 메뉴판에 안 적혀 있지만 비건 피자가 있습니다. 어떠실까요?

3 남편 휴대폰에서 무언가를 발견한 친구와의 대화

Ⓐ Hey Carrie! How are you? Let's go out and catch up over some salads.

Ⓑ Actually, I have something to share with you, and maybe it should be over drinks. I was looking through my husband's phone and I found something...

Ⓐ 안녕, Carrie! 잘 지냈어? 나가서 샐러드나 먹으면서 이야기하자.

Ⓑ 사실, 너한테 말할 것이 있어. 술 한잔하면서 이야기하는 게 좋을 것 같아. 남편 휴대폰을 보다가 뭘 발견했거든….

CASES IN POINT

원하는 제품의 재고가 없어 난처했던 이야기

I went to check out a Hanssem furniture store in Mapo. I was looking through the pamphlet and found the perfect chair. It was exactly what I wanted. When I asked the clerk if I could see it, he told me they were sold out! They weren't

even sure when it would be back in stock. I was pretty
disappointed because I had my heart set on* that specific
piece. I guess I'm back to square one*. Tomorrow, I'll try
my luck at another store in Gangnam. Maybe they'll have
something even better.

*have one's heart set on: ~을 간절히 원하다
*back to square one: 처음부터 다시[새로] 시작하다

마포에 있는 한샘 가구 매장에 다녀왔다. 팸플릿을 자세히 보다가 완벽한 의자를
찾았다. 딱 내가 원했던 거였다. 직원에게 볼 수 있냐고 물었더니, 다 판매가 되
었단다! 언제 다시 입고될지조차 모른다고 했다. 딱 그 모델을 너무 원했기 때문
에 무척 실망스러웠다. 다시 원점으로 돌아가서 찾아야 할 것 같다. 내일 강남에
있는 다른 한샘 매장에 가서 재고가 있기를 기대해 봐야겠다. 어쩌면 더 좋은 것
이 있을지도 모르니 말이다.

look up

look up은 글자 그대로 '위를 향해 올려다보다'라는 의미의 구동사입니다. 다음 대화문을 통해서 확인해 보겠습니다.

> A: Honey, look up!
> B: Wow! A shooting star! Make a wish!
>
> A: 자기야, 위를 봐!
> B: 우와! 별똥별이네! 소원 빌어!

언젠가 한 원어민이 이렇게 말한 적이 있습니다.

> I know summer is here because every time I look up from my bed, there's a mosquito on the ceiling.
> 침대에 누워 위쪽을 보면 여름이 온 것을 알 수 있습니다. 천장에 모기가 있으니까요.

look up은 온라인에서 '정보 등을 찾아보다'라는 의미로도 자주 쓰입니다.

> A: Do you think the concert still has tickets left?
> B: I don't know. Let's look it up.
>
> A: 콘서트 티켓이 아직 남아 있을까?
> B: 모르지. 한번 찾아보자.

마지막으로 '상황이 낙관적이다, 희망적이다'라고 할 때도 **look up**을 씁니다. 다음은 최근 출판사로부터 출간 제안을 받은 친구와의 대화입니다.

A: Things are finally starting to look up for me. I finally got an offer on my novel from a publisher.

B: I'm so happy for you!

A: 드디어 희망이 보이기 시작해. 출판사에서 내 소설 관련 제안이 왔거든.

B: 너무 잘됐다!

✅ look up 요약

1 (위를 향해) 올려다보다

> e.g. I hate sitting in the front row of the movie theater. Looking up the whole time makes my neck hurt.
> 영화관에서 앞자리에 앉는 건 너무 싫다. 영화 상영 내내 올려다보고 있으면 목이 아프다.

2 (온라인으로 정보 등을) 찾아보다, 검색하다

> e.g. I looked it up online, but it didn't come up on Naver Map.
> 온라인에서 (그 식당을) 검색해 봤는데, 네이버 지도에 나오지 않았다.

3 (상황이) 낙관적이다, 희망적이다

> e.g. Things are looking up for cryptocurrency. You may want to hold on to your investments.
> 암호 화폐가 전망이 좋아. 투자한 것을 계속 가지고 있는 게 좋을 거야.
> (가격이 더 오를 것이라는 의미)

> **e.g.** Things have been looking up ever since I got
> promoted.
> 승진한 이후로 일이 잘 풀리고 있습니다.

SMALL TALK

1 주말 시간 보내기에 대한 친구 사이의 대화

Ⓐ I had nothing to do this weekend, and it was torture. At one point, I looked up at the clock on my bedside table, and not even five minutes had passed. It had felt like five hours!

Ⓑ Wow, really? I love staying home during the weekends. You must be pretty extroverted.

Ⓐ 이번 주말에 할 게 없어서 너무 괴로웠어. 어느 순간, 침대 옆 탁자에 놓인 시계를 쳐다봤는데 5분도 안 흘렀더라고. 5시간은 지난 것 같았는데!

Ⓑ 우와, 정말? 나는 주말에 집에 있는 게 너무 좋은데. 너 꽤나 외향적이구나.

2 서점 직원과 고객의 대화

Ⓐ Have you heard of this author? After reading his book, I tried to look up some of his other works online, but I couldn't find anything.

Ⓑ Let me try. Oh, here we are. He's a new author and this is his debut novel.

Ⓐ 이 작가에 대해 들어 보셨어요? 이분 책을 읽고 인터넷에서 다른 작품을 검색해 봤는데 전혀 못 찾았어요.

Ⓑ 한번 볼게요. 아, 여기 있네요. 신규 작가네요. 이 작품이 데뷔작이고요.

3 취업에 성공한 친구와의 대화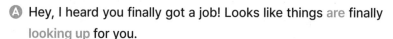

Ⓐ Hey, I heard you finally got a job! Looks like things are finally looking up for you.

Ⓑ You got that right!* I thought it was never going to happen, but finally, I got my dream job.

*You got that right!: (상대방 말이 맞음을 인정하는 말) 맞아!

Ⓐ 이봐, 너 드디어 취업했다며! 드디어 희망이 보이기 시작하는 듯하네.

Ⓑ 맞아! 이런 순간이 오지 않을 줄 알았는데, 내가 꿈꾸던 직장을 드디어 구했어.

CASES IN POINT

암 투병 중인 할머니를 걱정하는 손녀의 글

My grandmother has been having a hard time. A few years ago, she was diagnosed with lung cancer. That time, she was able to tough it out* and make it through with a clean bill of health*. However, a few months ago, the doctors told her it had come back, and now things just aren't looking up for her. This last round of chemo didn't kill all of the cancer cells, so they are looking at more intensive options. But grandma's getting older, and I just don't know if she's going to be able to pull through* this time around.

*tough it out: 굳세게 견디다
*a clean bill of health: (의사에 의한) 건강 증명서
*pull through: (심한 병·수술 뒤에) 회복하다

할머니가 힘든 시간을 보내고 계신다. 몇 년 전, 할머니는 폐암 진단을 받으셨다. 당시에는 잘 이겨 내셨고 잘 극복하셔서 완치가 되셨다. 하지만 몇 달 전에 의사 선생님들로부터 재발했다는 얘기를 들었는데, 이번에는 상황이 낙관적이지 않다.

마지막 항암치료로도 암세포를 전부 없애지 못해서, 좀 더 집중적인 치료 방법을 고려하고 있는 상황이다. 하지만 할머니 연세가 많아서 이번에도 잘 이겨 내실 수 있을지 모르겠다.

loosen up

loosen up은 '꽉 쥐고 있던 것이나 꽉 조여 있는 것을 느슨하게 하다, 풀다'라는 의미의 구동사입니다. 꽉 조인 신발 끈을 풀기 위해서는 우선 양쪽 끝을 좀 느슨하게 해야 하겠죠. 이럴 때 다음과 같이 표현할 수 있습니다.

In order to untie the knot, you need to loosen up both ends first.

매듭을 풀기 위해서는 먼저 양쪽 끝을 좀 느슨하게 해야 해.

운동을 하기 전에는 근육을 풀어 주는 것이 중요한데, 이러한 상황에서는 다음과 같이 말할 수 있습니다.

Stretching is important to loosen up your muscles before a workout.

운동 전에는 근육을 풀어 주기 위해 스트레칭 하는 것이 중요하다.

이와 같이 '물리적으로 무언가를 느슨하게 하다, 이완시키다'라는 의미와 함께 '긴장을 풀어 주다, 긴장이 풀리다'라는 의미로도 사용됩니다.

• The teacher started class with a joke to loosen everyone up.

선생님은 아이들의 긴장을 풀어 주기 위해 농담으로 수업을 시작했다.

- After a few weeks, the students started to loosen up and talk more in class.

  (학기가 시작되고) 몇 주가 지나자, 학생들의 긴장이 풀리고 수업 시간에 말을 좀 더 많이 하기 시작했다.

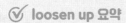

✅ loosen up 요약

1 (꽉 쥐고 있던[조여 있던] 것을) 느슨하게 하다, 풀다

e.g. You can use a wide tooth comb to loosen up tight curls.

얽힌 머리카락을 풀려면 듬성듬성한 빗을 사용하면 돼.

2 긴장을 풀어 주다; 긴장이 풀리다

e.g. Sorry if I seem quiet. It takes time for me to loosen up and feel comfortable around new people.

(새로운 모임에 참석한 상황에서 친구에게 하는 말)

내가 너무 말이 없어 보여서 미안해. 새로운 사람들 옆에 있으면 긴장이 풀리고 편해지는 데 시간이 좀 걸려.

e.g. Sometimes having a drink can help you to loosen up.

술을 한잔하면 긴장이 풀리는 데 도움이 될 때가 있어.

SMALL TALK

1 술자리에서 술을 안 마시려는 친구에게 술을 권하는 상황

🅐 Come on. A glass of wine will help you loosen up, unwind and fit in.

Ⓑ I'm good, thanks. I actually quit drinking cold turkey*. I can fit in and have fun without it just fine.

*quit cold turkey: 중독성 있는 것을 한 번에 끊다

Ⓐ 이봐. 와인 한잔하면 긴장이 풀리고, (사람들과) 어울리는 데도 도움이 될 거야.

Ⓑ 고맙지만 괜찮아. 사실 술을 딱 끊었거든. 술 안 마시고도 어울리며 재미있게 놀 수 있어.

2 살이 쪄서 걱정하는 직장 동료와의 대화

Ⓐ I feel like I've gained some weight from sitting at a desk for nine hours a day. I had to loosen up my belt last night after just a few beers.

Ⓑ Late-night snacking is more to blame, I think. You would be better off cutting* down on that. You can't really avoid sitting at your desk, anyway.

*be better off -ing: (가볍게 조언하는 뉘앙스로) ~하는 게 더 낫다

Ⓐ 하루에 아홉 시간을 책상 앞에 앉아 있어서인지 살이 찐 기분이야. 어젯밤에는 맥주 몇 잔 마셨는데도 벨트를 좀 풀어야만 했어.

Ⓑ 내가 볼 때는 야식이 문제인 듯해. 야식을 줄이는 게 좋을 것 같은데. 어차피 책상 앞에 앉아 있는 걸 피할 수는 없으니까.

3 늘 진지한 것이 단점인 친구와의 대화

Ⓐ My whole life I've been told I'm too serious. How can I change that and lighten up?

Ⓑ Honestly, yeah. I've noticed that, too. You don't often joke around with your friends, and you're very strict with yourself. It's okay to loosen up sometimes, right? Being too serious all the time can make people uncomfortable.

Ⓐ 난 평생을 너무 진지하다는 이야기를 들었어. 어떻게 해야 좀 덜 진지해질 수 있을까?

B 솔직히 나도 그렇게 느꼈어. 넌 친구들이랑도 농담도 잘 안 하고 너 자신에게도 너무 엄격해. 가끔은 긴장을 좀 풀어야 할 필요가 있지 않을까? 항상 너무 진지하면 사람들을 불편하게 할 수 있거든.

CASES IN POINT

스트레칭 동작에 대한 요가 강사의 설명

This stretch loosens up your hamstrings and eases* back pain. Lie on your back, one leg bent, foot on the floor, and lift the other leg. Clasp* your hands behind the knee, gently pulling it towards your chest. Hold it there for 20-30 seconds before switching to your other leg. Breathe deeply, keeping your body relaxed. Practice this some more at home and you'll really loosen up your legs and back. Okay, let's move on to the next position.

*ease: 통증 등을 완화[경감]시키다
*clasp: (꽉) 움켜쥐다[움켜잡다]

이 스트레칭은 허벅지 뒤쪽 근육을 풀어 주고 허리 통증을 완화시켜 줍니다. 등을 바닥에 대고 누워, 한쪽 다리를 굽히고 발을 바닥에 대세요. 그리고 다른 쪽 다리를 들어올리세요. 손을 무릎 뒤로 가져가 깍지 끼세요. 그러고는 무릎을 가슴 쪽으로 부드럽게 당기세요. 20~30초 동안 그 동작을 유지한 후 다리를 바꾸세요. 숨을 깊이 쉬시고, 몸은 계속 이완시켜 주세요. 집에서 좀 더 연습하시면 다리와 등의 긴장이 풀릴 겁니다. 자, 이제 다음 자세로 넘어가겠습니다.

make do with

구동사 중에는 그 의미가 논리적으로 쉽게 이해되는 경우도 있지만 **make do with**와 같이 어떻게 그 의미가 생겨난 건지 이해하기 어려운 것들도 있습니다. **make do** 또는 **make do with something**은 '(아쉽지만) ~으로 때우다, 견디다, 아쉬운 대로 ~하다'라는 의미의 구동사입니다. **make it work with**에서 파생된 표현이기도 한데, **make it work with**는 'with 이하를 이용해 it(상황)을 work하게(진행[작동] 되게) 만들다'라는 의미입니다. 제한적인 의미를 띠고 있기는 하나, **make do with**가 아니면 달리 표현할 수 없는 경우가 많으니 반드시 숙지하여 내 것으로 만들어야 겠습니다. 그럼, 다양한 상황에서 **make do with**가 사용되는 사례를 보겠습니다.

요리를 하는 중인데 꿀이 있어야 하지만 아쉬운 대로 설탕을 쓸 수밖에 없는 상황이라면 다음과 같이 말할 수 있습니다.

> When we ran out of honey, we had to make do with sugar for our tea. It turned out that sugar tastes better!
>
> 꿀이 떨어져서 차를 만드는 데 설탕을 쓸 수밖에 없었어요. 그런데 설탕이 더 맛있더라고요!

새로 안경을 장만하려고 안경점에 다녀온 상황이라면 다음과 같이 말할 수 있습니다.

I wanted to get new glasses, but after looking at those prices... I guess I'll make do with my old ones.

새 안경을 사고 싶었지만 가격을 보고 나니… 있는 걸로 버텨야겠어.

다음은 수업 중 컴퓨터에 문제가 생겼을 때 어떻게 대처했는지 설명하는 상황입니다.

My classroom computer would not turn on today, so I had to make do with the whiteboard and board markers to run my lesson.

오늘 교실 컴퓨터가 안 켜지더라고요. 그래서 어쩔 수 없이 칠판이랑 보드 마커로 수업을 진행해야만 했답니다.

✔ make do with 요약

(아쉽지만) ~으로 때우다, 견디다, 아쉬운 대로 ~하다

e.g. After my laptop broke, I had to make do with my phone. It was really hard to do schoolwork on it.

노트북이 고장 나서 아쉬운 대로 휴대폰을 쓸 수밖에 없었다. 휴대폰으로 숙제하려니 정말 힘들었다.

e.g. Let's just make do with this. We don't need to be picky.

(호텔 객실이 마음에 들지 않는 부부의 대화 중)

아쉽지만 이 방에 만족하자. 너무 까다롭게 굴건 없잖아.

1 휴대폰 구입에 대한 친구 사이의 대화

Ⓐ Looks like the new Galaxy phone won't be available until December, so I think I'll have to make do with what I have until then.

Ⓑ Why don't you just switch to the iPhone, then? They're coming out with a new model just next month. I don't really get why you insist on using Samsung phones, honestly.

Ⓐ 갤럭시 신규 휴대폰이 12월이나 되어야 나올 듯하네. 그때까지는 아쉬운 대로 지금 휴대폰으로 견뎌야 할 것 같아.

Ⓑ 그냥 아이폰으로 바꾸는 게 어때? 다음 달에 아이폰 신규 모델이 나오거든. 솔직히 네가 삼성 폰만 고집하는 이유를 모르겠어.

2 요리 중인 부부의 대화

Ⓐ This recipe calls for heavy cream*, but we don't have any. I guess we'll have to make do with regular milk.

Ⓑ Ugh, I don't think regular milk is gonna do it. Last time I used it as a substitute, my food didn't taste quite right. I will go grab some heavy cream real quick. Be right back.

*heavy cream: 유지방 함량이 많은 크림

Ⓐ 이 조리법대로 하려면 헤비크림이 있어야 하는데, 집에 하나도 없네. 아쉽지만 일반 우유를 써야 할 듯해.

Ⓑ 아, 일반 우유로는 안 될 텐데. 지난번에 일반 우유로 대신했더니 그 맛이 안 나더라고. 빨리 가서 헤비크림 사 올게. 금방 갔다 올게.

3 의류 생산이 환경에 미치는 영향에 대한 대화

Ⓐ I've decided not to buy any more new clothing. I'll just try to make do with what I have. Now that I know what goes into making clothes, I'm becoming mindful of what I wear.

Ⓑ Now you're finally starting to get it. Just think about what clothes manufacturing really does to the environment.

Ⓐ 이제 더 이상 새 옷은 안 사기로 했어. 그냥 있는 옷으로 버티려고 해. 옷을 제작하는 데 어떤 것들이 들어가는지 안 이상, 내가 입는 것에 좀 더 의식을 가지게 돼.

Ⓑ 이제서야 정신을 차리는구나. 의류 제작이 환경에 미치는 영향을 생각해 봐.

CASES IN POINT

한국에 거주하는 미국인 여성의 이야기

Living in Korea has been a great experience for me. I love Korean food; I'm fascinated* by the culture and history; and my husband's family has always been lovely and welcoming. However, there is one thing that I have trouble with: buying shoes. My feet are a little bit big by American standards, which means that they're huge by Korean standards. I wear 260, which is a normal size for men's shoes, but not for women's. Finding cute shoes in my size is nearly impossible. A lot of the time, I've had to make do with styles I don't love simply because there's nothing else available in my size.

*fascinate: 마음을 사로잡다, 매혹시키다

한국에 사는 건 저에게 정말 멋진 경험입니다. 한국 음식도 너무 좋고, 한국 문화와 역사도 매력적입니다. 남편 가족들은 늘 사랑스럽고 저를 환영해 줍니다. 하지만

한 가지 어려운 점이 있습니다. 바로 신발 사는 것입니다. 제 발이 미국인 기준으로도 조금 큰데, 다시 말해 한국인 기준으로는 매우 크다는 말이죠. 260을 신는데, 남자 신발로는 보통 사이즈이지만 여자는 아닙니다. 제 사이즈에 맞는 예쁜 신발을 찾는 건 거의 불가능합니다. 대부분의 경우, 마음에 들지 않는 스타일에 만족할 수밖에 없었습니다. 제 사이즈 신발의 경우 다른 선택지가 없기 때문이죠.

make out

make something out은 '시각적·청각적으로 알아보다, 알아듣다, 인지하다'라는 의미를 지닌 구동사입니다. 예컨대 '영국 악센트는 알아듣기 힘들다.'라고 하려면 British accents are hard to make out.이라고 할 수 있는데, understand가 아닌 make out을 쓴 이유는 악센트가 소리의 영역이기 때문입니다.

'이건 O인가요, 0인가요? 잘 못 알아보겠네요.'라고 할 때도 Is this an O or a 'zero'? I can't make it out.으로 표현하면 멋진 원어민식 영어가 완성됩니다.

코로나가 한창일 때 다들 마스크를 낀 채 얘기해야 했던 것 기억나시죠? 이런 상황에서 요가 선생님이 하는 말을 잘 못 알아듣겠다고 할 때도 It's hard to make out what my yoga instructor is telling me to do.라고 할 수 있습니다.

make out은 이 밖에도 '쉽지 않은 것을 인지하다, 이해하다'라고 할 때도 쓸 수 있습니다. 다음 예문을 보겠습니다.

> My dog has been trying to get my attention all night. He has food and water. He doesn't need to go outside. I wish I could make out what he's trying to tell me.
>
> 우리 집 개가 밤새 나한테 신호를 보낸다. 먹을 것도 있고 물도 있다. (산책을 시켜 줬기 때문에) 밖에 나가지 않아도 된다. 무슨 말을 하려는 건지 알아들을 수 있으면 좋으련만.

☑️ make out 요약

1 시각적·청각적으로 알아보다, 알아듣다, 인지하다

- My vision is getting worse every year. This time I couldn't make out any of the letters on the chart.
  해마다 시력이 나빠지고 있어요. 이번에는 차트에 있는 글자가 하나도 안 보이더라고요.

- Some English accents are harder to make out for me. I'm most comfortable speaking with my Canadian friends.
  나는 일부 영국 악센트를 알아듣기가 더 힘들다. (그래서) 캐나다 친구들과 이야기할 때 가장 편하다.

- The announcement on the KTX platform came on just as the train was pulling in, so I couldn't make out what it said over the noise.
  기차가 들어오는 순간에 KTX 역사 안내방송이 나왔다. 그래서 소음 때문에 무슨 내용인지 알아들을 수가 없었다.

2 쉽지 않은 것을 인지하다

- Sometimes, I can hardly make out what my boss wants me to do. I don't think he spends more than 20 seconds writing an e-mail.
  가끔은 상사가 내게 원하는 게 뭔지 이해하기 어려울 때가 있어. 내 생각에는 그가 이메일을 쓰는 데 20초도 안 걸리는 것 같아.

- It's hard to make out my own feelings sometimes. Journaling helps me better clarify my thoughts.
  내 스스로의 감정을 파악하기 힘들 때가 있다. 일기를 쓰면 생각을 더 명확하게 정리하는 데 도움이 된다.

1 피자 가게에서 주문하는 상황

Ⓐ I'll have a #2 combo with a Coke.

Ⓑ I'm sorry; could you repeat that? I couldn't make it out because of the ambulance passing by.

Ⓐ 콜라가 함께 나오는 2번 콤보 주세요.

Ⓑ 죄송한데, 한 번 더 말씀해 주시겠어요? 구급차가 지나가서 못 들었어요.

2 휴대폰 화면을 보며 나누는 친구 사이의 대화

Ⓐ The text on my friend's phone is so small. I don't know how she can make out any of the words.

Ⓑ You know what? I used to think the same thing when I looked at my son's phone. Now I'm so used to it, I even made mine smaller.

Ⓐ 내 친구 휴대폰 글자가 정말 작아. 어떻게 글자를 알아보는지 모르겠어.

Ⓑ 있잖아. 나도 예전에 우리 아들 휴대폰 봤을 때 똑같은 생각을 했거든. 근데 지금은 익숙해져서 내 것도 작게 해 뒀어.

3 미술관에서 하는 대화

Ⓐ Didn't you mention that this picture has an elephant in it? I can't seem to find it.

Ⓑ If you squint, you can make out an elephant in the background. If you still can't see it even after squinting, then maybe you need to have your eyes checked...

Ⓐ 이 그림 안에 코끼리가 있다고 하지 않았어? 도저히 못 찾겠어.

Ⓑ 눈을 찌푸리면 뒷배경에 있는 코끼리가 보일 거야. 그래도 안 보이면 눈 검사 받아야 할지도….

미국인 친구와의 카카오톡 대화

A The actors are using authentic* 1800s English. Even though I'm a native speaker, I can only make out about 60% of what they say.

B What? Are you serious? You were born in Colorado, weren't you? That means you're supposed to understand everything. That doesn't make any sense to me.

A Haha. I see where you're coming from, but think about Korean historical dramas. Do you understand 100% of what goes on? Every single word?

B Well... I guess you're right about that. Even I feel a bit lost sometimes in those historical dramas. Okay, I guess you got me on this one*.

*authentic: 진짜의, 진품인, 정통의
*You got me on this[that] one.: (내가 틀렸고) 네 말이 맞아.

A 배우들이 1800년대 정통 영어를 쓰고 있네. 나도 원어민이지만 60%밖에 못 알아듣겠다.

B 뭐라고? 진심이야? 너 콜로라도 출신이지 않아? 넌 다 알아들어야지. 이해가 안 된다.

A 하하. 왜 그렇게 생각하는지는 알겠어. 근데 한국 사극을 생각해 봐. 너는 사극 볼 때 내용을 100% 다 이해하니? 단어 하나하나 전부?

B 음… 네 말이 맞네. 사극 볼 때는 나도 놓치는 경우가 있지. 그래, 내가 졌다.

DAY 60

make up for

make up for는 '잘못, 실수 또는 허비된 시간, 틀어진 계획 등을 만회하다'라는 뜻을 지닌 구동사입니다. 우선 가장 흔히 사용되는 용법인 '잘못[실수]을 만회하다'라는 의미로 쓰인 경우를 보겠습니다.

> My wife forgot our anniversary last week. I didn't mind, but she bought me a PlayStation 5 to make up for it.
>
> 아내가 지난주 결혼기념일을 깜박했다. 나는 괜찮았다. 하지만 아내는 이를 만회하기 위해 나에게 플레이스테이션 5를 사주었다.

다음은 '허비된[낭비한] 시간을 만회하다'라는 의미로 쓰인 예문입니다.

> You can't make up for lost time. You can only do better in the future.
>
> 허비한 시간을 만회할 수는 없다. 단지 미래에 더 잘 수 있을 뿐이다.

'틀어진 계획을 만회하다'라는 의미로 쓰인 예문도 보겠습니다.

> The kids and I had a picnic planned for this Saturday, but it rained all day. I made up for it by having a cozy movie night.

> (제) 아이들과 저는 토요일에 소풍을 가기로 되어 있었지만 (토요일에) 하루 종일 비가 왔어요. (소풍 대신) 밤에 아늑하게 영화를 보면서 이를 만회했습니다.

이 밖에도 재미있는 용법이 하나 더 있습니다. '비용 등을 상쇄하다, 만회하다'라는 의미인데, 본질적으로는 위에서 소개한 뜻과 같다고 할 수 있습니다.

> Electric vehicles are cheaper to run and maintain, but buyers need a long-term perspective. It takes about five years for the savings to make up for that upfront cost*.
>
> *upfront cost: 초기 비용
>
> 전기차는 운영과 유지에 비용이 더 적게 든다. 하지만 구매자들은 장기적인 시각으로 볼 필요가 있다. 유지비 절감이 초기 비용을 상쇄하려면 5년 정도 걸리기 때문이다.

☑ make up for 요약

(잘못, 실수, 허비된 시간, 틀어진 계획 등을) 만회하다

e.g. I'm very sorry for missing our meet-up yesterday; I hope I can make up for it when we meet for brunch. It'll be on me.
어제 모임에 못 가서 너무 미안해. 브런치 모임 때 만회할 수 있으면 좋겠다. 내가 살게.

e.g. I missed my son's baseball game, but I tried to make up for it by taking him out for ice cream afterward.
아들 야구 경기를 놓쳤다. 하지만 경기 후에 데리고 나가서 아이스크림을 사 줌으로써 만회하려고 했다.

e.g. I know my effort to serve the community isn't much, but it's my way of trying to make up for my years as a troubled youth.

지역 사회에 봉사하려는 저의 노력이 별것 아닌 것 알고 있습니다. 하지만 문제 청소년이었던 시절을 만회하기 위한 제 나름의 방법입니다.

e.g. I can't believe I woke up so late. I can't make it to the meeting. If you could cover for me, I promise I'll make up for it somehow.

(직장 동료에게 보내는 메시지)
내가 늦잠을 자 버리다니! 나 회의에 못 가. 나 대신 회의 참석해 주면 어떻게든 내가 꼭 만회할게.

SMALL TALK

1 생일 파티에 못 가서 미안해하는 친구와의 대화

Ⓐ I'm sorry I couldn't make it to your birthday party.
Ⓑ Don't worry. You can make up for it by buying me dinner tonight.

Ⓐ 네 생일 파티에 못 가서 미안해.
Ⓑ 걱정 마. (농담 섞인 말투로) 오늘 저녁 사 주면 만회가 되잖아.

2 장인 장모님 댁 태양광 패널 설치에 대한 친구 사이의 대화

Ⓐ My parents-in-law just spent $50,000 installing solar panels on their house. They calculated that it will take up to 25 years to make up for the cost in electricity bill savings.

ⓑ They'll be almost 100 years old by then! I hope they can stay healthy that long. Cheers to their health!

ⓐ 우리 장인 장모님이 5만 달러를 들여 집에 태양광 패널을 설치하셨어. 전기료 절약으로 설치비 뽑는 데 최고 25년 걸린다는 계산이셨대.

ⓑ 그때쯤이면 거의 100세가 되시겠네! 그때도 건강하시길 바란다. 그분들의 건강을 위해 건배!

3 크루즈 여행이 취소된 상황에서의 부부 사이의 대화

ⓐ Our cruise is cancelled due to the hurricane, and they've offered us a voucher to reschedule it for next year.

ⓑ I see. Well, I'd rather just get a refund. Next year's cruise can't make up for this year's vacation. We can use that money to do something else.

ⓐ 허리케인 때문에 우리 크루즈 여행이 취소됐어. 내년에 다시 일정을 잡을 수 있도록 바우처를 주겠대.

ⓑ 그렇구나. 음, 그냥 환불받을래. 내년에 크루즈 여행을 한다 해도 올해 휴가를 대신할 수는 없잖아. 그 돈으로 다른 걸 하자.

CASES IN POINT

워라밸에 대한 어느 직장인의 이야기

We were chatting during our lunch break yesterday when Sarah, the office manager, brought up the topic of work-life balance. "For me, it's crucial* to balance work and personal life," she said. "Working extra hours is stressful; it feels like there's never enough time for myself or to relax." I nodded and said, "Totally agree. Getting paid more for overtime doesn't make up for missing out on family time or hobbies." Others agreed, saying it's important to have time for yourself outside of work. I'm glad we are all on the same page on this topic.

*crucial: 매우 중요한

어제 점심 시간에 이야기를 나누던 중, 사무실 매니저인 Sarah가 워라밸 이야기를 꺼냈다. "저에게는 일과 개인 생활의 균형이 너무 중요해요."라고 했다. "추가 근무는 너무 스트레스예요. (그렇게 되면) 제 시간이 없고 휴식을 취할 시간도 부족해져요." 나도 끄덕였다. "너무 맞는 말이에요. 초과 근무 수당을 받는다 해도 가족과의 시간이나 취미를 놓치는 것을 만회할 수는 없어요." 다른 사람들도 일 외적으로 자신을 위한 시간을 갖는 게 중요하다는 데 동의했다. 이 주제에 대해 우리가 모두 같은 생각이라 다행이다.

DAY 61

mess around

김재우의 영어관찰일기

이번 DAY에서 학습할 mess around는 미드에서 정말 자주 접하게 되는 구동사입니다. 여러 가지 상황에서 다양하게 사용되며 기본적으로는 '진지하지 않은 자세로, 장난스럽게' 무언가를 한다는 어감을 지니고 있습니다.

우선, mess around에는 '아무 의미 없이[장난스럽게, 위험하게, 재미 삼아] 무언가를 만지작거리며 시간을 보내다'라는 의미가 있습니다. 이때, 무엇을 가지고 시간을 보내는지는 상황에 맞게 with나 on 같은 전치사를 이용해 표현합니다.

- Don't mess around with your dad's tools! Some of them are dangerous.

  (엄마가 아이에게 하는 말)

  아빠가 쓰는 공구들 가지고 장난 그만 좀 쳐! 위험한 것들이 있단 말이야.

- I'm not a musician, but I like to mess around with[on] the drums when I can.

  제가 음악가는 아니지만 시간이 날 때면 드럼을 가지고 노는 걸 좋아합니다.

  (그냥 드럼을 가볍게 쳐 본다는 의미)

그다음으로는 '해야 할 일이 있음에도 하지 않고 빈둥대며 시간을 낭비하다'라는 의미가 있습니다.

I spent the whole afternoon messing around with my phone instead of finishing my report.

오후 내내 보고서 마무리는 안 하고 휴대폰 하는 데 시간을 허비했다.

mess around에는 '~를 놀리다, ~에게 농담하다, 장난을 치다'라는 의미도 있습니다.

I'm sorry. I didn't mean for you to take that as an insult. I was just trying to mess around.

미안해. (네) 기분 상하게 할 의도는 없었어. 그냥 장난친 거라고.

마지막으로 '여러 이성을 만나며 세월[시간]을 보내다'라는 의미도 지니고 있습니다. mess around의 다양한 용법을 꼭 기억해 두세요!

They're just messing around; neither of them is planning on making it official anytime soon.

그 둘은 그냥 재미로 만나는 거야. 둘 다 당장은 사귄다는 걸 알릴 마음이 없어.

☑ mess around 요약

1 (아무 의미 없이[장난스럽게, 위험하게, 재미 삼아]) ~을 만지작거리며 시간을 보내다

e.g. Stop messing around with your phone. It's time to go to bed.

휴대폰 그만 만지작거려. 이제 자러 가야 할 시간이야.

2 (해야 할 일이 있음에도 하지 않고) 빈둥대며 시간을 낭비하다

e.g. My son keeps messing around with video games
when he should be studying for his exams.

제 아들이 시험공부를 해야 함에도 비디오 게임을 하면서 계속
빈둥거리네요.

3 농담하다, 놀리다, 장난치다

e.g. Stop messing around with your brother, Andrew.
If you make him cry again, I'm telling your dad.

Andrew, 동생 좀 그만 놀리렴. 또 한 번 울리면 아빠한테 이른다.

4 여러 이성을 만나며 시간을 허비하다

e.g. I am tired of messing around. I want to settle down
and get married within the next few years.

이제 여러 이성을 만나는 것도 지겹습니다. 정착해서 몇 년 안에
결혼하고 싶네요.

SMALL TALK

1 같은 과 친구 사이의 대화

Ⓐ How long did it take for you guys to finish the group project?

Ⓑ About 10 hours, but it wasn't like we were working the whole
time. Near the end, we were pretty much just messing around.

Ⓐ 너희들 그룹 프로젝트 마무리하는 데 얼마나 걸렸어?

Ⓑ 10시간 정도. 근데 계속해서 작업을 한 건 아니야. 끝나갈 무렵에는 슬슬 놀면서 했어.

2 머리 스타일에 대한 친구 사이의 대화

Ⓐ Do you really think this hairstyle looks bad on me?
My girlfriend said it looks cute.
Ⓑ No. I was just messing around. It's cute.

Ⓐ 정말 이 머리 스타일 나한테 안 어울리는 거 같아? 여자 친구는 귀엽다고 했거든.
Ⓑ 아니야. 그냥 농담한 거야. 귀여워.

3 결혼에 대한 의견이 서로 다른 연인 사이의 대화

Ⓐ I am done messing around. If you are not going to marry me,
then we are through.
Ⓑ Just because I don't want to get married, that doesn't mean
I'm messing around. Can't we be committed to each other
without making things official*?

*make things official: (문맥상) '결혼하다'를 완곡하게 표현한 것

Ⓐ 이제 더 이상 이런 연애 안 할래. 나랑 결혼 안 할 거면 우리 끝내자.
Ⓑ 내가 결혼을 원하지 않는다고 해서 집중을 안 하는 건 아니잖아. 결혼하지 않고도 서
로에게 충실할 수는 없을까?

CASES IN POINT

새해 결심에 관한 이야기

Well, it's the start of a new year, and I've decided to work on
three of my bad habits. First of all, I'm terrible at getting to
work on time. I'm usually late and have been reprimanded
multiple times because of it. Honestly, before leaving for
work, I tend to mess around for like 30 minutes because
I just don't want to go. Second, I need to use my free time

more effectively. Lately, when I get home from work, I just end up mindlessly watching YouTube or checking social media. I know my time could be better spent on hobbies that make me a better person, but I just can't get myself to do them. Last, I'm going to start going to bed on time. A lack of sleep has been taking a toll on* my health.

*take a toll on: ~에 나쁜 영향을 주다

자, 이제 신년도 되었으니 나쁜 습관 세 가지를 고치기로 결심했다. 우선 나는 회사에 제시간에 출근하는 것을 정말 못한다. 늦는 경우가 많아서 이 때문에 여러 번 지적을 받았다. 솔직히 출근하기가 너무 싫어서 출근 전에 30분 정도 뭉그적거리는 버릇이 있다. 두 번째로 여가 시간을 좀 더 효과적으로 보낼 필요가 있다. 최근에는 퇴근 후에 아무 생각 없이 유튜브를 보거나 SNS를 하게 된다. 이런 무의미한 시간을 좀 더 나은 사람이 될 수 있는 취미에 쓰면 더 좋다는 것을 알고 있다. 하지만 노력을 해도 잘 안된다. 마지막으로 제때 취침을 해야겠다. 수면 부족으로 건강이 나빠지고 있다.

mess up

mess up은 사람, 사물, 상황 모두 주어로 쓸 수 있는 구동사입니다. 사람이 주어일 때는 '실수를 하다, ~을 망치다'라는 의미이며, 사물이나 상황이 주어일 때는 '~을 엉망으로 만들다'라는 의미입니다. 공연 중에 대사를 잘못 전달한 배우는 다음과 같이 말합니다.

> During the play, I messed up several of my lines.
> 공연 때 대사 몇 개를 잘못 말했지 뭐야.

동화 《윔피 키드 *Diary of a Wimpy Kid*》에는 다음과 같은 문장이 등장합니다.

> When you mess up in the Olympics, you're supposed to act gracefully about it.
> 올림픽에서는 설사 실수를 하더라도 아무 일 없었다는 듯 행동해야 해.

위 예문과 같이 주어가 사람이면 mess up이 자동사로 쓰여 '실수를 하다'라는 의미가 됩니다. 하지만 다수의 학습자가 mess up을 떠올리지 못한 채 매번 make a mistake만 남발하는 것을 볼 때마다 안타깝습니다.

다음은 사물이나 상황이 주어로 오는 경우입니다.

My favorite food is fried chicken, but it messes up my stomach every time.

내가 제일 좋아하는 음식이 프라이드치킨인데, 먹을 때마다 속이 뒤집어진다는 점이 문제야.

참고로 **mess up**이 타동사로 쓰일 경우 목적어 자리에 자주 나오는 것들로는 '스케줄, 머리 모양, 대사, 조리법, 수면 패턴, 사람 관계' 등이며, 이때는 주로 '공을 들여서 만들어 놓은 것을 엉망으로 만들다'라는 의미가 됩니다.

☑ mess up 요약

1 사람이 주어일 때: 실수를 하다, ~을 망치다

e.g. I keep messing up this particular dance move during practice. My team is getting worried that I might mess up on stage this weekend, too.
(걸그룹 멤버의 말)
연습하는 동안 계속 이 춤 동작을 실수하게 된다. 이번 주말 무대에서도 내가 실수할까 봐 우리 팀원들이 걱정하고 있다.

e.g. Stop touching my hair. You are gonna mess it up.
I spent 20 minutes this morning getting it just right.
내 머리 좀 만지지 마. (자꾸 만지면) 엉망이 될 거야. 아침에 20분이나 들여서 머리 예쁘게 만졌단 말이야.

2 사물이나 상황이 주어일 때: ~을 엉망으로 만들다

e.g. His cancellation has messed up my whole schedule.
그가 취소하는 바람에 제 스케줄 전체가 꼬여 버렸습니다.

e.g. I don't like when unexpected things mess up my routine.
예상치 못한 일이 생겨 일상이 꼬이는 건 싫다.

1 휴대폰 때문에 난처한 상황에 빠진 친구와의 대화

Ⓐ Nick, I think I messed up. While I was letting my girlfriend look at my phone, another girl messaged me.

Ⓑ I told you to carry a burner phone*!

*burner phone(버너폰): 저가 선불폰, 일종의 대포폰

Ⓐ Nick, 나 실수한 것 같아. 여자 친구에게 내 폰을 보여 주고 있는데, 다른 여자가 내게 메시지를 보냈어.

Ⓑ 버너폰을 가지고 다녀야 한다고 내가 말했잖아!

2 생일 케이크를 선물하면서 나누는 이웃 사이의 대화

Ⓐ I tried to make you a cake for your birthday, but I messed it up by putting in too much baking powder.

Ⓑ How sweet of you for trying, though. I "appreciate" this cake too much to eat it. Let's go get ice cream, instead.

Ⓐ 생일이라고 해서 케이크를 만들어 주려 하다가, 베이킹파우더를 너무 많이 넣는 바람에 망쳤네요.

Ⓑ 그래도 만들어 주려고 한 게 정말 고맙군요. 이 케이크 너무 "고마워서" 먹을 수가 없네요. 대신 아이스크림 먹으러 가요.

3 커피를 마시면 안 되는 친구와의 대화

Ⓐ I bought you an Americano.

Ⓑ Oh, I'm sorry. I can't have any coffee. It's not that I don't like coffee. It's just that caffeine messes me up*.

Ⓐ 아메리카노 사 왔어.

Ⓑ 아, 미안해. 나 커피 마시면 안 돼. 커피를 안 좋아하는 게 아니고, 카페인을 섭취하면 머리가 아프거든.

*이때의 mess up은 '초조하게 만들다, 두통을 유발하다, 속을 불편하게 만들다' 등의 다양한 의미입니다.

해외 출장 후 수면장애에 시달리게 된 이야기

I normally don't suffer from jet lag* when I travel abroad. I'm not sure why, though; maybe because I'm always excited to be in a different country. However, last month I was told by my boss that I needed to fly to Toronto for a business conference, and that I would need to leave that night. I barely had time to go home and pack, let alone prepare for business meetings. I was there for four days and the meetings went fine, but my sleep has been messed up ever since I got back.

*jet lag: 비행기 여행의 시차로 인한 피로

나는 해외여행을 할 때 시차 때문에 힘든 일이 잘 없다. 이유는 잘 모르겠지만, 아마 다른 나라에 간다는 게 너무 설레서일지도 모르겠다. 하지만 지난달 사장님으로부터 업무 회의차 토론토 출장을 가야 한다는 말을 들었고, 그날 밤 바로 출발해야 한다고 했다. 회의 준비는커녕 집에 가서 짐을 챙길 시간도 거의 없었다. 4일 동안 토론토에 있었고 회의는 잘 끝났지만, 출장에서 돌아온 후 계속 수면이 엉망인 상태가 이어지고 있다.

mess with

mess with는 정말 다양한 상황에서 여러 가지 의미로 쓰이는 구동사입니다. 우선, '~에 안 좋은[부정적인] 영향을 미치다'라는 의미가 있습니다. 차 안에서 템포가 너무 느린 음악을 틀어 놓은 남자 친구에게 여자 친구가 다음과 같이 말합니다.

> Can you change the music? It's messing with my mood.
>
> 음악 좀 바꿔 줄래? 기분이 우울해지잖아.

다음으로 부정문으로 쓰여 '자신에게 해를 끼칠 수 있는 사람 또는 부정적인 영향을 줄 수 있는 무엇과 연관되지 않다'라는 의미를 띱니다. 원어민들과 대화를 하거나 미드 등을 보다 보면 mess with를 이러한 의미로 사용하는 것을 자주 볼 수 있습니다. 누군가와 엮이기 싫은 상황이라면 다음과 같이 말할 수 있습니다.

> I don't mess with Brandon anymore. He knows exactly what to say to rile me up* and start a fight.
>
> *rile somebody up: ~의 신경을 건드리다, 짜증 나게 하다, 화를 돋우다
>
> 더 이상 Brandon이랑은 엮이기 싫어(안 놀아). 내 화를 돋워 싸움을 시작하게 하는 말만 한다니까.

언젠가 한 원어민이 저에게 다음과 같은 말을 했습니다.

> *I don't mess with* the bus system anymore to get to work. It's unpredictable and it made me late too many times.
>
> 저는 출근할 때 더 이상 버스는 안 탑니다. 예측이 어렵고 (버스 타서) 지각한 적이 너무 많습니다.

이때의 **mess with** 역시 부정적이거나 좋지 않은 것을 이용하지 않거나, 또는 그런 것에 엮이고 싶지 않다는 의미로 쓰였습니다.

mess with에는 '~에게 농담으로 말하다, ~를 놀리다, 장난치다'라는 의미도 있습니다. 내가 한 말을 너무 심각하게 받아들이는 상대에게는 다음과 같이 말할 수 있습니다.

> *I was just messing with* you. Don't be so sensitive.
>
> 그냥 한 말이야. 너무 예민하게 굴지 마.

다음으로는 '~을 부주의하게 다루어 손상을 입히다, 망가뜨리다'라는 의미가 있습니다.

> Hey, did you *mess with* the settings on my camera? All my new photos are overexposed.
>
> 이봐, 내 카메라 설정 건드린 거야? 새로 찍은 사진이 죄다 과다 노출로 나오잖아.

마지막으로 '상대방을 자극하다, 건드리다, 싸움을 걸다'라는 의미도 있으며 이에 대한 예문은 'mess with 요약'에서 확인하겠습니다.

☑ mess with 요약

1 ~에 안 좋은[부정적인] 영향을 미치다

> 🔊 I have to stop drinking coffee late; it mess with my sleep.
>
> 늦은 시간에 커피 마시지 말아야겠어. 수면에 방해가 돼.

2 (부정문으로) (해로운 사람이나 부정적인 것과) 연관되지 않다, 엮이지 않다; (해롭거나 부정적인 것을) 이용하지 않다

> 🔊 I don't mess with alcohol anymore. It just seems like nothing good ever comes out of drinking.
>
> 더 이상 술은 안 마십니다. 술 마셔서 좋을 게 하나도 없는 것 같아서요.

> 🔊 Ever since I got food poisoning, I don't mess with street food on my travels.
>
> 식중독 걸린 이후로는 여행 중에 길거리 음식은 안 먹습니다.

3 ~에게 농담으로 말하다, ~에게 장난치다, ~를 놀리다

> 🔊 My friend likes to mess with servers by pretending he's Japanese and can't read the menu. He's kind of a jerk.
>
> (한국인이면서 다른 나라 사람인 척하는 친구 이야기)
> 제 친구는 자기가 일본인인 양 메뉴판을 읽지 못하는 척하면서 식당 직원을 골탕 먹이는 버릇이 있습니다. 멍청한 녀석이죠.

4 ~을 부주의하게 다루어 손상을 입히다, 망가뜨리다

> 🔊 Who messed with my new tablet while I was gone? There's a bunch of apps that I didn't download on it.
>
> 내가 나가 있는 동안 누가 내 태블릿 건드린 거야? 내가 다운 받지도 않은 앱이 엄청 있네.

5 ~를 자극하다[건드리다], ~에게 싸움을 걸다

 I learned the hard way* not to **mess with** kitchen staff. I ended up in the hospital with food poisoning the next day.

*learn the hard way: 대가를 치르고 교훈을 얻다

(어느 식당의 주방장과 심하게 싸운 뒤 공교롭게 식중독에 걸린 사람이 농담조로 하는 말)

주방에 있는 분은 건드리면 안 된다는 걸 비싼 대가를 치르고 알게 되었어요. 다음 날 식중독으로 병원 신세를 지게 되었습니다.

SMALL TALK

1 엘리베이터 안에서 전화 통화 중인 상황　◖◻◻

Ⓐ Let's... at... o'clock... next... okay?

Ⓑ Sorry? You're breaking up. I think being underground is **messing with** my signal. I'll call you back when I get off.

Ⓐ 다음 …시에 …하자, …알았지?

Ⓑ 뭐라고? 끊겨서 들려. 지하라서 신호가 끊기는 것 같아. 내려서 다시 전화할게.

2 만우절 전날 교사들의 대화　◖◖◻

Ⓐ I am going to **mess with** my students tomorrow for April Fool's Day.

Ⓑ Oh really? What do you have planned? Maybe I'll get in on it* with you.

*get in on it: 동참하다, 함께 하다

Ⓐ 내일 만우절이라 학생들 좀 골탕 먹이려고요.

Ⓑ 진짜요? 어떤 계획인가요? 저도 같이 아이들 놀려 볼까 싶네요.

3 말을 함부로 한 친구에 대한 대화

Ⓐ Did you hear what Johnny said? Someone should teach him a lesson.

Ⓑ Don't mess with him. He's friends with some of the strongest guys in town.

Ⓐ Johnny가 뭐라고 했는지 들었어? 누가 걔 좀 혼내 줘야 해.

Ⓑ 걔는 건들지 마. 이 동네에서 제일 센 녀석들이랑 친구니까.

CASES IN POINT

건강 관련 유튜브에 출연한 의사의 말

A Hello, everyone! Dr. Oh is with us today to teach us a bit about alcohol consumption, and how much is too much. Doctor, please go ahead.

B Thank you. As we all know, a lot of Koreans like to kick back* with a few drinks after getting off work, but the question is, as you said, how much is too much? Actually, consuming even a little alcohol too frequently can have negative effects on our health. First and foremost, alcohol really messes with your quality of sleep. If you feel the need to indulge*, you should limit yourself to drinking once a week, and in moderation.

*kick back(= unwind): 긴장을 풀다
*indulge: (특히 좋지 않다고 여겨지는 것을) 마음껏 하다, 지나치게 하다

A 안녕하세요, 여러분! 오 박사님이 오늘 함께 해 주셨습니다. 알코올 섭취와 과음의 기준에 대해 한 말씀해 주실 겁니다. 박사님, 시작하시죠.

B 감사합니다. 아시다시피 많은 한국인이 퇴근 후 술 한잔하면서 긴장을 푸는 것을 좋아하지만, 문제는 말씀하신 것처럼, 어느 정도가 과한 것일까요? 사실 술은 조금만 마신다고 해도 너무 자주 마실 경우에는 건강에 해롭습니다. 우선 수면의 질을 떨어뜨립니다. 술을 먹어야겠다면 주 1회로 제한해야 하고, 적당히 마셔야 합니다.

miss out (on)

'포모(FOMO)'라는 용어를 들어 보셨나요? 'Fear Of Missing Out'의 줄임말로 '자신만 뒤처지거나 소외된 것 같은 두려움을 가지는 증상', 즉 '소외되는 것에 대한 두려움'을 뜻하는 말입니다. 마케팅에서 '포모(FOMO)'는 소비자에게 구매를 자극하는 전략으로 사용되기도 합니다. 예를 들어, 홈쇼핑 화면에 '마지막 세일', '매진 임박' 등의 문구를 띄워 더 이상 구매할 기회가 없다는 느낌을 주어 소비자를 조급하게 만들어 구매 결정을 재촉하는 것이죠.

이렇듯 miss out 또는 miss out on something은 '즐거움을 느낄 수 있거나, 어떤 이익을 얻을 수 있거나, 무언가를 저렴하게 구매할 수 있는 좋은 기회를 놓치다'라는 의미를 지니는 구동사입니다. 그렇다면 이런 의문이 생길 수 있습니다. miss와 miss out (on)의 차이는 무엇일까? miss는 '물리적으로 ~에 가지 못하다, ~을 놓치다'라는 의미인데 반해 miss out (on)은 물리적으로 어딘가에 가지 못하거나 무언가를 놓침으로써 '~할 기회, 즐거움, 혜택 등을 놓치다'라는 의미입니다. 다음 예문을 봅시다.

> Hey, come out tonight. You don't want to miss the party.
>
> 오늘 밤에 나와. 파티 안 가면 후회할 거야.

여기에서처럼 miss는 단순히 파티에 '안 가다, 못 가다'의 뉘앙스입니다. 반면에 miss out (on)은 다음과 같은 상황에서 쓰입니다.

A: I heard you were sick and couldn't make it to the concert last weekend. Is that right?

B: Yeah. I was really looking forward to it, but I got the flu the day before.

A: Too bad! You really missed out! It was an amazing time.

A: 아파서 지난 주말 콘서트에 못 갔다며. 맞아?

B: 응. 정말 가고 싶었는데 전날 독감에 걸렸어.

A: 정말 안됐다! 너무 좋은 기회를 놓쳤네! 정말 멋진 시간이었는데.

다음은 직장 동료 사이의 대화 중 일부입니다.

Hey Jimin, I heard you got sick before Saturday's meeting. Don't worry. You didn't miss out on anything.

지민 씨, 토요일 회의하기 전에 아팠다면서요. 걱정 마세요. (회의 때) 이렇다 할 특별한 내용은 없었어요.

다음 역시 miss out (on)이 miss함으로 인해 '~을 즐기거나 얻지 못하는 것'을 나타내는 예문입니다.

I don't want to miss out on the party or on getting to drink with the boss.

파티를 즐길 수 있는 기회 혹은 상사랑 술 마실 수 있는 기회를 놓치고 싶지 않거든.

☑ **miss out (on) 요약**

(즐거움을 느끼거나, 어떤 이익을 얻거나, 무언가를 저렴하게 구매할 수 있는) 좋은 기회를 놓치다

e.g. A: My family is going to Hawaii, but I told them I was too busy at work.

B: What? Why would you want to miss out on a trip to Hawaii?

A: 우리 가족들이 하와이에 가는데, 나는 일이 바쁘다고 했어.

B: 뭐라고? 하와이 여행을 마다하는 게 말이 돼?

e.g. This is a huge chance! I'm not going to miss out on it.

이건 너무 중요한 기회야! 절대로 그냥 보내지 않을 거야.

e.g. I can't believe I missed out on the ski trip because I was sick. What a bummer!

아파서 스키 여행 갈 수 있는 기회를 놓치다니. 너무 속상해!

SMALL TALK

1 인플루언서의 파티에 꼭 가라고 권하는 친구와의 대화

Ⓐ You have to come to Montana Choi's party on Dosan Street. You don't want to miss out on a chance to network.

Ⓑ I know. I was really hoping to go and get acquainted* with him. I'm still not sure about my schedule, though. Can I let you know by Wednesday?

> *get acquainted: 이야기 등을 나누면서 서로에 대해 알게 되다

Ⓐ 도산대로에서 하는 Montana Choi의 파티에 꼭 와. 인맥을 쌓을 수 있는 기회를 놓치면 안 되니까.

Ⓑ 알아. 나도 꼭 가서 그분과 친해지고 싶었어. 근데 내 스케줄을 확실히 모르겠어. 수요일까지 알려줘도 돼?

2 회식에 대한 동료 사이의 대화 ◖▮▯

Ⓐ Team dinners aren't really for me. I don't like that supervisors insist on me drinking soju.

Ⓑ Same here. I don't like going out to company dinners, either. But I still go because I don't want to miss out on the juicy small talk*.

*juicy talk: (충격적이거나 흥미진진할 정도로) 재미있는 대화, 이야기

Ⓐ 회식은 나랑 안 맞아. 상사가 소주를 강요하는 게 너무 싫거든.

Ⓑ 나도 마찬가지야. 나도 회사 회식 가는 거 싫어. 그래도 흥미로운 소소한 이야기를 놓치고 싶지 않아서 여전히 가긴 해.

3 팝업 행사 주최 측과 고객 사이의 대화 ◖▮▯

Ⓐ Well, I'm glad you could make it. I didn't want you to miss out. It will be a good chance to check out these amazing glasses and mingle with people in the fashion industry.

Ⓑ Thanks for inviting me to the pop-up event. I was really looking forward to it. Are there any particular frames you would recommend, by the way?

Ⓐ 못 오실 줄 알았더니 오셔서 다행입니다. (이번 행사를) 꼭 경험하시길 바랐거든요. 멋진 안경도 보시고 패션 쪽 사람들과도 어울릴 좋은 기회일 거예요.

Ⓑ 팝업 행사 초대해 줘서 고맙습니다. 진짜 기대했습니다. 그나저나 안경테 추천해 주실 만한 것 있을까요?

SNS가 FOMO의 주범이라는 내용의 블로그 게시글

I feel like I should quit social media altogether*, especially Instagram. Seeing my friends constantly* on holiday or enjoying nights out can make me feel like I am missing out while others are living their life to the fullest*. Take a look at this article I recently came across. It goes like this: "Social media posts can also set unrealistic expectations and create feelings of low self-esteem. Instagram easily makes girls and women feel as if their bodies aren't good enough." As a woman, I couldn't agree more with what she said in the article. How do you feel?

*altogether: 완전히
*constantly: 끊임없이, 계속해서
*to the fullest: 최대한으로

아무래도 SNS를 완전히 끊어야 할 것 같다. 특히 인스타그램을 말이다. 친구들이 끊임없이 휴가를 보내거나 밤에 나가서 노는 걸 보면 다른 사람들은 인생을 충분히 즐기는데 나만 소외된 느낌이 든다. 최근 우연히 보게 된 기사를 한번 보자. 내용은 이렇다. "SNS는 사람들에게 비현실적인 기대를 갖게 하고, 자존감이 낮아지게 만든다. 인스타그램 때문에 여성들이 자신의 외모가 부족하다고 느끼게 된다." 여성으로서 이 기사에서 여자가 한 말에 너무 공감이 간다. 여러분은 어떤가?

move on

move on은 기본적으로 '원래 있던 장소에서 다른 장소로 이동하다'라는 의미의 구동사입니다. 여기서 확장되어 회의 시 '다음 주제 등으로 넘어가다'라는 의미로 많이 사용되지요. 시험 문제를 풀다가 막혀서 '우선 다음 문제부터 풀다'라고 할 때도 쓰이며, 한 회사에서 오랫동안 근무한 뒤 다른 회사로 이직하는 경우와 같이 '새출발하다'라는 의미로도 사용됩니다.

move on이 가장 흔하게 쓰이는 상황은 아마도 남녀 관계에 관한 대화에서일 것입니다. 전 남자 친구나 전 여자 친구에 대한 미련을 버리고 '새출발한다'고 할 때도 많이 쓰이기 때문이죠.

move on의 여러 용례 가운데 가장 흥미로운 것은 바로 특정 연예인이나 공인을 지지하던 사람들의 '마음이 떠나다'라는 의미가 아닌가 싶네요.

다양한 예시들을 보면서 연습해 보겠습니다.

- A: Haley, how was your date last night?
  B: It was amazing. We had dinner and moved on to a quiet wine bar where we talked for hours. I really think this guy is the one.

  A: Haley, 어젯밤 데이트는 어땠어?

B: 너무 좋았어. 저녁 먹고, 조용한 와인바로 이동해서 몇 시간 동안 이야기를 나누었어. 이 남자가 내가 찾던 남자라는 생각이 들어.

- I knew I was ready to move on when I ran into my ex on the subway and I felt completely normal around her.

  지하철에서 우연히 전 여자 친구를 마주쳤는데도 아무렇지도 않더군요. 그제서야 이제는 잊고 새출발해도 되겠구나 싶었습니다.

- I'm the kind of person who can't move on until I completely finish a task. I'm not a multi-tasker.

  저는 하나의 업무를 완료하지 못하면 다음 일로 넘어가지 못하는 사람입니다. 멀티태스킹에 능한 사람이 아닙니다.

✅ move on 요약

1 다른 곳[장소]으로 이동하다

> e.g. I've lived in New York for three years and I'm really glad for the experience. But now, I think I am ready to move on.
> 뉴욕에 3년 살았는데, 정말 좋은 경험이었습니다. 하지만 이젠 다른 도시에 가서 살 때가 된 것 같아요.

2 다음 주제[내용]로 넘어가다; (시험에서) 다음 문제로 넘어가다

> e.g. When you don't know the answer to a question, move on and try again when you've finished the easier ones.
> 답을 모르겠으면, 다음 문제로 넘어갔다가 쉬운 것을 다 풀고 난 후에 다시 풀어 봐.

3 (커리어 또는 남녀 관계에서) 새출발하다

 Sarah's going on a blind date this weekend. I guess she moves on really fast.

Sarah가 이번 주말에 소개팅하기로 했어. 전 남자 친구를 굉장히 빨리 잊는 것 같아.

4 (팬들의) 마음이 떠나다

 Following the scandal, many of his fans have already moved on.

스캔들 이후에 그의 팬 중 많은 이들의 마음이 이미 떠난 상태다.

SMALL TALK

1 제품에 대한 사내 발표 상황

Ⓐ I think we're ready to move on, so I'll just pull up the next slide.

Ⓑ Wait a second. Can you elaborate more on* battery cells? You lost me a bit there.*

*elaborate on: ~에 대해 (더) 자세히 말[설명]하다, 상술하다
*You lost me there.: 그 부분에서 이해가 안 된다(= 무슨 말인지 모르겠다).

Ⓐ 이제 다음으로 넘어가도 될 것 같네요. 다음 슬라이드 띄우겠습니다.

Ⓑ 잠시만요. 배터리 셀 부분을 좀 더 자세히 설명해 주실 수 있을까요? 그 부분이 조금 이해가 안 돼서요.

2 전날 있었던 일에 대한 회사 동료 사이의 대화

Ⓐ I heard you took Jeff and Hailey out to dinner last night. How did it go? Jeff was looking pretty rough* this morning when I saw him.

Ⓑ Yeah, I did. We first went out for pork belly before moving on to a bar named "Unforgettable" at Gongdeok station. We were having a good time until Jeff got totally wasted* and started hitting on* some women. Hailey was furious.

> *look rough: (몸이) 안 좋아 보이다
> *get wasted: 고주망태가 되다
> *hit on: ~에게 집적대다, 추근대다

Ⓐ 어젯밤에 Jeff랑 Hailey를 데리고 나가서 저녁 식사했다면서? 어땠어? 오늘 아침에 보니 Jeff 몰골이 말이 아니던데.

Ⓑ 응, 맞아. 1차로 삼겹살 먹고 2차는 공덕역에 있는 '언포게터블'이라는 바에 갔어. Jeff가 고주망태가 되어 여자들에게 추파를 던지기 전까지는 좋았는데 말이야. Hailey는 엄청 화가 났지.

3 헤어진 여자 친구를 못 잊는 친구와의 대화

Ⓐ Are you still upset about Jiwon? It's been six months already. You can't let the past get in the way*. It's time to move on.

Ⓑ I wish it was that easy. I can't get over her. All I can think about is what a huge mistake I made.

> *get in the way: 방해되다, 걸림돌이 되다

Ⓐ 아직 지원이에게 감정이 남아 있는 거니? 벌써 6개월이 지났잖아. 과거에 연연하지 말고 새출발해야지.

Ⓑ 그게 말처럼 쉽지가 않아. 그녀를 잊을 수가 없어. 헤어진 건 너무 큰 실수였다는 생각 밖에 안 들어.

Lady Gaga의 팬이 블로그에 남긴 글

I used to be a huge fan of Lady Gaga, but her latest album just feels like a cash grab*. It looks like her peak time in the spotlight is over, and I can see why many fans are moving on. She just doesn't seem to play a real role in the music scene anymore. It seems like she's lost touch with* fans, especially with her lack of engagement* on social media. Lately, it feels like she's more focused on making money than maintaining her artistic integrity*, which has really disappointed me.

*cash grab: 돈을 벌기 위해 급하게[엉성하게] 만든 제품
*lose touch with: ~와 교감 등이 끊기다
*engagement: 참여, 적극적인 활동
*integrity: 완전한 상태, 온전함

예전에는 Lady Gaga의 엄청난 팬이었다. 하지만 최근 앨범은 그냥 쉽게 돈 벌려고 만든 느낌이다. 이제 그녀의 전성기는 끝난 것 같다. 왜 많은 팬들이 마음이 떠나고 있는지 알겠다. 그녀는 더 이상 음악계에서 의미 있는 역할을 하지 못하는 듯하다. 팬들과도 너무 동떨어져 있는 것 같다. 특히 SNS에서의 적극적인 활동이 너무 부족하다. 최근에는 예술적인 완성도를 유지하기보다는 돈 버는 데 더 집중하는 것 같아서, 정말 실망스럽다.

pass for

pass for는 '사실은 그렇지 않지만 ~으로 통하다(가짜인 것이 진짜인 것으로 여겨지다)'라는 의미의 구동사입니다. 다시 말해서, 실제로는 그것이 아니지만 사람들이 그렇게 믿을 정도로 완벽해서 '~으로 통하다'라는 의미입니다.

핼러윈을 맞아서 경찰관 복장으로 꾸민 사람이 다음과 같이 말합니다.

> What do you think of my costume? Could I pass for a real police officer?
>
> 내 의상 어때? 진짜 경찰관처럼 보일까?

다음은 아빠를 너무 닮은 아들에게 엄마가 하는 말입니다.

> If you grew a mustache, you could definitely pass for your dad.
>
> 네가 수염 기르면 아빠라고 해도 믿을 거야.

진품만큼이나 좋은 복제품 가구를 소장하고 있는 사람이 다음과 같이 말합니다.

> I have this replica piece of Joseon Dynasty furniture. It could definitely pass for an authentic antique to most people.

제가 이 조선시대 가구의 복제품을 가지고 있는데, 대부분 사람들은 진짜 골동품이라고 해도 믿을 겁니다.

pass for는 '사실은 아닌데 ~인 척하다, ~으로 가장하다'라는 의미로도 쓸 수 있습니다.

He was living his life, passing for a normal banker and husband. No one knew he was actually a psychopath.

그는 정상적인 은행원이자 남편인 척 거짓 삶을 살았다. 아무도 그가 사이코패스인 줄은 몰랐다.

☑ pass for 요약

1 (사실은 그렇지 않지만) ~으로 통하다

e.g. Minsu's English is so good that he can pass for a Korean-American.

민수는 영어를 너무 잘해서 재미 교포라고 해도 믿을 것이다.

e.g. This gently-used watch could pass for new. It's barely been out of its box.

(중고 시계 판매자가 하는 말)

굉장히 아껴 쓴 시계라 새 제품이라고 해도 믿을 겁니다. 박스 개봉하고 거의 사용하지 않았거든요.

2 ~인 척하다, ~으로 가장하다

e.g. I grew up in Paris. It can be difficult to fit into any new place while traveling, but there are a few things I think you should know if you're trying to pass for a Paris

local or simply want to have a smooth trip. The Rouge
Bakery is where you can get the freshest baguettes.
It's also a spot to buy tarts to share with friends, grab
a quick croissant before work, and eat a snack after
school.

(파리 시민이 파리 여행객들을 위한 팁을 공유한 글)
저는 파리에서 자랐습니다. 어떤 곳이건 여행 중에 새로운 장소에서
튀지 않고 묻어 가는 건 어려울 수 있지만, 파리 현지인처럼 보이고
싶거나 편안한 여행을 원한다면 알아 둬야 할 몇 가지가 있습니다. 로지
베이커리에서는 가장 신선한 바게트를 살 수 있습니다. 친구들과 나눠
먹을 수 있는 타르트도 살 수 있고, 출근 전에 간단하게 먹을 크루아상을
살 수도 있으며, 방과 후 간식을 먹을 수 있는 곳이기도 합니다.

SMALL TALK

1 영어 실력이 뛰어난 한국인과 원어민의 대화

Ⓐ Your English is so good that you could almost pass for a
native speaker. Didn't you mention that you've never been
to any English-speaking countries? Where did you pick up
your English, then?

Ⓑ Thank you for saying so. I mostly picked it up from watching
American shows, but I've got some British friends in Seoul,
and hanging out with them has really helped.

Ⓐ 너 영어를 너무 잘해서 원어민이라고 해도 믿겠어. 영미권 국가에는 한 번도 안 가
봤다고 하지 않았니? 그럼 영어를 어디에서 익힌 거야?

Ⓑ 그렇게 말해 줘서 고마워. 주로 미드 보면서 익혔어. 근데 서울에 영국인 친구들도 좀
있어서 이 친구들과 어울린 게 큰 도움이 되었어.

2 나이에 비해 젊어 보이는 사람에 대한 대화

Ⓐ I can't believe she is in her late 50s. She obviously has taken such good care of her skin. She could even pass for 30.

Ⓑ Totally. Apparently, she is getting some expensive treatments from a posh* skin clinic in Gangnam. I wish I could afford that, too.

*posh: (아주) 고급의

Ⓐ 그분이 50대 후반이라는 것이 믿기지 않아. 틀림없이 피부관리를 정말 잘했을 거야. 서른이라고 해도 믿겠다.

Ⓑ 내 말이. 보니까 강남에 있는 고급 피부과에서 비싼 시술을 받는 듯해. 나도 그럴 형편이 되면 좋으련만.

3 통역사의 실력을 칭찬하는 대화

Ⓐ What did you think of her interpretation of his acceptance speech?

Ⓑ I was blown away. I think she could pass for a professional interpreter.

Ⓐ 수상 소감에 대한 그녀의 통역 어떻게 봤어?

Ⓑ 정말 대단하더라. 전문 통역사라고 해도 믿을 거야.

CASES IN POINT

산타로 변장한 아빠의 이야기

Last Christmas, I wanted to play Santa for the kids, but it was late December, and all I could get my hands on* was a cheap, used costume. Santa costumes are in high demand* around Christmas, so you should really order one by early

December at the latest. I was really worried that my kids would see through the disguise as soon as I walked in. The beard looked like a mop, and the suit didn't even have real buttons. Still, I put on the costume and hoped for the best. When I came into the living room, the kids' eyes lit* up with excitement. Despite the bad costume, I managed to pass for Santa, and the evening was a magical one.

*get one's hands on: ~을 손에 넣다, 구하다
*in high demand: 수요가 많은, 찾는 사람이 많은
*lit: light(빛이 나다)의 과거형

지난 크리스마스 때 나는 아이들을 위해 산타 역할을 하고 싶었다. 하지만 그때가 (이미) 12월 하순이라 저렴한 중고 의상밖에 구할 수가 없었다. 크리스마스쯤에는 산타 복장을 찾는 사람이 많기 때문에 아무리 늦어도 12월 초까지는 주문해야 한다. 내가 들어가자마자 아이들이 (내가) 변장한 걸 알아차리면 어쩌나 정말 걱정되었다. 수염은 대걸레 같아 보였고, 옷에는 심지어 진짜 단추도 없었다. 그래도 산타 옷을 입었고, 끝까지 (들키지 않기를 바라는) 희망을 잃지 않았다. 거실에 들어갔더니 아이들의 눈이 기대감으로 반짝였다. 의상은 형편없었지만, 다행히 산타인 척 속일 수 있었고, 그날 저녁은 정말 신비로운 밤이었다.

pass up

좋은 기회나 놓치기 아까운 제안 등을 '사정상 불가피하게 그냥 보내다'라는 의미를 지닌 구동사인 pass up은 turn down이나 reject와 그 의미가 비슷하답니다.

승진 기회가 생겼음에도 사정상 그냥 포기해야 하는 경우 pass up a chance for promotion이라고 할 수 있지요. 저렴한 가격에 괜찮은 중고차가 매물로 나왔음에도 여건상 좋은 구매 기회를 그냥 날려 보내야 하는 경우에는 다음과 같이 표현할 수 있습니다.

> I had to pass up (on) getting my dream car, a Porsche 911.
> 내 꿈의 차인 포르쉐 911을 살 수 있는 기회를 그냥 포기할 수밖에 없었다.

인스타그램 광고에서는 다음과 같은 문장도 볼 수 있습니다.

> Have you ever had to pass up (on) a pair of jeans that looked great, only because the waist was too tight?
> 허리선이 너무 타이트해서 너무 멋진 청바지를 아쉬워하며 그냥 포기해야만 했던 적이 있나요?

와인을 세 병이나 사 온 남편이 아내가 묻는 말에 다음과 같이 말합니다.

A: Why did you buy three bottles? We only needed one.

B: It was buy two, get one free. I couldn't pass that up.

A: 왜 세 병이나 산 거야? 한 병만 있으면 되는데.

B: '투 플러스 원' 행사를 하더라고. 그냥 지나칠 수가 없었어.

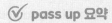 **pass up 요약**

(좋은 기회, 놓치기 아까운 제안 등을) 사정상 불가피하게 그냥 보내다

e.g. I'm on a diet, but I can never pass up (on) free donuts at the office.
다이어트 중이긴 한데, 사무실에서 공짜 도넛을 주면 절대 그냥 넘어갈 수는 없지.

e.g. Even though I didn't need a new dress, I couldn't pass up (on) the sale.
새 옷이 필요하지는 않았지만 세일하는 걸 그냥 지나칠 수가 없었다.

e.g. I've been obsessed with Olivia Palermo's style for a while, so I couldn't pass up (on) the chance to meet her in person!
(뉴욕 패션위크에서 유명인을 만난 일화)
제가 Olivia Palermo 스타일에 푹 빠져 있어서, 그녀를 직접 만날 수 있는 기회를 그냥 보낼 수는 없었습니다.

1 의자 구매에 관한 인스타그램 DM 대화

Ⓐ Hello. I just came across this Danish chair, and it's something I was really hoping to get my hands on. I would be willing to pay even more than the listed price.

Ⓑ Thank you for your offer, but unfortunately, I'll have to pass it up because I already promised to sell the chair to someone else.

Ⓐ 안녕하세요. 우연히 이 덴마크산 의자를 봤는데요. 제가 정말 구하고 싶었던 겁니다. 표기된 가격보다 더 지불할 용의가 있습니다.

Ⓑ 제안 감사합니다만, 안타깝게도 이미 다른 분에게 팔기로 해서 제안을 고사해야 할 것 같습니다.

2 카페에서 공짜 음료를 주는 걸 본 미국인과 한국인 친구의 대화

Ⓐ Wow, check out that line. Let's go over and check out what's going on. (It turned out they were handing out free coffee.) I never pass up on free drinks!

Ⓑ Hey, dude*, can't we skip it? There is this saying in Korea. "If you go after* only free things, you'll lose your hair."

*dude: 녀석, 놈
*go after: ~을 쫓다, 추구하다; 얻으려고 하다

Ⓐ 우와, 저 줄 좀 봐. 가서 무슨 일인지 한번 보자. (알고 보니 커피를 공짜로 나눠 주고 있었다.) 내가 공짜 커피는 절대로 그냥 지나치지 않지!

Ⓑ 친구야, 그냥 넘어가는 게 어때? 한국 속담에 이런 말이 있어. "공짜 좋아하면 대머리 된다."

3 룸메이트 사이의 대화

Ⓐ You already have enough leather jackets. Why don't you just make do with what you already have?

Ⓑ Yeah, I know I already have enough, but when I saw this genuine leather jacket on sale for 500,000 won, I couldn't pass it up.

Ⓐ 너 이미 가죽 재킷 많잖아. 그냥 있는 걸로 버티지 그래?

Ⓑ 응, 이미 많지. 근데 이 천연 가죽 재킷이 50만 원에 세일하는 걸 보니까 그냥 못 지나치겠더라고.

CASES IN POINT

자동차 관련 동호회 채팅방에 올라온 글

Need advice on buying a 2006 Sienna with 290,000 km

Hi, I'm new here. I don't know if this is OK to post, but I'm an older woman who is trying to find a dependable* van, and I don't know much about car maintenance. I have an appointment to look at a car tomorrow with about 290,000 km on it. It seems well-maintained, and looks fine. I'm having a mechanic check it out, but from what I can tell, the timing belt probably needs replacing about now, right? The owner gave me a discount on the price from 5.3 million won to 3.4 million won before I even took a look at it. I just wanted to know if it's going to end up costing me millions in maintenance over the next year. If so, I will have to pass it up, even though it looks like a nice van.

*dependable: 믿을 수 있는, 신뢰할 수 있는

29만 킬로미터를 탄 2006년산 시에나 구매에 대한 조언이 필요합니다

안녕하세요. 이곳은 처음입니다. 포스팅을 해도 될지는 잘 모르겠지만, 저는 믿을 만한 밴을 알아보고 있는 중년 여성입니다. 차 관리에 대해서는 잘 모르고요. 내일 차를 보러 가기로 예약해 두었습니다. 이 차는 주행거리가 29만 킬로미터 정도 된 차입니다. 관리를 잘 한 것 같고 상태도 좋아 보입니다. 정비사가 차 상태를 확인할 예정이지만, 제가 보기에는 타이밍 벨트를 교체할 시점이 된 것 같습니다. 차주는 제가 차를 보기도 전에 가격을 530만 원에서 340만 원으로 깎아 주었습니다. 이 차가 내년에 수리비로 수백만 원이 들어가는 건 아닌지 궁금합니다. 그럴 경우 (아쉽지만) 이번 기회를 그냥 보내야 할 것 같고요. 그래도 좋은 밴인 것 같기는 합니다.

pick up

pick up은 낮은 곳이나 바닥 면에서 '~을 집어 올리다'라는 의미에서 시작해 '~를 마중 나가다, 태우러 가다'라는 뜻으로도 사용되는 구동사입니다. 이뿐만 아니라 '(어디에서) ~을 사다, (누구에게) ~을 사다 주다'라는 의미로도 사용되며, '(어떤 사람과 어울리거나 무엇을 하면서) ~한 습관, 말투가 생기다'라는 뜻까지 지닌 구동사랍니다. 심지어 '(어떤 사람으로부터) 소질 등을 물려받다'라는 의미도 있으며, 수업이나 회의를 할 때 '지난 시간에 마친 부분부터 시작하다'라는 의미로도 쓰이니 그야말로 만능 구동사라 할 수 있겠습니다.

우리말의 '왜 전화를 늦게 받은 건데?'를 영어로 옮기면 Why didn't you pick up the phone earlier?가 되는데, 수화기를 손으로 집어 드는 것을 연상한다면 이해가 되실 겁니다.

식당에서 계산을 할 때 계산서(tab)을 집어 드는 것 역시 pick up the tab이라고 표현합니다. 다음 문장을 한번 보겠습니다.

I ended up picking up the tab.
결국 제가 계산을 해 버렸어요.

한 가지 덧붙이자면 ended up picking up the tab은 독특한 뉘앙스가 있습니다. 원래는 계산을 할 생각이 없었는데 내가 계산하고 말았다는 어감입니다.

'누구에게 무엇을 사다 주다'라고 할 때 역시 **pick up**을 써서 다음과 같이 표현할 수 있습니다.

Do you want me to pick anything up for you?
뭐 좀 사다 줄까?

그렇다면 '사다'라는 의미의 **pick up**은 **buy**와 어떻게 다를까요? **pick up**은 주로 '~에 가는 길에 사다'라는 의미로 자주 사용되고, 음료, 과자, 커피, 햄버거, 초콜릿 바 등과 같이 '작은 것[저렴한 것]을 사다 또는 사 가다'라고 할 때 적절한 표현입니다. 또한, '뜻하지 않게 ~을 사다, 건지다'라고 할 때도 쓰입니다. 관련 예문 두 개를 보 겠습니다.

* I'll pick up something for dinner on my way home.
집에 가는 길에 저녁거리 좀 사 갈게.

* On our trip to Mongolia, we picked up sea buckthorn jam, which isn't available back home.
몽골 여행 중에 우연찮게 한국에는 없는 산자나무 열매 잼을 사게 됐다.

✅ pick up 요약

1 (땅바닥 등 낮은 곳에서) ~을 집어 올리다

🔊 Coffee beans are a hassle to pick up if you spill them. They bounce and end up going everywhere.
원두는 쏟으면 줍기가 (너무) 번거롭다. 튀어서 여기저기 가 버린다.

2 ~를 태우러 가다

🔊 I will pick you up from work.
내가 회사로 태우러 갈게.

3 ~를 사다, (어디에 간 김에) ~을 사다 주다

🔵 I'll pick up some coffee at the CU. Would you like some?

CU에서 커피 살 건데, 너도 필요하니?

4 (어떤 사람과 어울리면서) 습관·말투 등이 생기다; (어떤 사람으로부터) 소질 등을 물려받다

🔵 A: You're the first person I've heard use the word "clicks" for "kilometers."

B: Yeah, I think I picked up that expression from the Canadians in my office.

A: '킬로미터'를 'clicks'로 표현하는 분은 당신이 처음이네요.

B: 네, 회사에 캐나다 분들이 있는데 그분들 때문에 그렇게 표현하게 된 것 같아요.

5 (중단된 곳에서부터) 다시 시작하다

🔵 OK, guys, let's pick up where we left off yesterday.

여러분, 어제 마친 부분부터 다시 이야기할까요?

SMALL TALK

1 함께 사는 친구 사이의 대화

🅐 Is that cilantro? Ugh... didn't I mention that I don't really care for cilantro? Where did you pick that up, by the way? It's kind of hard to find fresh cilantro.

🅑 Oh, dang it. That totally slipped my mind. There is this produce store right next to Sookmyung Women's University station.

Ⓐ 그거 고수야? 으으… 내가 고수 별로 안 좋아한다고 말하지 않았나? 그나저나 어디서 산 거야? 신선한 고수를 찾기 힘들거든.

Ⓑ 앗, 완전 깜박했다. 숙대입구역 바로 옆에 채소 가게가 있어.

2 빵을 사 온 친구와의 대화

Ⓐ I got you this delicious olive cheese bread. Wanna try some? Whenever I go to Daejeon for business, I always pick up some bread from Sungsimdang.

Ⓑ I'm good, thanks. I feel bloated when I have bread. There must be something about bread that just doesn't agree with me*.

*음식 + don't/doesn't agree with me: 어떠한 음식이 나랑 안 맞다, 어떠한 음식을 먹으면 탈이 난다

Ⓐ 맛있는 올리브 치즈 빵 사 왔어. 먹어 볼래? 대전에 출장 갈 때마다 성심당에서 빵을 사거든.

Ⓑ 고맙지만 괜찮아. 빵 먹으면 속이 더부룩해서. 빵은 뭔가 내 몸에 안 맞아.

3 야근하면서 생긴 야식 습관에 대한 대화

Ⓐ It seems like I've picked up a bad habit of late-night snacking from working the night shift.

Ⓑ Aha! That explains the extra pounds you've put on in the last few weeks. That's totally unhealthy. You should definitely cut down.

Ⓐ 야간 근무하면서 야식하는 나쁜 습관이 생긴 것 같아.

Ⓑ 아! 그래서 지난 몇 주 동안 살이 찐 거구나. 근데 야식은 정말 몸에 안 좋아. 꼭 줄여야 해.

외국에서 오는 친지를 맞이할 준비를 하는 부부의 대화

A Honey, I am a bit worried that your aunt won't be able to find her way to our apartment. This is her first visit to Seoul, after all.

B No worries. I'll pick her up at the airport. That way, she doesn't have to try and figure out the subway system.

A That would be so nice. But didn't you mention that you have a Zoom meeting tonight?

B That has been pushed back to next Monday, thankfully.

A Well, that turned out perfectly! I am going to swing by the store to pick up some groceries while you are out, then.

B Sounds like a plan! I think it'll be around 9 o'clock when we get home.

A 여보, 숙모님이 우리 아파트 잘 찾아오실지 조금 걱정이네. 이번이 서울 첫 방문이잖아.

B 걱정 마. 내가 공항에 마중 나갈 거야. 그러면 숙모님이 지하철 타느라 헤매지 않으셔도 되니까.

A 그럼 너무 좋지. 그런데 오늘 밤에 줌 회의 있다고 그러지 않았어?

B 다행히 다음 주 월요일로 미뤄졌어.

A 너무 잘됐다! 그럼 당신이 (마중) 나간 동안 나는 마트에 들러서 장을 좀 볼게.

B 좋아! 우리가 집에 도착하면 9시쯤 될 것 같아.

pick up on

pick up on은 '쉽게 알아차리기 힘든 것[미묘한 것]을 알아차리거나 눈치채다'라는 의미를 지닌 구동사입니다. 여러분이 잘 아는 **notice**(눈치채다, 알아차리다)와 비슷한 의미인 셈입니다. 여기서 문법적으로 **up**은 부사이며 **on**은 전치사입니다. 다시 말해 목적어를 취하기 위해서는 **up**인 부사만으로는 안 되며 반드시 전치사인 **on**이 있어야 하는 것입니다. 비슷한 표현으로는 **take hints** 또는 **figure something out**이 있습니다. 다음 예문으로 확인해 보세요.

- She seems terrible at taking hints.

  그녀는 정말 눈치가 없어.

- You figured it out right away.

  금방 알아차리셨네요(= 눈치가 빠르시네요).

이제 **pick up on**을 이용한 3개의 예시를 보도록 하겠습니다.

- I wouldn't bother James right now. Didn't you pick up on how irritable he was this morning?

  지금은 James를 귀찮게 안 할래. 아침에 James가 굉장히 예민했던 거 눈치 못 챘니?

- My husband never picks up on any of my hints.
  제 남편은 제가 아무리 눈치를 줘도 못 알아차립니다.

- A: I was tossing and turning all night. I couldn't sleep at all. That always happens right before a busy day.
  B: Really? I didn't pick up on that at all. You seemed energetic and were mingling with everyone at dinner tonight.

  (단체 회식을 마친 후 집에 가는 길에서의 친구와의 대화)
  A: 밤새 뒤척였어. 한 숨도 못 잤어. (다음 날) 바쁜 날 직전이면 꼭 이래.
  B: 정말? 난 전혀 몰랐네. 저녁 식사 자리에서 힘이 넘치고 사람들과도 잘 어울리고 해서 말이야.

✅ pick up on 요약

(쉽게 알아차리기 힘든 것[미묘한 것]을) 알아차리다, 눈치채고 인지하다

🔊 Minji picked up on the nuances of the language faster than expected. She's a natural!
민지는 생각보다 빠르게 언어의 뉘앙스를 알아차리더군요. 타고났어요!

🔊 A: My 5-year-old son got in trouble for swearing in school. He must've learned that from me.
B: Be careful what you say around him. Kids pick up on everything they hear.

A: 다섯 살짜리 아들이 학교에서 욕을 하는 바람에 문제가 생겼어. 나한테 배운 게 확실해.
B: 아들 있는 데서는 말 조심해야 해. 애들은 듣는 건 전부 흡수한단 말이야.

1 최근 남자 친구와 헤어진 친구를 두고 하는 대화

Ⓐ Did you pick up on the lack of conversation between those two? It seems like they broke up...

Ⓑ Do you really think so? Now that you mention it, I noticed Sarah wasn't wearing her couple ring the last time we went out. Hey, you're really good at picking up on stuff like that. I would have never guessed unless you said something.

Ⓐ 그 둘 대화가 없는 것 눈치챘어? 헤어졌나 봐….

Ⓑ 정말 그렇게 생각해? 네가 그 말을 하니까 지난번에 Sarah랑 외출했을 때 커플 반지를 안 끼고 있었네. 야, 너 정말 이런 것에 눈치 빠르구나. 네가 말 안 했으면 난 전혀 몰랐을 거야.

2 기분이 안 좋아 보이는 친구에 대한 대화

Ⓐ Nicholas seemed to be in a bad mood this morning. I wonder if something happened last night.

Ⓑ Did he really? I didn't pick up on that. Why don't we ask him?

Ⓐ Nicholas가 오늘 아침에 기분이 안 좋아 보이더라. 어젯밤에 무슨 일 있었나 싶기도 하네.

Ⓑ 진짜 그랬어? 난 모르겠던데. 한번 물어보지 그래?

3 어젯밤에 갔던 술집 분위기에 대한 대화

Ⓐ Did you pick up on the strange vibe in that pub?

Ⓑ Yes! I think it was because we were the only girls there. I guess it was the kind of place that girls don't usually go to. I felt like I didn't belong there.

ⒶⒶ 그 술집 분위기 이상한 거 느꼈니?

Ⓑ 그래! 아마 여자라고는 우리밖에 없어서 그런 걸 거야. 여자들은 잘 안 가는 곳이었던 것 같아. 내가 있을 곳이 아닌 느낌이었어.

CASES IN POINT

전화 통화할 때 외국어로 소통하기가 더 어려운 이유

I've got some Korean students who complain to me about the difficulties of talking on the phone. They say, "I can barely understand what the other person is saying when we speak in English." You know, I see where they're coming from. Communication itself isn't just about verbal expressions. Our body language and expressions are also a huge part. So I always encourage my students to turn on their cameras during Zoom classes. It's so much easier for them to pick up on what's being communicated if we can see each other's faces.

제게 (영어로의) 전화 통화가 어렵다고 호소하는 한국인 학생들이 있습니다. 그들은 이렇게 말합니다. "영어로 전화 통화를 할 때면 상대방 말을 이해하기 어렵습니다." 이들이 왜 그런 말을 하는지 알겠어요. 소통이라는 것이 그저 말로 하는 표현만은 아니니까요. 몸짓 언어와 표정도 중요한 부분입니다. 그래서 저는 줌 수업 시 항상 학생들에게 카메라를 켜라고 합니다. 서로의 얼굴을 볼 수 있으면 수업 내용을 파악하기가 훨씬 더 쉬워집니다.

DAY 70

pull off

김재우의 영어관찰일기

pull off는 어떠한 면에 붙은 것을 '강한 힘으로 떼 내다', '잘 벗겨지지 않는 스웨터, 물에 젖은 양말이나 신발 등을 벗다'라는 의미의 구동사로, 여기서 의미가 확장되어 '잘 어울리기 힘든 옷, 안경, 모자 등을 소화해 내다'라고 할 때도 쓰입니다. 조금 더 의미가 확장되면 '쉽지 않은 것을 해내다, 성공하다'라는 뜻으로도 쓰입니다. 정말 활용도 만점의 구동사라고 할 수 있지요. 강한 힘을 주어 무언가를 떼어 내는 상황을 떠올려 본다면 pull off가 왜 옷이나 스타일 등을 잘 소화한다는 뜻이나 쉽지 않은 것을 성공시킨다는 의미를 갖게 되었는지 이해할 수 있을 것입니다.

그렇다면 '스웨터 등을 벗다'라고 할 때의 take off와는 어떻게 다를까요? take off는 '정상적으로 무엇을 벗다'라는 의미인 반면 pull off는 '쉽게 안 벗겨지는 것을 벗다'라는 의미입니다. 따라서 위에서 설명한 문맥에서는 pull off를 쓰는 것이 자연스럽게 들린답니다. 다양한 예시를 통해서 심화 학습을 이어가 보겠습니다.

- Pulling off bandages can be really painful, so I choose to rip them off quickly.

  반창고 떼는 건 진짜 아프다. 그래서 빨리 확 떼어 버린다.

- I have a hard time pulling my jeans off after a big dinner.

  저녁을 거하게 먹고 나면 청바지 벗는 게 쉽지 않다.

- I think other people look cool in bucket hats, but I can't pull it off.

  다른 사람들은 벙거지 모자를 쓰면 멋진 것 같은데, 나는 (벙거지 스타일을) 소화하기 어렵다.

- A: I have 24 hours to write 50 pages before my book deadline.

  B: Oh my. Do you think you can pull it off?

  A: 마감시간 맞추려면 24시간 이내에 책을 50페이지나 써야 해.
  B: 이런. 할 수 있겠어?

☑ pull off 요약

1 (어떠한 면에 붙은 것을 강한 힘으로) 떼 내다; (잘 벗겨지지 않는 스웨터나 물에 젖은 양말, 신발 등을) 벗다

⬤ When I'm taking the elevator in the morning, I check myself out in the mirror and pull off any lint or cat hair on my shirt.
(저는) 아침에 엘리베이터에 탈 때 거울로 매무새를 확인하고 셔츠에 붙은 보푸라기나 고양이 털을 떼 냅니다.

2 (잘 어울리기 힘든 옷, 안경, 모자 등을) 소화해 내다

⬤ 20 Looks That Are Really Hard to Pull Off Past Your Twenties
(《코스모폴리탄》에 실린 기사 제목)
20대가 지나면 소화하기 어려운 20가지 스타일

SMALL TALK

1 등산 후 발이 부은 친구와의 대화 ◖▢▢▷

Ⓐ I think my feet are swollen from this morning's hike. It's really hard to pull off my shoes.

Ⓑ Yeah, that sometimes happens to me after a long hike. Do you need a hand? Where did you go hiking, by the way?

Ⓐ 아침에 등산을 다녀왔더니 발이 부은 것 같아. 신발이 안 벗겨져.

Ⓑ 응, 나도 등산 오래 하면 그럴 때가 있어. 도와줄까? 그나저나 등산은 어디로 갔던 거야?

2 틱톡 슬릭백 영상에 관한 친구 사이의 대화 ◖▧▷

Ⓐ Look at this amazing Tiktok video! I can't believe this student can even pull off something like this. The way he's dancing, he's basically floating over the floor.

Ⓑ Oh, yeah. I've seen that video. Apparently, it's gotten over 200 million views and 2.3 million likes on TikTok.

Ⓐ 이 엄청난 틱톡 영상 좀 봐! 이 학생이 어떻게 이런 걸 할 수 있는지 믿기지 않아. 춤추는 모습이 거의 바닥 위를 떠다니네.

Ⓑ 응. 나 그 영상 봤어. 2억 뷰를 기록했고, '좋아요'도 230만 개가 달렸나 보더라.

3 머리 염색에 대한 친구 사이의 대화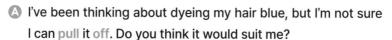

🅐 I've been thinking about dyeing my hair blue, but I'm not sure
I can pull it off. Do you think it would suit me?

🅑 What are you thinking? You're in your 60s. Nobody your age
could pull off something that crazy.

🅐 머리를 파란색으로 염색할까 고민 중인데, 내가 소화할 수 있을지 모르겠네. 나한테
어울릴까?

🅑 무슨 생각을 하는 거야? 너 60대잖아. 네 나이 때 그런 말도 안 되는 색깔을 소화할 수
있는 사람은 없어.

CASES IN POINT

1 손흥민 선수가 뛰는 토트넘의 어느 한국 팬 이야기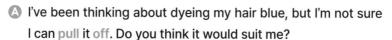

I am a big fan of Tottenham, the team that Son Heung-
min plays for. They had a match against Chelsea last
weekend. In the first half they were down by two goals*,
but Son pulled off a hat trick in the second half. It was
unbelievable that they managed to pull off a victory
when they were losing the game well into 75 minutes*.

*down by two goals: 두 골 차로 뒤진
*into+시간: ~에 접어들었을 때

나는 손흥민 선수가 뛰는 토트넘의 골수 팬이다. 지난 주말에는 첼시와의 경
기가 있었다. 전반에 2점 차이로 지고 있었지만, 후반에 손흥민 선수가 해트
트릭을 성공했다. 후반 75분까지 지고 있었는데 승리를 따냈다니 믿기지 않
았다.

I am currently working on an online MBA*. I was actually already supposed to have finished my paper and turned it in by midnight, British time. But with the time difference, I didn't realize that I had only two hours left, and I couldn't quite pull it off in time. Thankfully, after I talked to my professor, he extended the deadline so I could submit the paper without penalty. I was lucky, but I'll have to be careful not to make the same mistake in the future.

*MBA(Master of Business Administration): 경영학 석사

나는 현재 (해외) 온라인 MBA 과정을 이수 중이다. 원래는 리포트를 마쳐서 영국 시각으로 자정까지 제출해야만 했다. 근데 시차 때문에 2시간밖에 남지 않았다는 걸 몰랐다. 그래서 제때 제출하지 못했다. 다행히 교수님께 말씀드렸더니 기한을 연장해 주셔서 벌칙 없이 리포트를 제출할 수 있었다. 운이 좋았다. 하지만 앞으로는 같은 실수를 하지 않도록 조심해야 할 것 같다.

put away

put away에는 크게 세 가지 뜻이 있습니다. 우선 '물건 등을 사용한 후에 원래 자리 [제자리]에 두다'라는 의미가 있으며 다음과 같은 상황에서 쓸 수 있습니다.

> Please be sure to put away weights after you use them. Otherwise, other gym members can't find what they need.
>
> 사용하고 난 후에는 반드시 운동기구를 제자리에 두기 바랍니다. 그렇지 않으면 다른 체육관 회원들이 필요한 기구를 찾을 수가 없습니다.

물건을 치우거나 제자리에 두는 것처럼 돈을 나중에 쓰려고 따로 둔다고 할 때도 put away를 씁니다. 즉, '나중에 쓰기 위해 돈을 모으다'라는 뜻입니다.

> I live paycheck to paycheck. I don't have any money left to put away after paying all my bills.
>
> 저는 근근이 먹고살아서 공과금을 내고 나면 저축할 돈이 거의 남지 않아요.

put away에는 색다른 뜻도 있습니다. '~을 굉장히 많이 먹다, 섭취하다'라는 의미로, 다음과 같은 예문에서 이를 확인할 수 있습니다.

This mukbang YouTuber can put away three servings of pork belly by herself and still has room for dessert.

이 먹방 유튜버는 혼자서 삼겹살 3인분을 해치우지. 그러고도 후식 먹을 배는 따로 있어.

✓ put away 요약

1 (물건 등을 쓴 후에) 제자리에 두다, 치우다

> e.g. My wife has this habit of leaving everything scattered around, never putting things away.
>
> 제 아내는 뭐든 여기저기 두는 습관이 있어요. 절대로 제자리에 두지를 않지요.

2 나중에 쓰려고 돈을 모으다

> e.g. I've been putting away money for this new iPad, but when I went to the Apple Store to check one out, I found that they sold out just two days after launch.
>
> 신형 아이패드를 사려고 그동안 돈을 모아 왔어. 그런데 그걸 보러 애플 매장에 갔더니 출시 이틀 만에 이미 다 팔렸더라.

3 엄청난 양을 먹거나 마시다

> e.g. If I remember right, my uncle could put away five bottles of soju by himself.
>
> 내 기억이 맞다면, 우리 삼촌은 혼자 소주 다섯 병을 마실 수 있었다.

1 옷 보관에 대한 아내와 남편의 대화

Ⓐ Don't put away your jacket before it's dry! That's how you get moldy clothes.

Ⓑ Okay, okay. I'll hang it up on the drying rack overnight.

Ⓐ 마르기 전에 재킷 (옷장에) 넣지 마! 그러니까 옷에 곰팡이가 피지.

Ⓑ 알았어, 알았어. 하룻밤 동안 건조대에 널어 둘게.

2 여행 경비 마련에 관한 친구 사이의 대화

Ⓐ I heard you're planning a trip to Europe next summer. I could never afford that. How can you come up with the money?

Ⓑ I've been putting away a little from each paycheck into a travel fund. It really adds up!

Ⓐ 내년 여름에 유럽 여행 갈 계획이라고 들었어. 난 절대 형편이 안 돼. 여행 경비를 어떻게 마련하니?

Ⓑ 매달 월급에서 조금씩 떼어서 여행 자금으로 모아 왔지. 이게 쌓이면 크거든!

3 식습관에 관한 아버지와 아들의 대화

Ⓐ No matter what I eat, I just can't seem to gain weight. I guess you have the same problem, right, Dad?

Ⓑ Yes, but I think we're just not forcing ourselves hard enough to eat protein. Look at your cousin Robert. He puts away a lot of chicken and beans almost every meal, and then he downs protein shakes on top of that.

Ⓐ 뭘 먹어도 살이 진짜 안 쪄요. 아빠도 나랑 마찬가지잖아요. 그렇죠, 아빠?

Ⓑ 그래, 억지로라도 단백질을 충분히 섭취해야 하는데 우리는 안 그렇잖아. 사촌 Robert를 봐. 닭고기랑 콩을 거의 매끼 엄청나게 먹잖아. 게다가 단백질 셰이크도 많이 먹고 말이지.

사무실 정리에 관해 블로그에 쓴 글　◀■▭

Ever since I moved into this place, I've been trying to put things away* anywhere there's space. It's become a disorganized mess. That's why I'm planning on borrowing a friend's truck this weekend. I'm gonna go to that cheap furniture store and get some closets and drawers. Once I have proper places to put away all my textbooks and teaching materials, this place can be more useful for all kinds of purposes. Like, I could even buy some kettle bells and do workouts here in the morning.

이 사무실로 이사 온 후에는 공간이 있는 곳에 되는대로 물건을 두고 있다. 사무실이 정말 엉망이 되었다. 그래서 이번 주말에 친구 트럭을 빌릴 예정이다. 저렴한 가구점에 가서는 옷장이랑 서랍을 살 것이다. 교재와 수업 자료를 둘 곳이 마련되면, 이 사무실이 다양한 목적으로 더 유용하게 사용할 수 있다. 예를 들어, 케틀 벨을 사서 오전에 여기서 운동을 할 수도 있을 것이다.

*위 문맥에서의 put away는 물건을 쓴 후 '치우다'라는 의미입니다.

put down

김재우의 영어관찰일기

put down은 기본적으로 '들고 있던 것을 내려놓다'라는 의미를 지닌 구동사입니다. 식사 중인데도 계속 휴대폰을 보는 자녀에게 엄마는 다음과 같이 말합니다.

> Put down your phone and eat your dinner!
> 휴대폰 내려놓고 저녁 먹어야지!

put down에는 '내용, 생각 등을 적다, 기재하다'라는 의미도 있습니다. 다음은 《김재우의 영어회화 100》에서 소개한 문장입니다.

> I think your internship experience at Alcon is too short to put down on your résumé.
> 내가 볼 때 Alcon에서의 네 인턴 경력은 이력서에 기재하기에는 너무 짧아.

'신분증 등을 맡기다, 선수금(deposit) 형태로 얼마를 걸다[걸어 두다]'라는 의미도 있으며 관련 예문은 다음과 같습니다.

> To rent a bike, you need to put down your ID as collateral.
> 자전거를 대여하려면 담보로 신분증을 맡겨야 해.

'누군가를 무시하고 깔보다, 깎아내리다(그 결과 상대가 초라하게 느끼게 만들다)' 또는 '무엇의 가치를 깎아내리다'라는 의미로도 사용되는데, 가만히 생각해 보면 논리적으로도 이해가 되는 부분입니다. 물건을 내려놓듯 사람을 아래에 내려놓는다면 무시하고 깔보는 행위가 될 테니까요. 관련 예문을 보시죠.

When I was dating my ex, I felt like she was always putting me down. She always compared me with her successful ex-boyfriend and made me feel like I was nothing.

전 여자 친구랑 만날 때 항상 나를 무시한다는 느낌이 들었어. 늘 성공한 전 남자 친구와 나를 비교해서 내가 아무것도 아닌 것 같은 기분이 들게 했지.

☑ put down 요약

1 (들고 있는 것을) 내려놓다

e.g. I put down the wine glass too quickly and it spilled onto the table.

와인 잔을 너무 빨리 내려놓는 바람에 와인이 테이블에 쏟아졌다.

2 (생각, 내용 등을) 적다, 기재하다

e.g. I try to put down my thoughts on paper when I have too many things to do. It helps me get organized.

저는 할 일이 너무 많을 때는 종이에 제 생각을 적으려고 합니다. 정리하는 데 도움이 됩니다.

3 (선수금 형태로 일정 금액을) 걸다[걸어 두다], (신분증 등을) 맡기다

e.g. We require that our customers put down a 300,000 won security deposit to rent a car.

고객들이 차를 빌리려면 보증금으로 30만원을 예치해야 합니다.

e.g. If you want to open a tab at the bar, you need to put down your card.
그 술집에서 탭을 오픈하려면(= 나중에 술값을 한 번에 계산하려면) 카드를 맡겨야 해.

4 (다른 사람을) 무시하다, 깔보다, 깎아내리다; (무엇의 가치를) 깎아내리다, 폄하하다

e.g. Why did you have to put me down in front of everybody like that?
모든 사람들이 있는 데서 꼭 그렇게 나를 깎아내려야 했어?

e.g. At the dinner table, it's disheartening* when Dad puts down Mom's cooking, especially when she's worked hard to prepare a healthy meal.

disheartening: 사람을 낙심[낙담]시키는

저녁 식사 자리에서 아빠가 엄마가 만든 음식을 깎아내리면 마음이 안 좋다. 특히 엄마가 정말 열심히 건강식을 준비했을 때는 더 그렇다.

SMALL TALK

1 서로 이웃인 두 주부의 대화

Ⓐ My husband can't be bothered to put the toilet seat down, which is really frustrating.

Ⓑ Haha. Men are always like that. It's not just your husband. My husband is always doing that, coming up with all these different excuses, like "It just slipped my mind," or "I'm not myself today," so don't let it get to you*.

get to someone: ~를 짜증나게 하다, 거슬리게 만들다

Ⓐ 우리 남편은 변기 시트를 내려놓으라고 아무리 말 해도 안 돼요. 정말 짜증 나네요.

Ⓑ 하하. 남자들이야 맨날 그렇죠. 그쪽 남편만이 아니에요. 저희 남편도 "깜박했다", "오늘 좀 정신이 없다"라는 등 온갖 핑계를 대면서 늘 그러거든요. 그러니까 그런 걸로 신경 쓰지 마세요.

2 사고 싶은 차를 두고 고민 중인 친구와의 대화

Ⓐ I was thinking of getting this sports car. The thing is, I can barely afford it.

Ⓑ Then how about just leasing it? If you have good enough credit, you might even be able to lease a new car without putting anything down.

Ⓐ 이 스포츠카를 살까 싶은데, 가격이 부담스러운 게 문제야.

Ⓑ 그럼 리스하는 건 어때? 신용만 괜찮으면 선수금 없이 새 차를 리스할 수 있을지도 모르거든.

3 채용 담당자와 입사 지원자 사이의 메신저 대화

Ⓐ I noticed you didn't list any emergency contact on your application form. Is there a reason for that?

Ⓑ Oh, I'm still deciding who to put down. My family lives abroad, so I'm considering a close friend. I'll fill it out as soon as I confirm it with them.

Ⓐ 지원서에 긴급 연락처를 기재하지 않으셨더군요. 이유가 있을까요?

Ⓑ 아, 누구를 기재해야 할지 결정을 못 해서요. 가족이 해외에 살거든요. 그래서 친한 친구를 추가할까 합니다. 확정하는 대로 바로 기재할게요.

1 서점에서 멋진 책을 발견한 일화　◀█▶

I was checking out an old bookstore last weekend when I came across this charming book and I was hooked from the first page. I sat in the corner on the floor, reading it, completely unable to put it down. I was there for hours, and eventually bought it. I love how books can make me lose track of time like that.

지난 주말 어느 오래된 서점을 둘러보고 있다가 매력적인 이 책을 발견했는데 첫 페이지부터 매료되었다. 바닥 코너 쪽에 앉아서 읽었는데, 손에서 놓을 수가 없었다. 몇 시간을 (책을 읽으면서) 거기에 있다가 결국 구매했다. 책이라는 것 때문에 이렇게 시간 가는 줄 모를 수 있다는 게 너무 좋다.

2 아내와 파티에 다녀온 남편의 일기　◀█▶

I went to a party with my high school friends tonight and brought my wife along. I was hoping we'd have a good time together. But at one point, she made fun of me for my old high school nickname. I used to be called "Bookworm," but she said I haven't read anything besides webtoons in ages. It felt like she was putting me down. I laughed it off in the moment, but it actually hurt. The rest of the evening just didn't feel the same.

오늘 밤에 고등학교 때 친구들이랑 파티에 갔는데, 아내도 데려갔다. 다 같이 좋은 시간을 보낼 것을 기대했다. 그런데 아내가 파티 중간에 내 고등학교 때 별명 때문에 나를 놀렸다. 내 별명은 '책벌레'였다. 그런데 아내는 내가 몇 년 동안 웹툰 말고는 읽은 것이 없다고 했다. 나를 무시하는 느낌이었다. 그 순간은 그냥 웃어넘겼지만 정말 기분이 상했다. 그 이후로 저녁 내내 기분이 이전 같지 않았다.

put off

put off는 게으름을 피우거나 사정이 있어서 '해야 할 일을 미루다'라는 의미와 더불어 '흥미를 잃게 만들다, 정이 떨어지게 하다, ~하고 싶은 마음[생각]을 사라지게 만들다'라는 뜻으로 쓰이는 구동사입니다.

다음은 첫 번째 의미로 쓰인 예문입니다.

> You know that complicated tax paperwork I was putting off for months? I finally got around to it.
>
> (내가) 몇 달째 미루고 있던 복잡한 세금 (신고) 서류 알지? 드디어 처리했어.

두 번째 의미는 좀 생소할 수 있지만 생각보다 자주 쓰인답니다. 주로 '사물/상황 + put(s) + 사람 + off'의 형태로 쓰입니다. 이렇게 처음에는 익숙하지 않은 용법이나 표현들도 눈과 귀로 자주 접해서 익게 되면 결국 입에서도 자연스럽게 나올 수 있게 된다는 점을 꼭 기억하면서 다음의 예를 보시기 바랍니다.

> • He called his mom during our date to ask which café we should go to. It totally put me off.
>
> 남자 친구가 데이트 중에 자기 엄마한테 전화를 해서는 어느 카페에 가야 할지 묻더군요. 정말 정이 떨어지더라고요.

- I was really put off after the dish I ordered was totally different from the photo and they wouldn't refund me.

주문한 음식이 사진과 완전히 달랐는데 환불도 해주지 않아 정말 정이 떨어졌다(= 기분이 상했다).

✅ put off 요약

1 (그럴 만한 사정이 있거나 게을러서) 해야 할 일을 미루다

- e.g. I really want to go to South America this summer, but the news is saying there's a dangerous mosquito-borne virus going around these days, so I decided to put that trip off.

이번 여름에 남미에 정말 가고 싶은데, 뉴스 보니까 최근에 위험한 모기 매개 바이러스가 유행한다고 하네. 그래서 남미 여행을 미루기로 했어.

2 정이 떨어지게 하다, 흥미를 잃게 만들다, ~할 마음을 가시게 하다

- e.g. I would never date a smoker because the smell of tobacco really puts me off.

담배 냄새가 너무 싫어서 흡연자와는 절대 사귀지 않아요.

- e.g. I'm a big baseball fan, but I've noticed that whenever a star player secures a lucrative* contract, his performance never lives up to his pre-contract performances. Seeing my team's money wasted like that really puts me off.

*lucrative: 돈이 되는, 수익성이 좋은

나는 야구 광팬이다. 그런데 스타 선수들이 고액 계약을 맺을 때마다, 계약하기 전의 경기력에 미치지 못하더라. 우리 팀의 돈을 이렇게 낭비하는 걸 볼 때면 정말 야구에 대한 정이 떨어진다.

1 근무 시간에 딴짓을 하는 직장 동료와의 대화

Ⓐ You're playing games on your phone? It looks like you're slacking off. Did you ever get around to that work — I mean, those piles of paperwork?

Ⓑ I honestly did just get through all the stuff I'd been putting off. I was just starting to take a break!

Ⓐ 휴대폰으로 게임하는 거야? 너무 게으름 피우는 것 같군. 서류가 한 뭉치나 있던데, 그 일은 다 처리한 거야?

Ⓑ 사실은 미뤄 왔던 일을 방금 다 끝냈거든. 이제 막 잠깐 쉬려고 하는 건데!

2 소득 신고 관련 두 자영업자의 대화

Ⓐ Did you file your taxes yet? This week is the deadline. You can't put it off any longer.

Ⓑ Stop trying to make me feel bad! It's not like last year. I actually got an accountant to take care of my taxes this year. They're already done!

Ⓐ 이제 소득 신고는 다 마친 거야? 이번 주까지 해야 해. 더 미루면 안 돼.

Ⓑ 알고 있으니까 그만 좀 말해! 작년처럼 그러지 않아. 올해는 회계사한테 세금 신고 맡겼어. 이미 다 했다고!

3 겉모습과 실제 모습이 다른 친구에 대한 대화

Ⓐ I had a big crush on Eunji in part because I thought she was classy, so when I heard her swearing, that really put me off.

Ⓑ She seems classy, but you know what? It's not just her swearing. She also gossips about almost everyone. I'd stay away from her if I were you.

Ⓐ 은지가 너무 우아해서 완전 반했었거든. 그런데 욕을 하는 걸 듣고는 정이 뚝 떨어졌어.

Ⓑ 우아해 보이기는 하지. 그런데 그거 알아? 욕만 하는 게 아니야. 거의 모든 사람들에 대해서 험담을 해. 내가 너라면 은지를 멀리할 거야.

CASES IN POINT

매출 신장 방안이 안건인 직원 회의

As you mentioned earlier, something needs to be done to turn things around*. We've been losing customers for three months straight, and our sales were down 30% last month from January. We're in need of* some big changes. We need to bring in new customers while maintaining our existing customer base. While turning the ground floor into a cafeteria is an interesting idea I'm afraid it may put off our loyal customers. Anyway, let's hold off on that for now and put our heads together to try to figure out other ways to boost sales.

*turn things around: 상황을 바꾸다, 분위기를 쇄신하다
*in need of: ~이 필요한 상태의

앞서 말씀하신 것처럼, 분위기 반전을 위해서는 뭔가 조치가 필요합니다. 석 달 연속 고객이 줄고 있고, 지난달은 1월 대비 매출이 30% 감소했습니다. 큰 변화가 필요합니다. 신규 고객을 유입해야 하고 기존 고객층도 유지해야 합니다. 1층을 카페 공간으로 바꾸는 건 재미있는 생각이지만 충성 고객들을 실망시킬 수도 있습니다. 어쨌든, 그 안건은 잠시 보류하고 머리를 맞대어 매출 신장을 위한 다른 방안을 고민해 봅시다.

put on vs. have on vs. try on

김재우의 영어관찰일기

put on, have on, try on은 모두 무언가를 착용한다고 할 때 쓰는 구동사이지만 그 의미와 용법은 조금씩 다릅니다. 여기서는 이 세 구동사의 차이점에 대해 알아보 겠습니다.

우선 **put on**은 '무언가를 입고, 쓰고, 바르는 행위'를 의미하는 구동사입니다. 옷을 입건, 향수를 뿌리건, 모자·마스크·안경을 쓰건, 귀걸이를 하건, 신발을 신건 어쨌든 '행위'에 초점을 둔다면 **put on**으로 표현합니다. 다음 표현들을 통해 쓰임새를 확인 해 보세요.

put on clothes	put on sunscreen	put on a hat
put on a mask	put on shoes	put on a necklace
put on glasses	put on a helmet	put on makeup
put on perfume		

관련 대화문을 하나 보겠습니다.

> A: My hair looks bad today. I don't want to go outside.
> B: C'mon! Just put on a hat and let's go.

A: 오늘 머리가 엉망이야. 밖에 나가기 싫어.

B: 왜 이래! 그냥 모자 쓰고 가자.

한편, '음악을 틀다'라고 할 때 **turn on some music** 대신에 **put on some music** 이라고 할 수도 있습니다.

A: I have a headache...

B: Do you want me to put on(= turn on) some classical music?

A: 머리가 아파….

B: 클래식 음악 좀 틀어 줄까?

이 외에도 **put on weight**라고 하면 '체중이 늘다, 체중을 일부러 늘리다'라는 재미있는 표현이 되는데요, CASES IN POINT에서 좀 더 살펴보겠습니다.

다음으로, **have on**은 '행위'가 아닌 '상태'를 나타내는 표현입니다.

A: Hey, Dave, why do you have on your running shoes?

B: I'm going for a jog straight after work.

A: 이봐, Dave, 운동화는 왜 신고 있는 거야?

B: 퇴근하고 바로 조깅하러 가려고.

위 대화문에서처럼 운동화를 신는 행위가 아닌 신고 있는 상태를 표현하려면 **have on**을 사용해야 합니다. 그도 그럴 것이 **put**은 행위나 동작을 나타내는 동사인 반면 **have**는 상태를 나타내는 동사이기 때문입니다.

그렇다면 **try on**은 어떤 경우에 쓰는 표현일까요? '(최종 결정 전에) ~을 입어 보다, 써 보다, 착용해 보다'라는 뜻의 구동사입니다.

A: Honey, why is your wardrobe laying all over the bed?

B: I was trying on different outfits for my first day at work.

A: 여보, 왜 옷이 침대에 널브러져 있는 거야?

B: 출근 첫날 입을 옷을 여러 벌 입어 보고 있었거든.

✅ put on vs. have on vs. try on 요약

1 put on: ~을 입다, 쓰다, 착용하다; 바르다; 체중이 늘다(put on weight)

> e.g. Put on some pants before you go in the restaurant. You can't wear your swimsuit in there.
> (해변에서 엄마가 아들에게 하는 말)
> 식당에 들어가기 전에 바지 입으렴. 수영복 입고 들어가면 안 돼.

> e.g. I was putting on my perfume this morning and dropped the bottle on my bathroom floor.
> 아침에 향수를 뿌리다가 욕실 바닥에 병을 떨어뜨렸어요.

2 have on: ~을 입고 있다, 쓰고 있다, 착용하고 있다

> e.g. Even though I have two sweaters on, I am still freezing.
> 스웨터를 두 개나 입고 있는데도 얼어 죽겠다.

> e.g. You don't have any socks on? Aren't your feet cold?
> 양말을 안 신었네? 발이 안 추워?

3 try on: (최종 결정을 하기 전에) 입어 보다, 착용해 보다

> e.g. Where are the fitting rooms? I want to try this on before I decide.
> 탈의실이 어디 있나요? 결정하기 전에 입어 보려고요.

> **e.g.** It's always a good idea to try something on before you buy it.
> 항상 먼저 입어 보고 구매하는 것이 좋습니다.

SMALL TALK

1 선크림 바르는 걸 깜박한 친구와의 대화

Ⓐ Mary, your face is so red!

Ⓑ I know. I forgot to put on sunscreen at the park yesterday.

Ⓐ Mary, 얼굴이 너무 빨개!

Ⓑ 알아. 어제 공원에서 선크림 바르는 걸 깜박했거든.

2 옷에 대한 남편과 아내의 대화

Ⓐ Are you going to be warm enough in that jacket? It looks pretty thin.

Ⓑ Yeah. I have two layers of thermal underwear on, so I'll be fine. Don't worry.

Ⓐ 그 재킷 입고 따뜻하겠어? 좀 얇게 보이는데.

Ⓑ 응. 방한용 내의를 두 겹이나 입고 있어. 그래서 괜찮을 거야. 걱정하지 마.

3 옷에 대한 친구 사이의 대화

Ⓐ I saw a blue shirt this weekend that looked great on the rack, but after trying it on, it definitely wasn't for me.

Ⓑ You are just afraid to wear any clothes that aren't black. I'm sure you looked good.

Ⓐ 이번 주말에 파란색 셔츠를 봤는데, 옷걸이에 걸려 있을 때는 엄청 좋아 보였어. 그런데 입어 보니 나랑은 안 맞더라.

Ⓑ 넌 그냥 검은색이 아닌 옷을 입는 게 두려울 뿐이야. 분명 잘 어울렸을 텐데.

CASES IN POINT

헬스 트레이너의 조언

Okay, everyone, this is for anyone hoping to gain a few pounds. If you're serious about putting on weight, the most important thing to do is eat foods that are high in calories. Some protein shakes are specifically made for people looking to gain weight — I recommend those! There are also some protein bars that will help you put on weight if you eat them regularly. Another thing is to keep track of* the calories that you are consuming each day. Having a record is going to help you if you're not seeing enough results. Good luck to you guys on your weight gaining journey!

*keep track of: ~을 기록하다

자, 여러분, 이것은 체중을 불리고 싶은 분들에게 드리는 말씀입니다. 진짜로 살을 찌우고 싶다면 칼로리가 높은 음식을 섭취하는 것이 가장 중요합니다. 일부 단백질 셰이크는 체중을 늘리기 위한 분들에게 특화되어 있으니 이런 걸 추천합니다. 주기적으로만 먹는다면 살찌는 데 도움이 되는 단백질 바도 있습니다. 매일 섭취하는 칼로리를 잘 계산하는 것도 또 다른 방법입니다. 기록을 하면 원하는 만큼의 결과가 나타나지 않을 때 도움이 될 것입니다. 체중 증가를 위한 여러분의 여정에 행운이 있기를 바랍니다!

DAY 75

put together

김재우의 영어관찰일기

이케아 가구 매장에서 가구를 구매할 경우 대부분 직접 조립해야 한다는 것을 다들 아실 겁니다. 이처럼 부분 부분으로 나누어진 것을 붙이고 연결해서 '하나로' 만드는 것을 put together라고 합니다.

냉장고에 있는 이런 저런 재료를 모아서 하나의 요리(음식)를 만들고, 핼러윈을 맞아서 여러 개의 천 조각을 덧대어 하나의 의상을 만드는 것, 여러 개의 곡을 모아서 하나의 앨범을 만드는 것 모두 put together라고 합니다. (축구) 대표팀 감독이 해외파와 국내파를 모두 소집해서 하나의 대표팀을 꾸린다고(**put together a team**) 할 때나, 여러 구성원을 모아서 하나의 태스크 포스 팀을 꾸린다고(**put together a task force**) 할 때도 마찬가지입니다.

누구와 누구를 한 조에 편성할 때 역시 **put A and B together in XX group**으로 표현하며, 샐러드 바에서 자신이 고른 재료를 하나의 그릇(bowl)에 담아서 계산하는 경우에도 **put the ingredients together in the bowl**이라고 합니다.

또한 **put together**가 '숫자를 합치다(combine)'라는 의미로 사용된다는 것도 알아 두시면 좋습니다.

다양한 예시를 통해 **put together**에 대한 친숙도를 높여 봅시다.

- I broke my mom's vase when I was young. I tried so hard to put together the shattered pieces before she came home.

  어릴 때 엄마 꽃병을 깨뜨린 적이 있다. 엄마가 집에 오기 전에 부서진 조각을 붙이려 안간힘을 썼다.

- My wife always manages to put together amazing meals with leftovers in the fridge.

  제 아내는 늘 냉장고에 있는 남은 음식으로 멋진 요리를 만들어냅니다.

- Let's put our heads together and plan a fun trip this summer.

  자, 머리를 맞대어서 올여름 재미있는 여행 계획을 짜 보자.

✓ put together 요약

1 ~을 조립하다

🔊 I didn't want to pay an assembly fee, so I put together my new cabinet myself.

조립 비용을 내고 싶지 않아서 새로 산 캐비닛을 직접 조립했다.

🔊 I can't put together anything that requires a drill.

저는 드릴이 필요한 건 직접 조립할 수 없어요.

2 ~을 한곳에 모으다[넣다]; 한 조에 편성하다; (흩어진 것[조각]을 모아서) 하나로 만들다

🔊 You make the beginning slides, I'll make the ending slides, and let's put them all together this weekend.

네가 앞부분 슬라이드 만들면 내가 마지막 부분 만들게. 그리고 이번 주말에 모두 합치자.

e.g. I've almost finished putting together my monster costume. I just need some appropriate shoes.
(핼러윈에 착용할 의상 이야기)
내 괴물 의상을 거의 다 완성했어. 이제 여기에 맞는 신발만 있으면 돼.

3 ~을 다 합치다

e.g. The number of tourists visiting Paris annually is more than those visiting Rome, Athens, and Berlin put together.
매년 파리를 찾는 관광객 수가 로마, 아테네, 베를린을 합친 것보다 더 많다.

e.g. The sales of this new smartphone model in its first week exceeded those of all previous models put together.
이번 신규 스마트폰 모델의 첫 주 판매치가 이전 모델을 다 합친 것보다 더 많았다.

SMALL TALK

1 휴대폰의 스피커를 직접 고치려는 친구와의 대화

A The speaker on my phone stopped working. I took it apart to try and fix it, but now I don't know how to put it back together.

B Wow, you tried to do it yourself? That must've been such a hassle. I would've just taken it to a repair shop.

A 내 휴대폰 스피커가 고장 났어. 고치려고 분해했는데 조립하는 방법을 모르겠어.

B 우와, 직접 했다고? 엄청 번거로웠을 텐데. 나라면 그냥 수리점으로 가져갔을 텐데.

2 학교에 다녀온 딸과 엄마의 대화

Ⓐ Hi, Sujin. You look tired. Tough day at school?

Ⓑ Yeah, the teacher put me together with Hailey for a project, and we fought again about who should do what. It was really draining*!

*draining: (육체적·정신적으로) 굉장히 힘든

Ⓐ 왔니, 수진아. 좀 피곤해 보인다. 오늘 학교에서 힘들었어?

Ⓑ 네, 선생님이 저와 Hailey를 같은 그룹 프로젝트에 넣었거든요. 누가 뭘 할 건지를 두고 또 싸웠어요. 정말 힘들었어요!

3 퇴근 후 남편과 아내의 대화

Ⓐ You always say you're exhausted after work. What's keeping you so busy?

Ⓑ I've been putting together a budget plan for next year. It actually used to be Jeff's job, but he's on paternity leave*, so I had to take over*.

*paternity leave: (아버지의) 육아 휴직
*take over: ~로부터 ···을 인계 받다

Ⓐ 퇴근하면 늘 너무 피곤하다고 하네. 뭐 때문에 그렇게 바쁜 거야?

Ⓑ 내년 예산안을 짜고 있거든. 예산안 만드는 건 원래 Jeff 일인데 육아 휴직 중이라 내가 인수인계를 받아야 했어.

CASES IN POINT

1 샐러드 전문점에 다녀온 이야기

I went to this salad place for lunch in Mangwon-dong this afternoon. It was actually a place my friend, Sam recommended. Surprisingly, it was pretty packed for a weekday. It was my first time at a salad place, though, so I couldn't figure out how to order. It turned out you could just choose whatever ingredients you wanted and put them together in the bowl. When you have everything you want, the cashier weighs it to figure out the price.

오늘 낮에 망원동에 있는 샐러드 전문점에 점심을 먹으러 다녀왔다. 내 친구 Sam이 추천해 준 곳이었다. 평일치고는 사람이 꽤 많아서 놀랐다. 근데 샐러드 전문점은 처음이라 주문을 어떻게 해야 할지 몰랐다. 알고 보니 원하는 재료를 골라서 그릇에 한꺼번에 담으면 되는 거였다. 원하는 것을 다 고르면 계산원이 무게를 재서 가격을 결정하게 된다.

2 조를 짤 때 특별히 신경 쓰는 교수에 관한 이야기　◀■▷
(원어민 선생님이 자신의 수업을 듣고 있는 어떤 교수님에 대해 하는 말)

I have a student who is a professor. She told me that when she breaks up the class into small groups, she tries to make them diverse*. She doesn't want to put all the American students together in one group and all the Chinese students together in another. She puts students from various backgrounds together in each group.

*diverse: 다양한

내 학생 중에는 교수님이 있다. 이 분은 반을 조별로 나눌 때 최대한 여러 인종이 한 조가 되게 하려고 한다고 했다. 미국인 학생은 미국인끼리 한 조에, 중국인 학생은 중국인끼리 또 한 조에 편성하는 걸 원하지 않는다. 여러 배경의 학생들을 한 조에 편성한다.

put up

put something up은 말 그대로 '~을 위로 올리다, 높은 곳에 고정시키다'라는 뜻의 구동사입니다. 곧 있을 콘서트의 포스터를 주로 벽이나 구조물 등에 붙이곤 하는데요. 바로 이런 상황에서 put up을 쓸 수 있습니다.

> I just found a great place to put up our posters! Come with me.
> 나 방금 우리 (콘서트) 포스터 붙일 멋진 곳을 찾았어! 나 따라와 봐.

SNS에 사진이나 글 등의 게시물을 올릴 때 역시 put up을 써서 다음과 같이 표현할 수 있습니다.

> Let's put up these pictures of the decor on Instagram before we head out.
> (카페를 운영하는 부부의 대화 중)
> 나가기 전에 이 인테리어 사진들을 인스타에 올리자.

put up은 '구조물, 건물, 울타리 등을 세우다'라는 뜻도 있는데요, put up에서 연상되는 시각적 이미지를 가장 잘 활용한 용법입니다. 다음 예시로 확인해 보세요.

> Apparently, they will be putting up a new skyscraper downtown. I heard they'll start construction next week.
> 보니까 시내에 신축 고층 건물을 올리는 모양이야. 다음 주에 공사 시작한대.

put up의 목적어가 사람일 때, 즉 **put somebody up**의 형태로 쓰면 '~에게 잠시 거처나 잠자리를 제공하다'라는 의미가 되며, 꽤 자주 사용됩니다.

My cousin has been putting me up for a few weeks. It's time to find somewhere else to stay.

사촌이 (나를) 몇 주간 재워 주고는 있어. 이제는 다른 지낼 곳을 찾아야 해.

✅ put up 요약

1 ~을 높이 올리다, 높은 위치에 고정시키다, 붙이다; 남의 눈에 띄게 게시하다, 내붙이다

> **e.g.** My friend put up flyers all over the city to try and find her missing dog.
>
> (애완견을 잃어버린) 내 친구가 잃어버린 개를 찾기 위해 도시 곳곳에 전단지를 붙였다.

> **e.g.** The café recently put up vintage posters, giving it a cozy, retro vibe.
>
> 그 카페가 최근에 빈티지 포스터를 붙였는데, 이 때문에 아늑하면서도 복고풍 감성이 더해졌다.

2 (구조물, 건물, 텐트 등을) 세우다, 짓다, 치다

> **e.g.** We were thinking of putting up a fence around our garden to keep out the neighbors' dogs.
>
> 이웃집 개들이 들어오지 못하도록 정원에 울타리를 칠까 해요.

> **e.g.** Apparently, they're planning to put up a hotel where the museum used to be.
>
> 보니까 박물관 있던 자리에 호텔을 지을 계획인가 봐요.

3 (SNS, 블로그 등에) ~을 올리다, 게시하다

e.g. I put up a breathtaking sunset photo on my blog, and it immediately got a lot of attention.
제 블로그에 숨이 막힐 정도로 멋진 일몰 사진을 올렸더니 바로 관심이 쏟아졌어요.

4 (거처를) 제공하다, 재워 주다

e.g. When my apartment was being renovated, Jeff put me up for a few weeks.
저희 아파트를 리모델링하는 동안 Jeff가 몇 주간 재워 줬답니다.

SMALL TALK

1 그룹 과제 결과물을 두고 하는 대화

Ⓐ Can I take a picture of this ring and put it up on Instagram?
Ⓑ Please don't! This is my personal design. You can't put it up on your account. It'll look like you're taking credit for it.

Ⓐ 이 반지 사진 찍어서 인스타에 올려도 될까?
Ⓑ 제발 그러지 마! 이건 내가 직접 한 디자인이잖아. 네 계정에 올리면 어떡해. (내가 디자인한 건데) 그렇게 하면 마치 네가 한 것처럼 보일 것 아냐.

2 소음에 관한 이웃 주민 사이의 대화

Ⓐ What's all that noise? It's been going on for a while.
Ⓑ They're putting up a new apartment complex a few streets down. They'll be working on it for the next few months.

Ⓐ 뭐 때문에 소음이 이리 심한 거야? (이런 지) 벌써 한참 됐어.

Ⓑ 저 아래쪽에 아파트 신축 공사를 하고 있어. 앞으로 몇 달 더 공사가 계속될 거야.

3 카부츠 세일 포스터에 대한 친구 사이의 대화 ◀■▶

Ⓐ Hey, will you help me put up some of these posters? We're going to have a car boot sale* in a few weeks.

Ⓑ Posters? That's not going to work. No one pays attention to what's written on posters anymore. If you want to spread the word, you need to post it on social media.

*car boot sale(카부츠 세일): 중고품을 판매하는 행위를 가리키는 말로,
집에서 쓰지 않는 물건을 가져와서 자동차의 트렁크에 올려놓고 판매하는 것

Ⓐ 이 포스터 붙이는 것 좀 도와줄래? (우리가) 몇 주 있다가 카부츠 세일을 할 거라서.

Ⓑ 포스터라고? 그거 효과 없을 텐데. 요즘 누가 포스터에 적힌 걸 보냐. 소문을 내려면 SNS에 올려야지.

CASES IN POINT

이혼한 동생 때문에 고민하는 내용의 글 ◀■▶

Well, I have a bit of a problem. My brother recently got out of a bad divorce, so I've been putting him up for the last few weeks. He's been having a hard time, and I want to give him the support he needs. All of my kids have been trying to help him out. But, here's the thing*, he's starting to outstay his welcome*. All he does is sit on the couch all day watching TV and eating our food. We've gone through* twice as many groceries because of him. He hasn't offered to help out with the grocery bill, or even pitch in* with chores around the house. If this keeps up, I don't know how

much longer we'll be able to stand putting him up.

*here's the thing: 그런데 말이죠; 하지만 문제가 있습니다
*outstay one's welcome: (폐를 끼칠 정도로) 너무 오래 머물다
*go through: 많은 양을 소비하다
*pitch in: 기여하다, 힘을 보태다

음, 문제가 좀 생겼다. 남동생이 최근에 안 좋게 이혼을 했는데, 내가 몇 주째 동생을 우리 집에 재워 주고 있다. 동생이 힘든 시간을 보내고 있어서 힘이 되어 주려고 한다. 우리 애들도 다들 삼촌을 도우려고 노력 중이다. 그런데 문제는, 그가 너무 오래 머물기 시작했다는 거다. 동생이 소파에 앉아서 하루 종일 TV만 보면서 먹기만 한다. 동생 때문에 식비가 두 배나 늘었다. 식비를 좀 보태겠다는 말도 없다. 심지어 집안일도 도와주지 않는다. 계속 이러면 얼마를 더 참으며 데리고 있을 수 있을지 모르겠다.

put up with

put up with 뒤에 상황이나 사람이 오면 '불쾌한 상황을 참다' 또는 '못마땅하게 행동하는 사람을 참다'라는 뜻으로 쓰입니다. 다수의 학습자가 **put up with**의 목적어로 사물이나 상황만 오는 것으로 알고 있지만, 사람이 목적어로 오는 경우도 많습니다.

미네소타의 추운 날씨 때문에 너무 힘들어했던 한 미국인은 다음과 같이 말하는군요.

> After years of living in Minnesota, I decided I couldn't put up with the winters anymore, and moved to Florida.
>
> 미네소타에서 몇 년을 살고 나서, 더는 겨울을 견디기 힘들다고 판단하고 플로리다로 이사했습니다.

다음은 경기도 포천에 소재한 한 대학에서 강의를 하는 분의 말입니다.

> I love my job, but I don't know how long I can put up with this two-hour commute every day.
>
> 제 일이 너무 좋지만, 매일 2시간씩 걸리는 출퇴근을 언제까지 견딜 수 있을지 모르겠어요.

다음은 계란 프라이도 못 하는 친구를 타박하는 대화의 일부입니다.

You can't fry an egg? How does your wife put up with you?
계란 프라이도 못 한다고? (그럼) 네 아내가 너를 어떻게 참지?

put up with는 우리에게 익숙한 만큼 활용 빈도가 매우 높은 구동사이므로 언제든 입 밖으로 꺼내 쓸 수 있도록 익혀 놓으시기 바랍니다.

 **put up with 요약**

1 상황 등을 참다, 견디다

I hate flying, and my wife can't put up with long road trips. Staycation* it is, I guess.

> *staycation: stay와 vacation의 합성어로,
> 휴가철에 멀리 떠나는 대신 집에서 휴가를 보내는 것

저는 비행기 타는 걸 너무 싫어하고, 아내는 차 타고 오래 여행하는 걸 못 견딥니다. 그래서 그냥 집에서 휴가를 즐겨야 할 것 같네요.

This company is a great place to work, but they don't put up with missed deadlines. Make sure to submit your work on time.
(선배 직원이 신입 직원에게 하는 말)
이 회사는 일하기 정말 좋은 곳이에요. 하지만 마감 시간을 못 지키는 건 용납하지 않습니다. 꼭 제시간에 업무한 걸 제출하셔야 해요.

2 사람을 참다, 견디다

I don't know how my parents put up with me during my teenage years. I was a handful*.

> *handful: 다루기 힘든 사람

제가 십 대 때 부모님이 저를 어떻게 참아 주셨는지 모르겠어요. 정말 문제아였거든요.

I admit that I'm hard to put up with at times. I demand a lot from my team, but it's because I want us all to do our best.

(팀장이 팀원들에게 하는 말)

가끔씩 저를 참기 힘들다는 점은 인정합니다. 우리 팀에게 많은 것을 요구하지만, 그건 우리 모두가 최선을 다하기를 원하기 때문이에요.

SMALL TALK

1 물건 구매에 대한 부부의 대화

Ⓐ Oh, Babe, it's on sale! We should get two to save money.

Ⓑ Our budget can't put up with your lavish spending, and I can't put up with your childish logic.

Ⓐ 자기야, 이거 세일하네! 돈 아끼려면 두 개 사야겠다.

Ⓑ 우리 예산으로는 당신의 낭비 습관을 감당하기 힘드네. 그리고 난 당신의 어린아이 같은 모습을 참기 힘들어.

2 세입자와 건물주의 대화

Ⓐ We don't want to move, but we can't put up with the noise coming from the upstairs neighbor any longer. We need to cancel our lease.

Ⓑ I understand, but let me just talk to that neighbor again. I'll remove him if I need to.

Ⓐ 저희도 이사 가기는 싫습니다. 그렇지만 윗집 소음을 더는 참기 힘들어요. 임대 계약을 취소해야 할 것 같습니다.

Ⓑ 이해합니다만, 그 집에 다시 이야기해 볼게요. 필요하다면 내보내겠습니다.

3 문자 메시지를 제때 확인하지 않는 여자 친구에 관한 대화

Ⓐ It takes her three days to check your text messages... How do you put up with her?

Ⓑ I know she really cares about me. That's just the way she communicates.

Ⓐ (네) 여자 친구가 문자를 확인하는 데 3일이 걸린다…. 어떻게 참니?

Ⓑ 여자 친구가 나를 많이 아끼기는 해. 그냥 이 친구 소통 방식이 그래.

CASES IN POINT

매너 없는 룸메이트에 관한 경험담

I had always been a patient person until I met my roommate, Steve. From leaving dirty dishes in the sink for days to blasting* music late at night, Steve had no idea of how terrible a roommate he was. I tried to put up with his behavior the first couple of times. However, as time went on, I started to lose my cool*. I confronted* him several times, but nothing seemed to change. Finally, I reached my breaking point when he decided to host a party on a week night. I could no longer put up with such disrespect. I decided it was time to find a new roommate.

*blast: 음악이 쾅쾅 울리다
*lose one's cool: 화가 나다, 냉정함을 잃다
*confront: (문제나 곤란한 상황에) 맞서다

룸메이트인 Steve를 만나기 전까지는 나는 늘 인내심이 많은 사람이었다. 설거지를 안 한 그릇을 며칠이나 싱크대에 두지를 않나, 밤늦게 음악을 크게 틀지를 않나, Steve 이 친구는 자신이 너무 형편없는 룸메이트라는 걸 전혀 몰랐다. 처음

몇 번은 이런 행동을 참으려고 했다. 하지만 시간이 가면서 인내심이 바닥이 나기 시작했다. 몇 번은 대놓고 따졌다. 하지만 아무것도 변하지 않았다. 평일 밤에 파티를 하겠다고 했을 때, 나는 결국 한계에 달했다. 더는 이런 예의 없는 행동을 참을 수 없었다. 새로운 룸메이트를 찾아야 할 시점이라고 판단했다.

run into

run into는 기본적으로 달리다가 '~에 부딪히다'라는 뜻입니다. 여기서 의미가 확장되어 '우연히 ~를 마주치다'라는 의미와, 더 나아가 '예상치 못한 문제에 부딪히다, 직면하다'라는 뜻으로까지 쓰이는 만능 구동사입니다.

이 세 가지 뜻은 논리적으로도 서로 맞물려 있는데요. '무심코 책상 모서리나 벽에 부딪히는 것'과 '길을 가다 예상치 못하게 누군가를 마주치는 것', 그리고 '프로젝트를 진행하다 뜻밖의 문제에 부딪히는 것' 모두 같은 맥락인 것이죠. 한 가지 기억해야 할 것은 우리말에서는 주로 '~하다가 … 문제가 생겼다'라고 말하는 반면, 영어에서는 '내가 ~한 문제에 부딪혔다'라고 표현한다는 점입니다.

얼마 전에 원어민 선생님 한 분에게 페이스북에 원어민 에디터 구인 공고를 올려달라고 부탁한 일이 있었습니다. 다음은 그 원어민 선생님에게서 받은 메시지입니다.

> I've run into some trouble advertising your job posting. I'll
> have to get your input before proceeding.
> 구인 공고에 문제가 좀 생겼어요. 진행하기 전에 의견을 구해야 할 것 같아
> 서요.

남성 지원자를 우대한다는 내용을 넣은 탓에 페이스북 정책에 위배되어 구인 공고가 막혔던 상황이었는데요. 앞에서 말했듯이 이런 경우 우리말로는 '문제가 생겼다'

라고 표현하지만, 영어에서는 위 메시지처럼 run into를 사용해 '내가 문제에 부딪혔다'라고 표현하는 것을 알 수 있습니다. 즉, run into라는 구동사의 의미와 용례를 알고 있더라도 적절한 상황에서 활용하는 것은 또 다른 문제이니 그만큼 노력이 필요한 것이죠.

✅ run into 요약

1 물리적인 공간에 부딪히다

> e.g. I was staring at my phone and ended up running into the revolving door.
> 휴대폰을 보다가 결국 회전문에 부딪히고 말았어요.

2 (예상치 못한 상황이나 장소에서) 우연히 ~를 마주치다

> e.g. Nice running into you! We should grab a coffee soon!
> 여기서 보다니 반갑다! 조만간 커피 한잔해야지!

3 예상치 못한 어려움[난관]에 부딪히다

> e.g. We ran into some turbulence just before landing.
> 착륙 직전에 난기류를 만났습니다.

> e.g. As long as we don't run into any major issues, we should be able to move into our new house next month.
> (현재 이사 갈 집을 짓고 있는 사람의 말)
> 큰 문제만 없으면, 다음 달에 새 집에 들어갈 수 있을 거야.

1 함께 사는 친구들 사이의 대화

Ⓐ Sally, if you run into Minsu, tell him he has a package waiting at the entrance.

Ⓑ Sounds good! Speaking of Minsu, I haven't seen him all week. Where did he...? Oh, I totally forgot! I must be losing my mind. He went on a trip to Brisbane last week!

Ⓐ Sally, 민수 보게 되면 문 앞에 택배 도착했다고 전해 줘.

Ⓑ 알겠어! 민수 말이 나왔으니 말인데, 이번 주 내내 안 보이더라. 어디 갔지…? 아, 완전히 잊고 있었네! 내 정신 좀 봐. 지난주에 브리즈번으로 여행 갔지!

2 온라인 결제에 문제가 생긴 고객과 고객 상담 직원의 대화

Ⓐ Hello! There's an error with my Samsung Pay, and I was hoping you could help me out with it. I ran into this problem while trying to sign up for the course using that app.

Ⓑ Sorry for the inconvenience. We haven't seen anything like this before. Do you mind if we get back to you in an hour or so?

Ⓐ 안녕하세요. 삼성페이에 문제가 생겼는데 좀 도와주실 수 있을까 해서요. 삼성페이로 강좌 등록을 시도하는데 이런 문제가 생겼습니다.

Ⓑ 불편을 드려 죄송합니다. 이런 일은 처음이네요. 한 시간 내로 다시 전화 드려도 될까요?

3 회의 준비에 대한 팀장과 팀원의 카카오톡 메시지

Ⓐ John, you can access the file I mentioned in our Google Docs. Make sure to have it finished by tomorrow. Feel free to let me know if you run into any problems.

Ⓑ I'll get right on it*, sir. I will have it taken care of in time for the board meeting.

Ⓐ John, 내가 이야기한 파일 구글 독스에서 볼 수 있어요. 내일까지 꼭 마무리 부탁해요. 문제 있으면 편하게 알려 주고요.

Ⓑ 바로 시작하겠습니다, 팀장님. 이사회 회의에 맞춰서 마무리하겠습니다.

CASES IN POINT

세탁실 크기에 안 맞는 세탁기를 주문한 경험담

After years of using a washing machine that barely works, I finally got a brand new LG washing machine with all the latest features. I was so excited to get my hands on it that I could hardly wait for it to be delivered. But then, when it finally came this morning, the guys installing it ran into a problem. It was too big to fit into our little laundry room. I guess we should have measured the space beforehand. I feel like I got excited for nothing. I think I'll have to go back to the store and pick out a more basic model that will fit the space we have.

겨우 작동만 되는 세탁기를 몇 년간 쓴 후에 드디어 최신 기능이 탑재된 LG 신형 세탁기를 장만했다. 세탁기를 장만한 게 너무 신나서 배송을 기다리기가 힘들었다. 그런데 오늘 아침에 배송이 되었을 때 설치 기사분들이 예상치 못한 문제에 부딪혔다. 너무 커서 우리 집 작은 세탁실에 안 들어갔다. 미리 공간을 쟀어야 했다. 좋다 말았다. 결국 매장에 다시 가서 우리 집 세탁실에 맞는 기본형을 골라야 할 것 같다.

settle for

'최선은 아니지만 어쩔 수 없이 차선에 만족하다'라는 명료한 의미를 지닌 구동사 **settle for**는 식당이나 바에서 자주 듣게 되는 표현입니다. 예를 들어 앱솔루트 (Absolute)라는 양주를 먹고 싶었지만 가게에 해당 주류가 없을 경우 '그럼 ○○○ 으로 주세요.'라고 할 때 여지없이 등장하는 구동사입니다.

A: Do you have Absolute?

B: No. We have Smirnoff and Sky.

A: Then I will settle for Sky.

A: 앱솔루트 있나요?

B: 아니요. 스미노프랑 스카이가 있습니다.

A: 그럼 그냥 스카이로 먹겠습니다.

다음의 상황도 한번 보겠습니다.

A: I'll have the avocado salad.

B: Sorry, but we're out of avocados. How about the chicken salad instead?

A: What? Really? I guess I'll just settle for the chicken salad, then.

A: 아보카도 샐러드 주세요.

B: 죄송한데 아보카도가 다 떨어졌네요. 대신 치킨 샐러드 어떠실까요?

A: 뭐라고요? 정말요? 그럼 그냥 치킨 샐러드 주세요.

사실 **settle for**는 정말 자주 쓰이는 구동사임에도 불구하고 영어 공부를 어느 정도 했다는 학습자들조차도 이 표현을 잘 활용하지 못하는 것 같아 안타깝습니다.

프로 축구 선수나 감독들이 다음과 같이 말하기도 합니다.

After being down by one for 73 minutes, we came back with a brilliant attack and tied it up. We probably could've won with a little more time, but we had to settle for a draw.

73분간 1점 차로 지고 있다가 환상적인 공격으로 동점을 만들었습니다. 시간만 조금 더 있었더라면 이길 수도 있었습니다. 하지만 무승부에 만족할 수밖에 없었네요.

이와 같이 지고 있던 경기를 겨우 동점으로 만든 상황에서 최선의 결과는 아니지만 차선에 만족해야 한다는 의미로도 사용됩니다. 다음 예문도 보겠습니다.

I wanted the newer model, but it was way out of my price range. I just settled for last year's model, instead.

원래는 좀 더 최신 모델을 원했는데 너무 비싸더라고요. 그래서 작년 모델에 만족해야 했어요.

settle for는 목적어로 사물이나 상황뿐만 아니라 사람도 취할 수 있는데요. 다음 예시에서 이를 확인할 수 있습니다.

You really want to set Rachel up with Dave? You know she won't settle for just any guy.

정말 Rachel이랑 Dave를 위해 자리 마련해 주려고? Rachel은 아무 남자에게나 만족하지 않을 거라는 거 알면서.

✅ settle for 요약

최선은 아니지만 어쩔 수 없이 차선책에 만족하다

1 settle for + 명사

> **e.g.** We wanted to go to Europe for our honeymoon, but since we got married during travel restrictions, we had to settle for Jeju Island instead.
> 신혼여행을 유럽으로 가고 싶었지만 여행 제한 시기에 결혼을 하는 바람에 제주도에 만족할 수밖에 없었다.

> **e.g.** I was looking for goat cheese at the grocery store, but I had to settle for feta cheese instead.
> 마트에서 염소 치즈를 사려고 했지만 (없어서) 할 수 없이 페타 치즈에 만족해야만 했다.

2 settle for + 동명사

> **e.g.** We were hoping to have a picnic by the Han River this weekend, but it ended up raining. We had to settle for playing chess at a board game café, instead.
> 이번 주말에 원래는 한강에서 피크닉을 하고 싶었는데, 비가 오는 바람에 결국 할 수 없었다. 대신 보드게임 카페에서 체스 게임을 하는 것으로 만족해야만 했다.

1 비건 피자 가게에 대한 친구 사이의 대화

🅐 I'm planning on checking out that new vegan pizza place that just opened. Apparently, they have a lot of unique toppings. It's been getting great reviews.

🅑 There's no meat on their pizza, though. You would have to settle for tofu or meat substitutes.

🅐 나 최근에 생긴 비건 피자 가게 가 볼까 하는데. 보니까 독특한 맛이 여러 가지 많은 가 봐. 후기도 좋더라고.

🅑 근데 이 집 피자에는 고기가 안 올라가잖아. 두부나 고기 대용 재료에 만족해야 해.

2 이상형과 결혼하게 된 지인과의 대화

🅐 She always wanted to marry a professional, like a doctor or a lawyer. At first, I thought there was no way she would settle for an office worker like me.

🅑 Then how did you get her to change her mind? What was your secret? You two seem like a match made in heaven now!

🅐 (제) 아내는 원래 의사나 변호사 같은 전문직인 사람과 결혼하길 원했어요. 그래서 처음에는 저 같은 회사원에 만족할 리가 없다고 생각했답니다.

🅑 근데 어떻게 마음을 돌리게 만들었어요? 비결이 뭔가요? 두 분 지금은 천생연분 같아요!

3 주말에 있었던 정전에 대한 회사 동료 사이의 대화

🅐 That power outage last weekend was crazy! What did you and your wife end up doing?

🅑 Well, our plan was to watch Netflix and chill at home, but since the power was out, we settled for looking through our photo albums to pass the time.

Ⓐ 지난 주말에 정전이 장난이 아니었잖아요. 아내분이랑 결국 뭐 했어요?

Ⓑ 음, 원래는 집에서 넷플릭스 보면서 쉬려고 했는데, 정전이 되는 바람에 그냥 시간 보내려고 사진첩을 훑어봤어요.

드림카에 대한 생각

Owning my dream car has been a lifelong goal, but the model I had in mind is way too expensive. I was still trying to find some way to make the purchase next year, when a recent visit to the dealer gave me some perspective*. They suggested I consider a less expensive model, saying it would more than meet my needs* unless I wanted to do something like pro racing. After some thought, I think I will have to settle for this alternative. It's still a luxurious choice, after all*, and I'd be lucky to own it.

*give somebody some perspective: ~에게 객관적으로 보게 해 주다, 새로운 시각을 불어넣다

*meet one's needs: ~의 니즈[필요]를 충족시키다

*after all: 이것저것 따지고 보면

내 드림카를 소유하는 것은 평생의 목표였다. 하지만 내가 생각하고 있던 모델은 너무 비싸다. 그래도 내년에는 살 수 있는 방법을 찾아보려고 했다. 그런데 최근 딜러를 방문해 보고는 판단이 섰다. 딜러 측에서는 조금 더 저렴한 모델을 생각해 볼 것을 제안했다. 프로 레이싱 같은 걸 원하는 게 아니라면 (조금 더 저렴한 모델로도) 나의 니즈를 충분히 충족시킬 것이라고 했다. 고민을 좀 해 봤는데, 아무래도 이 대안에 만족해야 할 것 같다. 하긴 이 정도도 충분히 고급 모델이다. 이 모델을 가질 수 있는 것도 행운인 셈이다.

show off vs. brag about

김재우의 영어관찰일기

이번에는 **show off**와 brag about이라는 두 가지 구동사에 대해 학습하겠습니다. **show off**는 '으스대다, 과시하다, 젠체하다, 자랑하다'라는 의미이고, **brag about**의 경우 '허풍을 떨다, 자랑하다'라는 뜻입니다. 언뜻 비슷해 보이지만 이 둘 사이에는 분명한 차이가 있습니다.

show off는 굳이 말로 하지 않고 보여 주는 것인데 반해 **brag about**은 말로 허세를 부리고 허풍을 떠는 것이라는 점이 다릅니다. 예를 들어 SNS에 사진을 올려서 자랑하는 것은 **show off**라고 할 수 있다면, 직접적으로 말로 자랑하는 것은 **brag about**이라고 할 수 있습니다. 예시를 통해 둘의 차이를 살펴보겠습니다.

다음은 **show off**를 사용한 대화문입니다.

A: Jerry always wears his Harvard t-shirt to the gym.

B: Yeah, he's trying to show off to impress some girls. He has no muscles to show off, after all.

A: Jerry는 늘 자신의 하버드 티셔츠를 입고 헬스장에 가더라.

B: 맞아. 여자애들에게 잘 보이려고 그러는 거지. 하긴, 자랑할 근육은 없잖아.

다음은 brag about을 사용한 대화문입니다.

A: How was that blind date you went on last night?
B: Awful. The guy just bragged about himself the whole night.

A: 어젯밤 소개팅은 어땠어?
B: 최악이었어. 남자가 밤새 자기 자랑을 하더라고.

참고로 **show off**보다는 **brag about**이 좀 더 부정적인 어감을 띤다는 점도 알아 둡시다.

✅ **show off vs. brag about 요약**

1 show off: (말이 아니라 보여 줌으로써) 으스대다, 과시하다, 젠체하다, 자랑하다

e.g. A: Am I the only one who has nothing cool to post on Instagram?
B: Those people are just showing off. I think you're cool.

A: 나만 인스타에 올릴 멋진 게 없는 건가?
B: 그 사람들(인스타에 멋진 사진을 올리는 사람들)은 그냥 과시하려고 그러는 거야. 너는 (굳이 안 그래도) 멋지잖아.

2 brag about: (말로) 허풍을 떨다, 허세를 부리다, 자랑하다

e.g. A: I don't mean to brag about this, but my business has really taken off this year.
B: That's great news. I'm happy for you.

A: 자랑하려는 건 아니고, 올해 내 사업은 정말 상승세를 타고 있어.
B: 좋은 소식이다. 정말 잘됐다.

1 다이어트 후 몸매를 자랑하고 싶은 아내와 남편의 대화

Ⓐ I can't wait to show off my new bikini body in Hawaii!

Ⓑ I'm sure you'll look amazing, honey. You've worked so hard on your diet.

Ⓐ 어서 하와이에 가서 (나의) 새로 만든 비키니 몸매를 과시하고 싶어!

Ⓑ 여보, 당신 틀림없이 멋져 보일 거야. 다이어트 정말 열심히 했으니까.

2 과시용 명품 소비에 대한 친구 사이의 대화

Ⓐ I don't really get why everyone's crazy about Rolex watches.

Ⓑ Well, for some, it's more than just telling time; it's about status and showing off wealth.

Ⓐ 사람들이 롤렉스 시계에 열광하는 이유를 모르겠어.

Ⓑ 음, 어떤 사람들에게는 (시계라는 것이) 단순히 시간을 확인하는 것 이상의 의미거든. 신분이자 부를 과시하는 것이지.

3 운동에 푹 빠진 친구에 대한 대화

Ⓐ Did you hear Nick bragging about winning that amateur body building competition?

Ⓑ Yeah, he seems addicted to workouts lately. Don't even bring it up around him. He'll go on for hours.

Ⓐ Nick이 (자기가) 아마추어 보디빌딩 대회에서 우승한 거 자랑하는 거 들었어?

Ⓑ 응, 최근에 운동 중독인 듯해. 그 친구 있는 데서 운동 이야기는 꺼내지 마. 몇 시간이고 계속 떠들 거야.

유튜브 방송에 출연한 직업 컨설턴트의 조언

As job seekers, it's important to show off your achievements during interviews. You should highlight your successes and skills with confidence. In other words, don't be shy about bragging about your accomplishments. How you present* yourself is important; if you are too humble or shy, you might come off as being less confident. Employers in the job market today are attracted to confident people. So as long as you believe you're qualified for the position, make sure you come across as capable, because you are.

*present: 표현하다, 나타내다

구직자의 경우 면접 때 자신이 이룬 것을 과시하는 것이 중요합니다. 그동안 거둔 성공과 능력을 자신 있게 강조해야 합니다. 달리 말해, 자신이 이룬 것에 대해 자랑하는 것을 주저하지 마세요. (면접에서는) 어떻게 자신을 보여 주는지가 중요합니다. 너무 겸손하고 소심하면 자칫 자신감 없어 보일 수 있습니다. 요즘 고용 시장에서의 채용자들은 자신감 있는 사람에게 끌립니다. 자신이 그 자리에 적임자라고 판단되면 반드시 능력이 있다는 인상을 주셔야 합니다. 실제로 당신은 능력이 있으니까요.

slack off

slack off는 해야 할 일이 있는데도 불구하고 느슨해지거나 나태해지며 게으름을 피우는 것을 묘사하는 구동사입니다. 우리말의 '농땡이를 피우다' 정도에 해당하는 표현이라고 할 수 있습니다.

다음 예문은 출근 후에 바로 업무를 시작하지 않고 뭉그적대곤 하는 어느 직장인이 하는 말입니다.

> I normally slack off a bit in the morning and have coffee with my colleagues, or read articles unrelated to work.
>
> 저는 오전에는 주로 게으름을 좀 피우며 동료들과 커피를 마시고 업무와 상관없는 기사를 읽습니다.

평소 조금 나태하고 게을렀지만, 다이어리를 사용하면서 많이 부지런해진 어떤 사람은 다음과 같이 말하는군요.

> I've been trying to stop slacking off. Using this planner, called 'Plan Do See', has really helped.
>
> 더 이상 게으름 피우지 않으려고 노력 중입니다. 'Plan Do See'라는 다이어리를 사용한 게 정말 큰 도움이 되었습니다.

slack off의 주어로 사물이 올 경우 '힘, 에너지, 강도, 기세 등이 약화되다, 떨어지다'
라는 의미로 쓰이며, 이때 주어로는 주로 **sales, business, pace** 등이 옵니다.

다음은 어느 마라톤 참가자가 하는 말입니다.

- With 10 km left in the marathon, I could really feel my
  pace slack off.
  마라톤 코스가 10킬로미터 남은 지점에서 페이스가 떨어지는 게 느껴졌습니다.

- I noticed that my YouTube subscribers have been slacking
  off lately. Maybe I need to rethink my content.
  최근 들어 내 유튜브 구독자 수(증가세)가 주춤하고 있다. (다루는) 콘텐츠를
  다시 생각해 봐야 할 것 같다.

✅ slack off 요약

1 (해야 할 일이 있음에도) 느슨해지다, 나태해지다, 게으름을 피우다

e.g. Near the end of the school year, it's common for
students to slack off on their studies.
학기가 끝날 때쯤이면 학생들이 공부를 소홀히 하는 일이 잦다.

2 (힘, 에너지, 강도, 기세 등이) 약화되다, 떨어지다

e.g. Sales of our new shoe line are slacking off.
저희 신규 신발 라인 매출이 주춤하고 있습니다.

e.g. As winter approaches, the amount of daylight begins
to slack off.
겨울이 다가오면서 일조량이 줄어들기 시작한다.

1 영어 강사와 수강생의 대화

Ⓐ I've noticed that you've been starting to slack off recently. Is something bothering you?

Ⓑ I'm just losing motivation. I don't get to use English that much in my new role, so I don't really see the point of studying every day.

Ⓐ 보니까 최근에 좀 느슨해지는 것 같군요. 무슨 문제가 있나요?

Ⓑ 그냥 의욕이 식고 있어요. 새로 맡은 일에선 영어를 쓸 일이 많지 않아요. 그래서 매일 공부를 해야 할 이유를 모르겠어요.

2 협력사에 대한 회사 동료 사이의 대화

Ⓐ Our supplier has been sending shipments later and later. It seems like they're starting to slack off because they're feeling comfortable with us.

Ⓑ Should we go ahead and try a new supplier? We can call and give them a warning that if this keeps up we will seriously consider switching...

Ⓐ 협력업체 납품이 점점 늦어지고 있어. 우리가 너무 편해서 좀 해이해지기 시작하는 듯해.

Ⓑ 그냥 협력사를 바꿀까? 전화를 해서 계속 이런 식이면 다른 협력사로 바꾸는 걸 진지하게 고민할 거라고 경고를 해야 할 수도….

3 지난해 영국 어학 연수를 다녀온 친구와의 대화

Ⓐ Ever since I got back from England last year, my English skill has slacked off significantly. The other day I couldn't even remember the spelling of "cucumber."

B That must be frustrating, but you just need to make English part of your daily routine.

A 지난해 영국에서 돌아온 후로 영어 실력이 심각하게 줄었어. 며칠 전에는 'cucumber (오이)'의 철자도 생각이 안 나더라니까.

B 너무 속상하겠다. 근데 영어를 일상적으로 습관화하면 돼.

CASES IN POINT

햄버거 회사 임원이 매장 직원들에게 보내는 이메일

Dear team,

I recently visited our restaurant unannounced to check the service and food quality firsthand*. I noticed that some of our staff is starting to slack off. Since we have only been open for three months, it's important to stay on our toes*.

Please take this message as encouragement rather than blame. Rest assured, I am committed to supporting our store and everyone involved to the best of my ability.

With a new burger joint opening right across the street next month, we have even more reason not to let our guard down*. Let's keep focused and maintain the high standards we set for ourselves when opening.

*firsthand: 직접
*stay on one's toes: 긴장의 끈을 놓지 않다
*let one's guard down: 긴장의 고삐를 늦추다

팀원 여러분,

최근에 서비스와 음식 품질을 직접 확인하고자 사전 예고 없이 매장을 찾았습니다. 일부 직원들이 해이해지고 있다는 걸 느꼈습니다. 개점한 지 이제 겨우 3개월

째입니다. 계속 긴장을 하는 것이 중요합니다.

이 메시지를 질책이 아닌 응원으로 받아들여 주시길 바랍니다. 저는 최선을 다해 매장과 직원을 지원할 것을 약속합니다.

다음 달에, 건너편에 새로운 버거 집이 생길 예정이니, 더더욱 긴장을 늦출 수 없습니다. 계속 집중하고 개점할 때 우리 스스로 정한 높은 기준을 유지해 나갑시다.

sort out

김재우의 영어관찰일기

sort out의 가장 기본적인 뜻은 '적절한 범주에 제대로[알맞게] 분류하다'입니다. 다음 예문을 보겠습니다.

> Sort out all the recycling before going outside. It'll be too cold
> to do it once you're already out there.
>
> (아내가 남편에게 하는 말)
> 밖에 나가기 전에 집 안에서 재활용품을 분류해야 해. 일단 밖에 나가면 너무 추워
> 서 분류하기 힘들어.

그다음으로 '어지럽게 놓인 것 등을 정리하다'라는 의미가 있습니다.

> I'd like to join you for lunch, but first, I feel like I need to
> sort out all these papers on my desk.
>
> (어서 점심 먹으러 가자고 하는 팀장에게 하는 말)
> 저도 점심을 함께 하고 싶지만 우선 책상에 널브러져 있는 서류부터 정리해야 할
> 것 같습니다.

sort out에는 '문제를 해결하다, 이견[견해차]을 해소하다'라는 의미도 있는데 앞에
서 말씀드린 것처럼 out이라는 부사에 '꼬인 것을 풀다'라는 의미가 있다는 점을
떠올리면 쉽게 이해가 되실 겁니다.

A: I heard you were having some issues. Did you get everything sorted out?

B: Yeah, thanks for checking in. My boss helped me.

A: 문제가 좀 있다고 들었어. 다 잘 해결된 거야?

B: 응, 물어봐 줘서 고마워. 상사가 도와줬어.

sort out에는 '계획을 짜다, 준비하다'라는 의미도 있으며 이 역시 자주 쓰이는 용법입니다.

We need to sort out our holiday itinerary as soon as possible. Things will get more expensive the longer we wait.

최대한 빨리 휴가 일정을 짜야 해. 기다릴수록 가격이 더 올라갈 거야.

sort out이 이렇게 다양한 의미와 용법으로 쓰이는 걸 알고 계셨나요? 학습한 어휘를 원어민들처럼 적절한 상황에서 적절한 의미로 구사하려면 반복 연습밖에 없다는 것을 꼭 기억하세요!

☑ sort out 요약

1 (적절한 범주에 제대로[알맞게]) 분류하다

e.g. Seoul residents are required to sort out their garbage into recyclables, food waste, and general waste.
서울 시민들은 쓰레기를 재활용, 음식물 쓰레기 그리고 일반 쓰레기로 분류해야 한다.

2 (어지럽게 놓인 것 등을) 정리하다

e.g. My room is a terrible mess, so I need to sort it out.
내 방이 정말 너무 엉망이야. 물건들을 좀 정리해야겠어.

e.g. I need to sort out my winter clothes.

(곧 겨울이 다가오고 있는 상황에서)

겨울 옷 정리해야 해. (겨울에 입을 옷들을 꺼내 일부는 세탁소에 맡기고

일부는 버리는 등으로 정리하는 것을 의미)

3 (문제를) 해결하다, (이견[견해차]을) 해소하다

e.g. The mechanic sorted out the problem with my car.

Turns out I had counterfeit belt.

정비사가 내 차 문제를 고쳤어. 알고 보니 짝퉁 벨트가 끼워져

있었더라고.

4 계획(에 대한 세부사항)을 짜다, 준비하다

e.g. OK, we need to sort out Suji's surprise party before

we leave. Sarah, can you pick up the cake?

자, 헤어지기 전에 수지를 위한 깜짝 파티 계획을 짜야지. Sarah야,

네가 케이크 사 올 수 있지?

SMALL TALK

1 손님들이 오기 직전 부부의 대화

Ⓐ I'm starting to freak out. The party's in 30 minutes, but the
living room looks like a tornado hit it!

Ⓑ I'll sort it out before our guests arrive. Don't worry.

Ⓐ 미치겠네. 30분 후면 파티가 시작하는데, 거실이 무슨 태풍이 지나간 듯 어지럽혀져
있네!

Ⓑ 손님들 도착 전에 다 정리할게. 걱정 마.

2 재활용에 대한 미국인과 한국인의 대화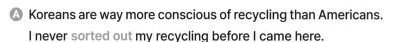

Ⓐ Koreans are way more conscious of recycling than Americans.
I never sorted out my recycling before I came here.

Ⓑ Absolutely. I couldn't believe it when I saw Americans just
dumping everything in front of their houses.

Ⓐ 한국인들이 미국인들보다 재활용 의식이 훨씬 더 높네요. 한국 오기 전에는 재활용
품을 따로 분리해 본 적이 없거든요.

Ⓑ 맞아요. 미국인들이 집 앞에 아무렇게나 다 버리는 걸 보고는 정말 놀랐답니다.

3 회의에 늦은 직장 동료와의 대화

Ⓐ Where have you been? Our meeting started 10 minutes ago.

Ⓑ The printer wasn't working on the second floor, so I had to
help them sort it out before coming up here.

Ⓐ 어디 갔었어? 회의가 10분 전에 시작했는데.

Ⓑ 2층 프린터가 고장 나서 여기 올라오기 전에 고치는 것 좀 도와주고 왔어.

CASES IN POINT

본사에서 서울의 각 매장에 보내는 서신

Subject: Supply Timeline

I'm writing to give you an update on our current supply of
cotton bags. Overwhelming demand led to shortages in
supply, which has caused delays and inconveniences. We
are asking for understanding while we sort out the issue,
but we guarantee that it will be fixed in time to meet our
previous delivery estimate.

Thank you for your patience.

제목: 공급 일정

코튼 백의 현재 공급 현황에 대해 업데이트해 드리고자 합니다. 수요가 너무 많아서 공급 부족 사태가 발생했으며, 이 때문에 (공급에) 차질이 빚어지고 불편을 초래하게 되었습니다. 문제를 해결하는 동안 너그러이 이해해 주시기 바랍니다. 하지만 원래 납기 예정일을 맞추는 데 문제가 없도록 할 것을 약속드립니다.

귀사의 인내심에 감사드립니다.

DAY 83

stick around

stick(붙어 있다)과 around(주변에)가 하나의 구동사를 이루어 stick around가 되면 무언가가 끝난 뒤에도 '어떤 장소, 상황 등에 계속 머물러 있다'라는 의미가 됩니다. 카페에서 수다를 떨다 집으로 가려고 하는 상황에서 일행 중 한 명이 다음과 같이 말합니다.

> Let's stick around for a while. If we leave right now, we'll get stuck in all the traffic.
>
> 좀 더 앉아 있다가 가자. 지금 나가면 차가 막힐 거야.

머물러야 할 시간이 지났음에도 그 자리 또는 장소에 계속 있는 것처럼 냄새 등이 사라지지 않고 계속 남아 있다고 할 때 역시 stick around를 쓸 수 있으며 관련 예문은 'stick around 요약'에서 확인하겠습니다.

stick around는 어떠한 추세, 유행 등이 지속된다고 할 때도 자주 쓰입니다. 다음은 각각 요즘 유행하는 간헐적 단식과 한때 활발했던 재택근무에 관한 생각을 stick around를 활용하여 표현한 예입니다.

> • I don't think intermittent fasting will stick around for long.
>
> 제가 볼 때는 간헐적 단식 (열풍)이 그리 오래 가지는 않을 것 같아요.

- I had hoped that remote work would stick around after the pandemic, but it looks like that's not happening.

  코로나가 끝나도 재택근무가 계속되기를 바랐는데, 그렇게 되지 않는 것 같아요.

☑️ stick around 요약

1 (일정이 끝난 후에 자리를 뜨지 않고) 머물러 있다

> **e.g.** We should head to the club before it gets too crowded, so let's only stick around here for another 30 minutes or so.
>
> (클럽이) 너무 붐비기 전에 (서둘러) 클럽으로 가야 해. 여기는 30분 정도만 더 있자.

> **e.g.** Although the event officially ends at 9, guests are welcome to stick around afterwards and mingle.
>
> 행사가 공식적으로는 9시에 끝나지만, 내빈들께서는 (행사가 끝난 뒤에도) 편하게 머무르시면서 서로 어울리셔도 됩니다.

2 (담배 냄새 등이 가시지 않고) 계속 남아 있다

> **e.g.** I hate it when my wife grills mackerel. Even though she opens the window first, the smell still sticks around for hours.
>
> 아내가 고등어를 구울 때면 너무 싫어요. 처음부터 창문을 열어 두어도 냄새가 몇 시간이나 남아 있거든요.

3 (트렌드, 현상 등이) 지속되다, 계속되다

> **e.g.** Virtual reality home workouts are popular now, but I don't think they'll stick around for long.
>
> 가상현실 홈트레이닝이 요즘 인기지만 (이 열풍이) 그리 오래갈 것 같지는 않다.

1 카페에서 담소를 나누던 친구 사이의 대화

Ⓐ I think I should get going. I need to swing by the Shinsegae in Myeongdong before they close.

Ⓑ Are you sure you have to leave now? It's just 6 o'clock. Alright, well, I'm going to stick around for a bit to work on this important presentation I have for tomorrow.

Ⓐ 나는 가 봐야겠다. 문 닫기 전에 명동 신세계에 들러야 하거든.

Ⓑ 진짜로 지금 가려고? 6시밖에 안 됐는데. 좋아, 음, 난 내일 아침에 있을 중요한 발표 자료를 준비할 거라 조금 더 있다가 갈게.

2 기자와 배우의 인터뷰

Ⓐ So, what was your childhood like?

Ⓑ Well, my dad didn't stick around for long after I was born. That meant I was raised by a single parent. I felt isolated at times, but I tried not to let it get in my way.

Ⓐ 유년 시절은 어땠나요?

Ⓑ 음, 제가 태어난 지 얼마 안 돼서 아버지가 (가족을) 떠나 버렸어요. 그래서 한 부모 가정에서 자랐습니다. 외로울 때도 있었지만 굴하지 않으려고 노력했어요.

3 식당 개업을 고려 중인 남편과 아내의 대화

Ⓐ Honey, I was thinking of opening a malatang restaurant. I actually already have a couple of locations in mind.

Ⓑ Are you sure you want to give everything up and start your own business? Almost 90% of small businesses go under* within a year. And you know, I don't think the malatang craze will stick around for long.

*go under: (재정적으로) 실패하다, 망하다

Ⓐ 여보, 나 마라탕 식당 하나 차릴까 싶어. 사실 몇 군데 염두에 둔 곳이 있거든.

Ⓑ 정말 모든 걸 다 포기하고 사업 시작하겠다는 거야? 소상공인의 90% 가까이가 1년 안에 망한다고. 그리고 마라탕 열풍이 오래갈 것 같지도 않아.

CASES IN POINT

입사 5년 차 직장인이 블로그에 쓴 글

When I first started out, I couldn't understand why my older co-workers would stick around the office after finishing their work, or why there were so many company dinners. Over time, I've realized the importance of these dinners for bonding and supporting each other, especially after a tough day. Now, I believe there's nothing like going out for dinner with colleagues to unwind* and connect.

*unwind: 긴장을 풀다

신입 사원 시절에는 왜 선배 동료들이 업무를 다 마쳤는데도 퇴근을 안 하고 있는지 이해할 수 없었다. 그리고 회식은 왜 그리 많았는지. 시간이 흐르자 서로 친해지고 격려하기 위해 회식을 하는 게 매우 중요하다는 점을 깨달았다. 특히 힘든 하루를 보내고는 더더욱 그렇다. 이제는 긴장을 풀고 서로 유대를 쌓는 데는 동료들과 나가서 저녁을 먹는 게 최고라는 생각이 든다.

stick it out vs. tough it out

이번에 학습할 구동사는 stick it out과 tough it out입니다. 둘 다 원어민이 매우 자주 쓰는 표현이므로 용례를 정확히 이해하는 것을 넘어 자연스럽게 구사할 수 있는 수준까지 욕심을 내 보시기 바랍니다.

stick it out은 '끝까지 버티다, 참다, 견디다'라는 의미인 한편, tough it out은 '어려운 상황에서 어떻게든 마음이 약해지지 않고 참고 견디다, 이겨 내다'라는 어감의 표현으로 stick it out보다 조금 더 센 어감입니다. 하지만 두 표현을 구분하지 않고 쓰는 상황이 대부분이므로 너무 어렵게 생각하지 않으셔도 됩니다. 다음 예문을 통해 정확한 용법을 익혀 보겠습니다.

stick it out은 다음과 같은 상황에서 쓰입니다.

> I know the internship is hard, but all you need to do is stick it out until the end and you'll be a full-time employee.
>
> (그 회사) 인턴십이 어려운 건 알아. 하지만 인턴십이 끝날 때까지 포기하지 않으면 정규직이 될 거야.

다음은 tough it out을 쓴 대화문입니다.

A: I took my wife to the doctor for pain under her ribs. She's pregnant and has been getting sharp pains there ever since the second trimester*.

B: Ah, that's too bad. So, what did the doctor say?

A: She basically just said that my wife needs to tough it out. There's not much the doctor can do to fix it.

*trimester: 임신 3개월

A: 아내가 갈비뼈 아래쪽이 아프다고 해서 병원에 데려갔어. 임신인데 임신 중기 이후로 (그 부위에) 엄청난 통증을 느끼고 있어.

B: 아, 어떡해. 의사 선생님은 뭐래?

A: 그냥 어떻게든 이겨 내는 수밖에 없대. 의사 선생님이 해 줄 수 있는 게 별로 없대.

✓ **stick it out vs. tough it out 요약**

1 **stick it out: 끝까지 버티다, 참다, 견디다**

- **e.g.** I don't know if I'll be able to stick it out through this project. It's really taking a toll on* me.

  *take a toll on: ~에게 안 좋은 영향을 미치다, (신체적으로) 무리를 가하다

  이 프로젝트가 끝날 때까지 잘 버틸 수 있을지 모르겠어. 벌써부터 몸에 무리가 가는 게 느껴져.

- **e.g.** We wanted to get divorced five years ago, but we decided to stick it out until our children made it to college.

  (저희 부부는) 5년 전에 이혼을 하려고 했지만, 애들 대학 갈 때까지만 참기로 했답니다.

2 tough it out: (어려운 상황에서 마음이 약해지지 않고) 참고 견디다, 이겨 내다

> e.g. Going through breakups is hard, but if you tough it out, you'll be a stronger person in the end.
> (남녀 간의) 이별을 견디기는 힘들지. 하지만 잘 이겨 내면 결국 더 강한 사람이 될 거야.

> e.g. I know exams can be difficult, but you're almost there! Just tough it out for a few more weeks and you'll be enjoying your break.
> (교사가 학생에게 하는 말)
> 시험이 힘들다는 건 선생님도 알아. 하지만 이제 거의 다 왔어!
> 힘들겠지만 몇 주만 더 버텨. 그러면 방학을 즐길 수 있을 거야.

SMALL TALK

1 직장을 그만둘지에 대해 고민하는 친구와의 대화

Ⓐ I've been debating* whether I should just turn in my letter of resignation. The problem is, I don't have another job lined up yet.

Ⓑ I know you have some savings you could live off* for a while, so why don't you just turn it in? It doesn't make sense to stick it out any longer there.

*debate: ~을 결정하기 전에 고심하다, 고민하다
*live off: ~을 수단으로 해서 살아가다, ~에 의지해서 살아가다

Ⓐ 사표를 써야 할지 고민 중이야. 문제는 아직 다음 직장이 정해지지 않은 상태라는 거지.

Ⓑ 당분간 먹고 살 수 있을 만큼 돈을 모아 두었잖아. 그냥 사표 쓰는 게 어때? (지금 회사에서) 더 참고 버티는 건 의미가 없는 것 같은데.

ⓐ So, Mr. Jisung Park, I heard that your first year in Eindhoven was difficult, but you somehow managed to stick it out and become successful. Can you tell us a bit more about this?

ⓑ Sure. Well, the truth is, it was really tough. I stuck it out, and then ended up gaining the respect of* my teammates and coaches along the way*.

*gain the respect of: ~의 존경[신망]을 얻다
*along the way: 그 과정에서

ⓐ 박지성 선수, 에인트호번에서의 첫해가 어려웠다고 들었습니다. 그래도 잘 견뎌서 성공을 하셨지요. 이 부분에 대해 조금 더 말씀 부탁드려도 될까요?

ⓑ 물론입니다. 사실 정말 힘들었습니다. 그래도 견뎠습니다. 그리고 그 과정에서 동료들과 코치님들의 신망을 얻게 되었습니다.

3 싱가포르 주재원으로 근무하는 친구와의 대화

ⓐ Well, you toughed out your first summer in Singapore* — how was it?

ⓑ It was way more humid than I thought it would be. Totally unbearable*. I don't know if I'll ever be able to get used to it.

*unbearable: 견디기 힘든

ⓐ 싱가포르에서의 첫 여름을 잘 견뎠잖아. 어땠어?

ⓑ 생각했던 것보다 훨씬 더 습했어. 정말 견디기 힘들었지. (시간이 지나면) 적응이 될지 잘 모르겠어.

*여기서는 it 대신에 목적어로 '싱가포르에서의 첫 여름
(your first summer in Singapore)'이라는 구체적인 상황이 왔습니다.

어느 미국인의 학창 시절 일화

My first year in high school, I played American football. I was excited to play on a real team for the first time. But I soon realized that football practice every day after school was 95% running, lifting weights and even crawling until I was ready to vomit. I told my dad I wanted to quit after the first week, but he was like, "You should stick it out and finish what you started." I did, but I don't think it made me a better football player. I sure did get in shape at least.

고등학교 1학년 때 미식축구를 했다. 처음으로 정식 팀에서 뛴다는 생각에 설렜다. 하지만 얼마 가지 않아 알게 되었다. 방과 후 매일 같이 연습을 했는데, 95%는 달리기, 기구 들기, 기어다니기였고, 그러다 보면 구역질이 날 지경이 되었다. 첫 주를 마친 후 아빠에게 그만두고 싶다고 했다. 하지만 아빠는 "참고 견뎌야 해. 시작한 건 마무리를 해야지."라는 반응이었다. 그래서 그렇게 했다. 하지만 내가 더 나은 축구 선수가 된 것 같지는 않다. 그래도 몸이 좋아진 건 분명했다.

stop by vs. come by vs. drop by vs. swing by

김재우의 영어관찰일기

이번 DAY에서는 '~에 들르다'라는 의미를 지닌 구동사 stop by, come by, drop by, swing by에 대해 살펴보겠습니다.

stop by는 이 네 개의 구동사 중 아마도 가장 많이 쓰이는 표현일 것입니다. 대개의 경우 '잠깐 들르다'라는 뉘앙스를 지닙니다.

come by는 '어디에 가는 길에 들르다'라는 정도의 느낌이지만, 어떤 장소에 들러서 조금 오래 머무는 경우에도 쓰입니다. 언뜻 상반된 두 가지 의미로 쓰이는 것처럼 보이지만, 원어민들도 명확한 기준을 두고 사용하는 것은 아니므로 앞으로 학습할 예문을 통해서 다양한 용례를 익히시면 되겠습니다.

drop by의 경우 이 네 개의 구동사 중 가장 격식을 차린(formal) 표현이자, 구체적인 목적을 가지고 어딘가에 들를 때 자주 사용하는 표현입니다.

마지막으로 **swing by**는 가장 가볍고 일상적인(casual) 표현이라 할 수 있습니다.

다음 예문을 통해 각 구동사의 뉘앙스를 비교해 보세요.

- Before you come home, could you stop by the bank and get some cash?

  집에 오기 전에 은행에 들러 현금 좀 찾아 올 수 있을까?

- You can come by my office after class if you need extra help.

  추가 도움이 필요하면 수업이 끝난 후 제 사무실로 오세요.

- I have some free time this afternoon, so I can drop by your office to discuss the project.

  오늘 오후에 시간이 좀 있어서, 프로젝트에 대해 논의하러 당신의 사무실에 들를 수 있습니다.

- We're celebrating my birthday tonight. It'd be nice if you could swing by, if you're not busy.

  오늘 밤에 내 생일을 축하할 거야. 바쁘지 않다면 네가 들러 주면 좋겠어.

☑ stop by vs. come by vs. drop by vs. swing by 요약

1 stop by: ~에 잠깐 들르다

> (e.g.) I'll be in the area tomorrow, so I'll stop by the store for you.
>
> (친구가 구매한 물건을 대신 환불해 주려는 상황)
>
> 내일 내가 (매장이 있는) 그 동네 가거든. 너 대신 내가 그 매장에 들를게.

2 come by: ~에 들르다 (조금 오래 머무는 경우에도 사용 가능)

 They would love to see you. You should come by for
a visit sometime.
(퇴사한 직장 동료에게 사무실에 들르라고 제안하는 말)
다들 보고 싶어 할 거야. 시간 될 때 들러.

**3 drop by: ~에 들르다 (비교적 정중한 표현으로, 조금 오래
머물거나 구체적인 방문 목적이 있을 때 사용)**

 Mr. Sanders, on your way in to the office, could you
please drop by the cleaners and pick up my suit?
Sanders 씨, 사무실 들어오는 길에 세탁소에 들러서 제 양복 좀 찾아
주실 수 있을까요?

4 swing by: ~에 잠깐 들르다 (일상적으로 가볍게 쓰는 표현)

 I think I'll swing by CU on my way home for some
cigarettes.
집에 가는 길에 담배 사러 CU에 잠깐 들르려고 해.

SMALL TALK

1 빌렸던 시계를 돌려주려는 친구와의 대화

Ⓐ Thank you for letting me borrow your watch for my blind
date. It really made my outfit. I can stop by tomorrow to return
it, if you'll be home.

Ⓑ Oh, that would be nice. I'll be home until 1 o'clock. Just give
me a heads-up* when you're on your way.

*give somebody a heads-up: ~에게 미리 알려 주다

Ⓐ 소개팅에 시계를 빌려줘서 고마워. (시계를 착용하니) 패션이 완성되었어. 내일 너 집에 있으면 들러서 돌려줄게.

Ⓑ 아, 좋아. 1시까지는 집에 있을 거야. 오는 길에 미리 알려 줘.

2 지인을 집에 초대하는 대화

Ⓐ I was thinking of hosting a small dinner party this weekend. Would you like to come by around 7 p.m.? I'm planning on cooking some Greek food.

Ⓑ That sounds lovely! I'll bring a bottle of wine. Just text me your address, and I'll be there.

Ⓐ 이번 주말에 조촐하게 저녁 파티를 할까 합니다. 오후 7시쯤 들르시겠어요? 그리스 음식을 준비할 계획이에요.

Ⓑ 너무 좋네요! 와인 한 병 가져갈게요. 문자로 주소만 주시면 갈게요.

3 집에 누가 오기로 되어 있어 친구의 방문을 거절하는 상황

Ⓐ How's it going, Brad? I was wondering, could I swing by later? I'd like some help with my laptop.

Ⓑ Sorry, but I'm expecting some company* this afternoon.

*expect company: 손님이[누가] 오기로 되어 있다

Ⓐ Brad, 별일 없지? 이따가 잠깐 들러도 될까 모르겠네. 노트북에 문제가 있어서 네가 좀 도와줬으면 해.

Ⓑ 미안한데, 오후에 누가 오기로 되어 있어.

CASES IN POINT

인테리어 업체 측과 의뢰인의 전화 통화

A Hello, Mr. Kim. I just thought I'd drop by and check in on how things are going.

B Sure. It's your kitchen. We're still installing the sink, so it might look a little messy.

A Oh, I don't mind. I know you guys do good work.

B I appreciate you saying so. It would be best if you dropped by after lunch, if that works for you.

A After lunch, it is. I'll see you soon, then.

B Sounds good. You're going to be pleased with your new kitchen.

A 안녕하세요, 김 사장님. (집에) 들러서 (공사가) 잘 진행되고 있는지 한번 볼까 하는데요.

B 물론입니다. 사모님 댁 주방인걸요. 아직 싱크대 설치 중이라서 좀 지저분해 보일 수 있습니다.

A 아, 괜찮습니다. 일 야무지게 잘하시는 것 압니다.

B 말씀 감사합니다. 괜찮으시면 점심 시간 이후에 들러 주시면 제일 좋을 것 같습니다.

A 점심 이후 좋습니다. 그럼 곧 뵐게요.

B 좋습니다. 새로 꾸민 주방이 마음에 드실 겁니다.

take away

김재우의 영어관찰일기

take away는 매우 재미있는 구동사입니다. 가장 기본적인 뜻은 '~을 빼앗아 가다, 제거하다, 없애다'입니다. take(가져가다)와 away(멀리)가 결합한 구동사이므로 이러한 뜻을 가지게 된 것이 쉽게 이해되실 겁니다. 아래 기본적인 예문 하나를 소개합니다.

> My parents took my phone away for lying to them.
>
> 내가 거짓말을 했다고 부모님이 내 휴대폰을 빼앗아 갔다.

몇 년 전 한 원어민이 take away를 사용해 다음과 같이 말하는 것을 들은 적이 있는데요, 저에게는 신선한 충격이었답니다.

> If you take away her looks, she's really just like everyone else.
>
> (자신의 친구를 살짝 질투하는 말)
>
> 그 친구 외모 빼면, 다른 사람이랑 별반 다를 게 없죠.

기본 의미가 확장되면서 take away는 영화를 보거나 강연을 듣고 난 후 '~한 기분이나 느낌을 받고 나오다' 또는 영화, 강연, 책 등에서 '핵심 내용으로 ~을 건지다'라는 의미로도 쓰입니다. 다음은 《도둑맞은 집중력*Stolen Focus*》이라는 책의 독자가 하는 말입니다.

I loved the subject of *Stolen Focus*. I have some real problems focusing and getting enough sleep. However, I didn't take away any solutions from it.

《도둑맞은 집중력》의 주제는 너무 좋았습니다. 제가 집중력에 심각한 문제가 있고, 잠도 잘 못 자거든요. 하지만 책에서 해결책은 얻지 못했어요.

흥미롭게도, **take away**는 '~의 가치나 중요성을 약화시키다, ~의 재미 등을 반감시키다'라는 의미로도 쓰입니다. 많은 분들에게는 다소 낯선 용법일지도 모르지만, 실제로 많은 원어민이 이런 의미로 **take away**를 쓰는 것을 볼 수 있답니다. 휴가 중 날씨가 좋지 않아 휴가의 즐거움이 반감되었다고 할 때 다음과 같이 표현하는 것을 볼 수 있습니다.

The bad weather really took away from our beach vacation.
날씨가 안 좋아서 해변에서의 휴가 즐거움이 반감되었다.

☑ take away 요약

1 ~을 (멀리) 가져가다, 제거하다, 없애다; 빼앗아 가다

- You have five apples in a basket. How many are left if I take away two of them?
  (선생님의 말)
  바구니에 다섯 개의 사과가 있어. 이 중 두 개를 빼면 몇 개가 남을까?

- I didn't order this dish. Could you please take it away?
  (식당에서 음식이 잘못 나온 상황)
  이 음식은 주문 안 했어요. 가져가 주시겠어요?

- Last night, John was pulled over after drinking and driving again. It was his third time, so they finally took away his license.

John이 어젯밤에 또 음주 운전으로 걸렸어. 이번이 세 번째라서 경찰이 결국 면허증을 압수해 버렸지.

2 (영화를 보거나 강연을 들은 후) ~한 기분이나 느낌을 받고 나오다, (영화, 강연, 책 등에서) 핵심 내용으로 ~을 건지다

e.g. I took away a feeling of melancholy after watching the movie.
영화를 본 후 우울한 기분이 들었다(= 우울한 기분으로 영화관을 나왔다).

e.g. After a 3-hour lecture, the teacher asked us to make a list of the key ideas we took away from the lesson.
3시간 강좌 후에 선생님이 강좌에서 가장 인상 깊었던 핵심 내용 목록을 만들라고 했다.

3 (~의 가치, 중요성을) 약화시키다, (~의 재미 등을) 반감시키다

e.g. My friend spoiled the ending, which really took away from the novel's suspense.
친구가 결말을 이야기하는 바람에 소설의 스릴이 반감되었다.

e.g. The party was pretty good, but the couple that was hosting fought pretty much the whole time. That took away from our enjoyment.
파티가 제법 좋았지만, (파티를) 주최한 부부가 거의 파티 내내 싸우는 바람에 즐거움이 반감되었다.

e.g. Even though the play was fantastic, the uncomfortable seats took away from the overall experience.
연극은 너무 좋았지만, 좌석이 불편해서 연극 관람을 망쳤다.

SMALL TALK

1 자녀에 대한 주부들의 대화

Ⓐ I caught my son sneaking off to the PC room when he was supposed to be going to his English academy. I need to punish him somehow, but I'm not really sure what to do.

Ⓑ What about taking away his phone and computer benefits for a few weeks? Maybe that will teach him a lesson.

Ⓐ 우리 아들이 영어 학원을 가야 할 때 PC방에 몰래 가는 걸 봤어. 어떻게든 혼을 내야 하는데, 어떻게 해야 할지 모르겠네.

Ⓑ 휴대폰을 뺏고, 몇 주간 컴퓨터를 못하게 하는 건 어때? 그래야 정신 차릴 것 같은데.

2 좋아하는 배우에 대한 친구 사이의 대화

Ⓐ Did you see that new show that Lee Hyojun starred in? I just can't get enough of* him.

Ⓑ Seriously? I was pretty unimpressed. I mean, if you take away his looks, he's just like everyone else. His acting was mediocre*, to say the least.

*cannot get enough of: 봐도 봐도 또 보고 싶다; 먹어도 먹어도 또 먹고 싶다
*mediocre: 그저 그런, 보통 밖에 안되는

Ⓐ 이효준이 출연한 신작 드라마 봤어? 이효준은 정말 너무 멋져.

Ⓑ 정말? 난 좀 별로던데. 외모 빼면 다른 사람이랑 별 차이 없는데. 아무리 좋게 이야기 해도 연기도 그저 그랬고.

3 해산물 식당에 대한 친구 사이의 대화

Ⓐ How was your dinner at that seafood place in Brisbane?

Ⓑ The seafood was fresh, but the outrageous* prices took away from the meal. I was thinking "what a rip-off" with every bite!

*outrageous: 터무니 없는, 말도 안 되는

Ⓐ 브리즈번에 있는 그 해산물 식당에서의 저녁은 어땠어?

Ⓑ 해산물은 신선했어. 그런데 가격이 터무니없어서 식사를 망쳤어. 한 입 먹을 때마다 '너무 바가지'라는 생각이 들더라고!

CASES IN POINT

노인들의 운전면허증 반납에 반대하는 청원

The government says I have to return my driver's license. They claim it's dangerous for me to drive at age 85, but I completely disagree. There's no test to prove that I'm an unfit* driver; they're just demanding it back! Taking away my driver's license makes no sense. I've been healthy my entire life and have always exercised regularly. My mind is still sharp*, I don't need glasses, and I even jog and lift weights in my spare time. I consider myself fit enough to drive, but the government doesn't care. Please sign this petition.

*unfit: 부적합한, ~을 하기에 몸 상태가 안 되는
*sharp: 정신[정신 상태]이 또렷한

정부는 제가 운전면허증을 반납해야 한다고 합니다. 이들의 주장에 따르면 85세 인 제가 운전하는 것은 위험하다고 합니다. 하지만 저는 전혀 동의할 수 없습니다. 제가 운전하기에 부적합하다는 점을 증명할 수 있는 테스트 같은 건 없습니다. 그냥 무조건 반납하라고 합니다. 제 면허증을 빼앗아 가는 건 도저히 이해가 되지 않습니다. 저는 평생을 건강하게 살았고, 항상 규칙적으로 운동했습니다. 정신도 멀쩡합니다. 안경도 필요 없습니다. 틈날 때마다 조깅도 하고 헬스도 합니다. 저 자신을 운전하기에 매우 건강하다고 생각하지만, 정부는 아랑곳하지 않습니다. 이 청원에 동참해 주세요.

take back

take back은 '빌린 것을 원래 주인에게 돌려주다, 구매한 물건을 구매처에 반납하다'라는 의미를 지닌 구동사입니다. 기본적으로 원래 있던 곳 또는 원래 주인에게 다시 갖다준다는 의미인 셈입니다. 다음 대화를 보시죠.

> A: Did you take those shoes back to your aunt after you borrowed them?
> B: Oh, no! Thanks for the reminder. I'll take them back now, before I forget again.
>
> A: 숙모님한테 빌린 신발 돌려 드렸어?
> B: 아, 아니! 알려 줘서 고마워. 잊어버리기 전에 지금 가져다드려야겠다.

take back은 '자기가 한 말을 취소하다, 주워 담다'라는 의미도 있습니다. 다음 예문을 보겠습니다.

> Wait, I take that back. I didn't mean it like that. When I said, "You look tired," I didn't mean it like "You look ugly." I'm just concerned about you getting sick.
>
> 잠시만, 내가 한 말 취소할게. 그런 의도는 아니었어. 내가 "피곤해 보인다"라고 했을 때 "못생겨 보인다"라는 말은 아니었어. 그냥 네가 아플까 봐 걱정된 것뿐이야.

다음으로, '원래 자신이 소유했던 것이나 빼앗긴 것을 되찾다, 가져가다'라는 의미가 있으며 다음 예문을 통해 이를 확인해 보겠습니다.

I thought she gave me her old sweater, but it turned out she only wanted to lend it. She let me use the sweater for a few weeks, and then she took it back.

나는 그녀가 자기가 입던 스웨터를 나한테 준 거라고 생각했는데, 그냥 빌려준 거더라고. 몇 주간 빌려준 다음 도로 가져갔어.

마지막으로, take back은 '~를 옛 시절 등으로 데려가다, ~에게 무언가를 생각나게 하다'라는 의미로 쓰입니다. CASES IN POINT에서도 소개하겠지만 저와 오랫동안 함께 일해 온 Nicholas 선생님은 텍사스에 있을 때 찍은 사진을 보여 주면서 저에게 다음과 같이 말한 적이 있답니다.

Looking at these pictures really takes me back. Those days in Texas seem so carefree* now, but I know it's not real. At the time, I was pretty stressed out about my future.

*carefree: 근심 걱정이 없는, 속 편한

이 사진들을 보니 옛날 생각이 나네요. 지금 보면 (저의) 텍사스 시절이 근심 걱정 없어 보이지만, 사실은 그렇지 않았어요. 당시에는 미래에 대한 스트레스가 꽤 컸습니다.

☑ take back 요약

1 (빌린 것을 원래 주인에게) 돌려주다, (구매한 물건을 구매처에) 반납하다

🔊 You need the receipt if you want to take your sweater back.

이 스웨터를 반품하시려면 영수증이 있어야 합니다.

2 (자기가 한 말을) 취소하다, 주워 담다

> I'm sorry that I said you were stupid. I take it back.
> 네가 바보 같다고 해서 미안해. 취소할게.

3 (원래 자신의 소유였던 것[빼앗긴 것]을) 되찾다, 가져가다

> I'm going to take back the money you stole from me.
> 네가 나한테서 훔쳐 간 돈 내가 다시 가져갈 거야.

4 ~에게 (무언가를) 상기시키다, 생각나게 하다

> I had a dream last night that really took me back to
> the scene of the accident.
> 어젯밤에 사고 장면이 떠오르는 꿈을 꿨어요.

SMALL TALK

1 식당에서 음식이 잘못 나온 상황에서의 대화

Ⓐ Excuse me, but I asked for a well-done steak, and this looks like it's medium rare.

Ⓑ Oh, I'm sorry about that. I'll take it back and get another one cooked for you right away.

Ⓐ 죄송한데, 웰던 스테이크를 시켰는데, 이건 미디엄 레어 같네요.

Ⓑ 죄송합니다. 다시 가져가서 바로 다른 것으로 만들어 오겠습니다.

2 환불을 원하는 고객과의 전화 통화

Ⓐ I'm not sure, but I think I bought this cashmere sweater from you guys like 10 days ago. I just wanted to know if I could take it back and still get a refund, or maybe store credit...

Ⓑ Sir, in that case I'm afraid you can't receive a refund. Our refund policy states that you are only eligible for one within a week of purchase.

Ⓐ 확실하지는 않은데 열흘 전쯤에 여기서 캐시미어 스웨터를 구매한 것 같거든요. 혹시 반품하고 환불을 받을 수 있을까 해서요. 아니면 적립금으로 받거나….

Ⓑ 죄송하지만, 그럴 경우 환불이 어렵습니다. 저희 환불 정책에 따르면 구매 시점부터 일주일 안에만 환불받으실 수 있습니다.

3 음악 취향에 대한 연인 사이의 대화

Ⓐ There is something about songs like this that takes me back to my teens. I like Blackpink and New Jeans songs, but I can't really relate to the lyrics, honestly.

Ⓑ Oh my gosh... you know, every time you play songs like these it reminds me of our age gap. What are you, a grandpa? I wish I could date someone younger than me...

Ⓐ 이런 노래를 들으면 십 대 때로 돌아간 것 같아. '블랙핑크'와 '뉴진스' 노래도 좋지만, 솔직히 가사에 공감이 잘 안되거든.

Ⓑ 이런… 이런 노래를 틀 때마다 잊고 있던 우리 나이 차가 다시 생각나. 자기 뭐, 할아버지야? 나보다 어린 남자랑 만나야 하는 건데….

CASES IN POINT

텍사스 출신인 어느 미국인 이야기

Watching baseball on TV always takes me back to my time in Texas. It was a confusing time because I couldn't figure out my next move, and I was stressed out about my future. Baseball was a great distraction for me back then. There was nothing I could do with my lack of experience, except maybe join the military or learn something, like coding, from the ground up*. My uncle, who worked for LG, really got me on the right track* by getting me that internship. Now, there are some things I miss, but I know things have worked out for the best*.

*from the ground up: 맨땅에서 새로 시작하여
*get somebody on the right track: ~를 제대로 된 궤도에 올려 두다,
올바른 방향으로 올려 두다
*work out for the best: 최선의 결과로 이어지다, 가장 좋은 방향으로 일이 진행되다

TV로 야구를 볼 때마다 텍사스에서의 시절이 생각난다. (인생의) 다음 행보를 어떻게 가져가야 할지를 몰랐기 때문에 혼란스러운 시기였고, 미래에 대한 스트레스가 심했다. 당시에는 야구 보는 게 큰 낙이었다. 경험이 없다 보니 군대에 가거나 코딩 같은 것을 기초부터 배우는 것 외에는 할 수 있는 선택지가 없었다. LG에 근무했던 삼촌이 인턴 자리를 소개해 주면서 내 삶이 안정을 찾았다. 지금 생각하면 (텍사스에서의 생활에) 그리운 면이 있기는 하다. 하지만 지금의 상황이 최선의 결과다.

take off

'옷이나 신발 등을 벗다, 비행기가 이륙하다'라는 뜻으로 알려진 구동사 **take off** 는 생각보다 많은 쓰임새를 가지고 있습니다.

우선, 다른 장소로 이동하기 위해 '지금 있는 곳에서 일어나다, 떠나다, 출발하다(뭔 가 급하게 출발하는 어감)'라는 의미가 있습니다. 비행기 바퀴가 땅에서 떨어져서 이륙하는 것처럼, 사람의 발이 바닥에서 떨어진 후 그 자리를 뜨는 이미지를 떠올 리면 되겠습니다.

take off에는 '무엇이 본격적으로 인기를 끌게 되다'라는 뜻도 있는데, 이 역시 제품, 서비스, 한류 등이 바닥에 붙어 있다가 떨어지면서 본격인 인기몰이를 하고 유행을 탄다는 맥락으로 이해할 수 있습니다.

take off는 또한 '명단 등에서 이름 등을 빼다'라는 의미와 '가격을 깎아 주다'라는 의미로도 쓰이는데, 물리적으로 무언가를 떼어 낸다는 의미가 확장되어 '가격을 빼 주다'라는 뜻까지 가지게 된 것입니다. 그럼 다양한 예시를 살펴보겠습니다.

다음은 대학에서 근무하는 동료 교수 사이의 대화로, 차가 없는 A가 B의 차를 함께 타고 퇴근하려는 상황입니다.

A: Are you taking off soon?
B: Yeah, do you need a ride?

A: 곧 출발하나요?

B: 네, 태워드릴까요?

'인기를 끌다'라는 뜻으로 **take off**를 사용한 예시도 보겠습니다.

Remember when Pokémon GO took off, and grown men were walking down the streets looking for Pokémon.

포켓몬 고 열풍이 불었을 때 다 큰 어른들이 길을 걸으면서 포켓몬을 보던 거 기억해 봐요.

다음은 '가격을 깎아 주다, 빼 주다'라는 의미로 쓰인 **take off**의 예시입니다.

If I buy two pairs of pants, they'll take 15% off.

(아내가 남편에게 하는 말)

바지 두 벌 사면 15% 빼 준대.

✓ **take off 요약**

1 (옷, 신발 등을) 벗다

e.g. You look like a different person when you take off your glasses.

너는 안경 벗으면 완전 딴 사람 같아 보여.

2 이륙하다

e.g. After a six-hour typhoon delay, it was such a relief to hear the captain announce that the plane was going to take off in 15 minutes.

태풍으로 인해 6시간 동안 연착이 된 터라, 15분 후에 비행기가
이륙한다는 기장의 안내 방송은 너무나 다행스러웠다.

3 (다른 곳으로 가기 위해 어떤 장소를) 떠나다

e.g. We're going to take off so we can make it to the movie
on time.

(같이 있는 두 사람이 다른 곳에서 출발하는 친구에게 보내는 메시지)
우리는 지금 출발하려고 해. 그래야 영화관에 늦지 않게 도착할 수
있어.

4 인기를 끌게 되다, 성공하게 되다, (매출 등이) 폭발적으로 늘다

e.g. Tanghuru really took off for a few months, but it's
starting to lose popularity.

탕후루가 몇 달 동안 엄청나게 인기였는데, 이제 인기가 시들해지고
있어.

5 (장소나 명단에서) 빼다

e.g. We need to take these items off the shelf. They're
expired.

(매장 매니저가 하는 말)
이 물건들은 선반에서 빼야 합니다. 유통기한이 지났어요.

6 (가격을) 빼 주다, 깎아 주다

e.g. If you pay in cash, we will take an additional ten dollars
off.

현금으로 결제하시면 10달러를 더 빼 드리겠습니다.

1 먼저 자리에서 일어나려는 친구와의 대화

Ⓐ Are you sure you're really going to leave now? We still have a lot to catch up on.

Ⓑ Sorry, but I have to take off now. My husband is waiting for me at the restaurant.

Ⓐ 정말 지금 가려고? 아직 할 이야기가 많은데.

Ⓑ 미안해, 근데 지금 일어나 봐야 해. 남편이 식당에서 기다리고 있어서 말이야.

2 K팝 열풍에 대한 친구 사이의 대화

Ⓐ How long do you think the K-pop craze will stick around? I'm afraid it's going to be just a fad.

Ⓑ It's been only a couple of years since K-pop and K-dramas really took off, so I'm not too worried about it yet.

Ⓐ 네가 볼 땐 K팝 열풍이 얼마나 오래갈 것 같아? 내가 보기에는 일시적인 유행일 것 같아.

Ⓑ K팝과 K드라마가 본격적으로 인기를 끈 게 이제 겨우 몇 년이라서, 나는 아직은 크게 걱정 안 해.

3 승진 결과에 대한 직장 동료 사이의 대화

Ⓐ John, you look down. What's up with you?

Ⓑ I'm really pissed off. I've been passed over for a promotion* again. It turned out my team leader took me off the shortlist of candidates at the last minute. He must have something against me.

*be passed over for a promotion: 승진에서 누락되다

Ⓐ John, 힘이 없어 보이네. 무슨 일 있는 거야?

Ⓑ 정말 화가 나. 또 승진에서 누락됐거든. 팀장이 마지막 순간에 나를 최종 후보군에서 빼 버렸어. 뭔가 나한테 악감정이 있나 봐.

중고로 구두를 구매한 사람의 이야기

I was messing around on a used market site when I came across these nice leather cordovan shoes. They seemed brand new, and they are worth almost 1.1 million won. He listed the shoes for 580,000 won, which I thought was a real bargain. Since I offered to go to Sinsa-dong and get them myself, he even took off an extra 30,000! I really lucked out* getting these shoes for just 550,000 won. The only thing I'm worried about now is how long it'll take to break in* this leather.

*luck out: 굉장히 운이 좋다
*break in: 신발 등을 길들이다

중고 거래 사이트에서 이것저것 보고 있었는데 이 멋진 가죽 코도반 신발을 발견했다. 완전 새것 같았다. 거의 110만 원 정도 하는 구두다. 판매자가 58만 원에 올려 두었는데, 정말 저렴하다고 생각했다. (판매자가 있는) 신사동에 가서 직접 픽업하겠다고 했더니 3만 원을 더 빼 주었다! 이런 신발을 55만 원에 가지게 되다니 정말 횡재했다. 이 (코도반) 가죽을 길들이려면 얼마나 걸릴지 하는 점이 딱 하나 걱정되는 부분이다.

take on

take on에는 정말 많은 용법이 있습니다. 스포츠 기사를 보면 **Korea takes on China in a friendly match on Sunday.**(한국이 일요일 중국과의 친선경기에서 한판 붙게 된다.)와 같은 문장을 접하게 되는데 이때 **take on**의 의미가 바로 '~와 한판 붙다, 상대하다'라는 뜻입니다.

또한, **take on**에는 '일, 책임 등을 떠안다, 맡다'라는 뜻이 있습니다. 다음 예문으로 확인해 보세요.

> I think I could take on planning our trip for next summer, so send me your ideas of what to check out.
>
> (친구들에게 보내는 메시지)
> 여름 여행 계획 짜는 건 내가 맡을 수 있을 것 같아. 너희들이 가 보고 싶은 곳이 있으면 보내 줘.

성수기에 일손이 부족한 것과 같은 특별한 필요에 의해서 '사람을 추가로 채용하다, 쓰다'라는 의미와 수업 등에서 남는 자리가 있어서 '학생을 추가로 받다'라는 의미로도 쓰입니다.

> We're taking on additional staff for the holiday season. Do you know anyone who'd want a part-time job over winter vacation?

> 휴가철을 맞아 추가 직원을 뽑는데, 혹시 겨울방학 동안 아르바이트할 사람 알고 있어?

다음으로 '어떠한 성질, 특징, 모양, 의미를 띠게 되다'라는 의미도 지니고 있습니다.

> She takes on a whole different personality when she's in the office. Her goofy character completely disappears.
> 그녀는 사무실에서는 완전 딴 사람이 된다. 농땡이 부리는 모습은 찾아보기 힘들다.

마지막으로 소개할 **take on**의 의미는 '빚을 안다, 짊어지다'이며 다음 예문을 통해 확인해 보세요.

> It's all too common for college students to take on lots of debt. There's pretty much no other way to come up with the inflated tuition.
> 대학생들이 많은 빚을 지게 되는 건 너무 흔한 일이다. 이 방법 말고는 폭등한 등록금을 마련할 길이 없다.

✔ take on 요약

1 ~와 한판 붙다, 상대하다

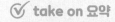 Korea took on Iran in the Asian cup, and unfortunately lost.
아시안컵에서 한국이 이란과 붙었다. 아쉽게도 지고 말았다.

2 (필요에 의해서 또는 상황상 불가피하게) 일, 책임 등을 떠안다, 맡다

> e.g. Now that I'm the team captain, I'll have to take on more leadership duties.
>
> 이제 주장이 되었으니 더 많은 리더 역할을 맡아야 할 것 같습니다.

> e.g. I have taken on too much work. Can you please help me with this project?
>
> 내가 일을 너무 많이 떠맡았어. 이 프로젝트 좀 도와줄 수 있을까?

3 (수요 증가 또는 성수기 등의 이유로) 사람을 추가로 뽑다, 채용하다; (수업 등에서 남는 자리가 있어서) 학생을 추가로 받다

> e.g. I don't think I could possibly take on anyone else. I already have more students than I'm comfortable with.
>
> 추가 학생은 못 받을 것 같네요. 이미 제가 편하게 감당할 수 있는 학생 수를 넘어섰어요.

4 (어떠한 성질, 특징, 모양, 의미를) 띠게 되다

> e.g. She takes on a different personality when she is with her boyfriend.
>
> 그녀는 남자 친구와 있을 때 딴사람이 된다.

5 빚을 안다, 짊어지다

> e.g. I was forced to take on my parents' debt when they passed away in an accident.
>
> 부모님이 사고로 돌아가셔서 제가 부모님 빚을 다 떠안을 수밖에 없었습니다.

1 축구 실력에 대한 고등학생들의 대화

Ⓐ Joe keeps on bragging about how he's so much better than you at soccer. Are you going to do anything about it?

Ⓑ What? He's still talking trash? Sure, tell him I'll take him on 1-on-1 after school.

Ⓐ Joe가 너보다 축구를 훨씬 더 잘한다고 계속 허세를 부리네. 너 가만히 있을 거니?

Ⓑ 뭐라고? 그런 말 같지 않은 소리를 한다고? 좋아, 학교 마치고 내가 1 대 1로 상대해 주겠다고 전해 줘.

2 식당을 운영하는 부부의 대화

Ⓐ Honey, taking on more staff right now doesn't seem like a good idea. Labor is already our biggest expense, and finding someone we trust is going to be tough.

Ⓑ I get that, but we're swamped with customers. We're not as young as we used to be, and doing all this on our own is becoming too much.

Ⓐ 여보, 지금 사람을 더 쓰는 건 좋은 생각 같지가 않아. 비용 중에 인건비가 제일 크기도 하고, 믿을 수 있는 사람 찾는 것도 쉽지 않을 거야.

Ⓑ 알아. 근데 손님이 너무 많잖아. 이제 우리가 나이도 있고, 우리끼리 이 모든 걸 하는 건 너무 버거워.

3 남자 친구와 있을 때 딴사람이 되는 친구에 대한 대화

Ⓐ I heard Sarah has a boyfriend. I was surprised, since she's kind of hard to get along with. Have you met him?

Ⓑ Yeah, I bumped into them at the mall yesterday. You wouldn't believe it, but she takes on a completely different personality around him. I wonder how long it will take him to catch on.

Ⓐ Sarah가 남자 친구 생겼다고 들었어. 친해지기 힘든 성격이라 놀랐네. 남자 친구는 만나 본 거야?

Ⓑ 응, 어제 쇼핑몰에서 우연히 봤어. 믿기지는 않겠지만 남자 친구 옆에 있으니 완전히 딴사람이 되더라. 남자 친구가 그걸 언제쯤 눈치채려나 몰라.

CASES IN POINT

프로젝트 관리에 대한 블로그 게시글

While taking on multiple projects makes sense, a lot of you out there have probably figured out that there is only so much you can handle at one time. Try to take on too many projects and things get missed, stress builds up, and people burn out. Employees with more than five projects might experience lack of focus and stretched brain capacity. So, if possible, don't take on more than five projects at a time and don't push your employees to juggle more than that, either.

한꺼번에 여러 가지 일을 맡는 건 이해는 됩니다. 하지만 많은 분이 눈치채셨겠지만, 한 번에 감당할 수 있는 일은 한계가 있습니다. 한꺼번에 여러 프로젝트를 맡게 되면 일에 누수가 생기고, 스트레스는 커지며, 번아웃이 옵니다. 다섯 개 이상의 프로젝트를 하는 직원들은 집중력 저하와 뇌의 부하를 경험할지도 모릅니다. 따라서 가능하다면 한꺼번에 다섯 개 이상의 일을 맡지 마시고, 직원들에게도 그 이상의 일을 동시에 하게끔 압박해서는 안 됩니다.

take out

김재우의 영어관찰일기

take out은 기본적으로 '안에 들어 있던 것을 밖으로 꺼내다, 빼다, 제거하다'라는 의미를 지닌 구동사입니다. 여름철이 되어 에어컨을 사용하려면 일단 필터 청소부터 해야 하죠. 이런 상황에서 다음과 같이 말할 수 있습니다.

> Before you use your air conditioner for the first time this year, don't forget to take out the filter and wash it.
>
> 올해 처음으로 에어컨을 사용하기 전에 반드시 필터를 빼서 청소를 하렴.

'안에 있는 무언가를 밖으로 내놓다(안에서 밖으로 무언가를 가지고 나가다)'라고 할 때 역시 take out을 써서 다음과 같이 표현할 수 있습니다.

> Can you take out the garbage on your way out?
>
> 나가는 길에 쓰레기 좀 버려 줄 수 있어?

다른 사람을 데리고 나가서 식사를 대접하거나, 물건을 사 주거나, 공연 등을 보여 줄 때 역시 take out을 쓴답니다.

> They took me out to a fancy restaurant in Cheongdam.
>
> 그분들이 청담에 있는 고급 식당에 가서 식사 대접을 해 주더군요.

이뿐만 아니라 은행 등에서 대출을 받는다고 할 때도 **take out**을 써서 다음과 같이 표현합니다.

I had to take out some loans to buy this apartment.

이 아파트를 사기 위해 대출을 좀 받아야만 했습니다.

이 외에도 '남에게 분풀이를 하다', '음식이나 음료를 포장 주문하다'라고 할 때도 **take out**을 씁니다.

 **take out 요약**

1   (안에 들어 있던 것을 밖으로) 꺼내다, 빼다, 제거하다

A: Mom, I really hate spinach in my kimbap.

B: Well, I won't let you take it out and waste it. Spinach is really good for you.

A: 엄마, 김밥에 들어 있는 시금치 너무 싫어요.

B: 음, 그렇다고 절대로 시금치를 빼서 버리면 안 돼. 시금치는 몸에 정말 좋아.

I want you to take out this line. It looks out of place with the rest.

(에세이 첨삭)

이 문장은 빼세요. 전체 내용과 어울리지 않네요.

2   (안에 있던 것을 밖으로) 가지고 나가다

I took it* out for a spin and was blown away by its performance.

차를 (전시장에서) 가지고 나가서 한 바퀴 돌아 봤는데요. 성능이 끝내주더군요.

*여기서 it은 자동차를 지칭합니다.

e.g. Taking out the food waste is my least favorite house chore.

음식물 쓰레기를 내다 버리는 건 제일 하기 싫은 집안일이다.

3 ~를 데리고 나가서 식사를 대접하다, 공연 등을 보여 주다, 물건을 사 주다

e.g. I was thinking of taking my parents out to dinner while they are in town. Do you know of any nice places near Seoul Station?

부모님이 서울에 계실 동안 모시고 나가서 저녁 식사를 대접할까 하는데, 서울역 근처에 괜찮은 식당 알아?

4 은행 등에서 대출을 받다

e.g. I didn't have enough saved up, so I had to take out a loan to buy my new car.

모은 돈이 부족해서, 새 차 살 때 대출을 받아야만 했어요.

5 남에게 분풀이를 하다

e.g. Don't take your anger out on me!

나한테 화풀이하지 마!

SMALL TALK

1 시험 공부 중인 아들과 엄마의 대화 ◖▮▯

Ⓐ Honey, stop studying and go to bed. It's already late. And don't forget to take out your contacts before you sleep.

B Mom, didn't I tell you that my finals are less than a week away? I think I'll have to pull an all-nighter.

A 아들, 이제 공부 그만하고 자야지. 시간이 늦었어. 자기 전에 콘택트렌즈 빼는 거 잊지 말고.

B 엄마, 제가 기말시험이 일주일도 안 남았다고 말했잖아요. 밤새야 할 것 같아요.

2 고객과의 식사 장소에 대한 대화 ◀◼▷

A I'm having some clients over to the office this evening, but I don't really know where to take them to dinner after the meeting.

B Maybe you could take them out to that nice lamb place right next to Gwangheungchang station. It's the best lamb I've had in Seoul. I'm sure they will love it.

A 오늘 저녁에 고객분들이 사무실에 오는데 회의 끝나고 저녁 식사를 어디로 모시고 가야 할지 모르겠어.

B 광흥창역 바로 옆에 괜찮은 양고기 집에 모시고 가면 괜찮을 것 같은데. 서울에서 먹어 본 양고기 중에 최고야. 분명 만족하실 거야.

3 발표를 앞두고 팀장과 팀원이 하는 대화 ◀◼▷

A Jeff, what do you think about taking this slide out of the presentation? It doesn't seem to add much value.

B Actually, I was feeling the same way. I wasn't sure whether to get rid of it or not. I'll follow your advice.

A Jeff, 발표 자료에서 이 슬라이드는 빼면 어떨까요? 큰 의미가 없는 내용이라서 빼도 큰 상관없을 듯한데.

B 사실 저도 그렇게 느꼈거든요. 빼야 할지 말아야 할지 고민하고 있었어요. 팀장님 말씀대로 할게요.

어느 뉴스 앵커의 생방송 노하우

Sometimes things change at the last minute*. There is no time to change the script or take out the outdated information, and it's already printed out. The only thing I can do is highlight the outdated details, so I know to leave them out on the air. To some, it may look like I'm highlighting important information. But to me, it's the opposite. In the field of live TV, things can change quickly. You have to think fast and be ready to change what you say. This job has taught me how to handle surprises* well.

*at the last minute: 마지막 순간에, 직전에
*surprises: 의외의 것, 생각하지 못한 것

가끔 방송 직전에 내용이 바뀐다. 대본이 이미 출력된 상태라서 대본을 수정하거나 이전 내용을 뺄 시간이 없다. 내가 할 수 있는 유일한 것은 방송 중에 빼고 읽을 수 있도록 수정 전 내용에 표시해 두는 것이다. 다른 사람이 보면 중요한 정보에 표시하는 줄 알 것이다. 하지만 사실 반대다. 생방송 분야의 경우, 상황이 빠르게 바뀐다. 순발력 있게 판단하고 말을 바꿔서 할 준비가 되어 있어야 한다. 이 일을 하면서 예상치 못한 상황에 대처하는 법도 배우게 되었다.

take up

take up은 '물건이 공간을 차지하거나 행위가 시간을 차지하다, 잡아먹다; 사람이 상대방의 시간을 빼앗다'라는 의미를 지닌 구동사입니다. 옷이 너무 많아서 옷장이 꽉 찬 상황에서 다음과 같이 표현할 수 있습니다.

> Our clothes are taking up too much space in the closet. Let's get rid of some of them.
>
> 옷이 (많아서) 옷장 공간을 너무 많이 차지하네. 일부는 버리자.

SNS에 시간을 너무 많이 쓴다고 느낀다면 다음과 같이 말할 수 있겠습니다.

> I think I will take a break from social media. Scrolling on Instagram is taking up so much time.
>
> 당분간 SNS 좀 쉬어야 할 것 같아. 인스타 보느라 시간을 너무 많이 뺏겨.

take up의 목적어로 취미, 활동 등이 올 경우 '~을 새롭게 시작하다, ~에 손을 대다'라는 의미가 됩니다. 개인적으로는 실내 등반을 한번 해 볼까 고민 중인데, 이런 상황에서는 다음과 같은 문장을 만들어 볼 수 있습니다.

> I was thinking of taking up indoor climbing. It seems like a good way to meet new people.

실내 등반을 시작해 볼까 싶습니다. 새로운 사람을 만날 수 있는 좋은 방법인 것 같아요.

마지막으로 '제안, 초대, 도전을 받아들이다, 응하다'라는 의미가 있습니다. 주로 **take somebody up on something**의 형태로 사용하는데, 이와 같은 용법은 앞서 소개한 용법에 비해 제한적으로 사용되지만 원어민들이 종종 사용하는 표현이므로 청취 실력 향상을 위해서라도 알아 두시면 좋겠습니다. 다음 예문은 십 대 형제 간의 대화로, **take somebody up on something**을 사용한 전형적인 예시라 할 수 있습니다.

You don't think I can beat you in ping-pong? I'll take you up on that. I'll win; just wait and see!
내가 탁구에서 형을 진짜 못 이긴다고 생각해? 기꺼이 응해 줄게. 내가 이겨. 한번 보자고!

✅ take up 요약

1 **(물건·행위가) 공간·시간을 차지하다, 잡아먹다; (사람이) 상대방의 시간을 빼앗다**

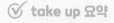 My new couch takes up too much space in my studio apartment.
   새로 산 소파가 원룸 공간을 너무 많이 차지한다.

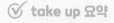 Commuting to work is taking up too much time, so I need to buy a car.
   출퇴근 시간이 너무 많이 걸려서 차를 한 대 사야 할 것 같다.

2 ~을 새롭게 시작하다, ~에 손을 대다

> ^{e.g.} My husband and I took up golf to try and start a new hobby together.
>
> 새로운 취미를 같이 시작해 볼까 해서 남편과 저는 골프를 시작했어요.

3 (제안, 초대, 도전 등을) 받아들이다, 응하다

> ^{e.g.} A: My mom said she'd like to make you a traditional Korean meal. What do you think?
>
> B: Wow, that'd be amazing. I'll definitely take you up on that.
>
> (남녀 커플 간의 대화)
>
> A: 엄마가 너한테 한국 전통 요리를 해 주고 싶대. 어때?
>
> B: 우와. 멋질 것 같아. 당연히 초대에 응해야지.

SMALL TALK

1 최근에 직장을 옮긴 친구와의 대화

🅐 Since starting off with a new company, so much of my day is taken up by mundane* tasks.

🅑 Just be patient. You're still the newest employee there. They'll trust you more with time.

*mundane: 재미없는, 일상적인

🅐 새 회사에서 근무를 시작한 후, 하루의 대부분을 단순한 행정 업무를 하는 데 보내고 있어.

🅑 조금 인내심을 가져. 그 회사에서 네가 가장 신입이잖아. 시간이 지나면 널 좀 더 신뢰할 거야. (신뢰하게 되면 좀 더 중요한 일을 맡길 거라는 말)

2 취미 활동에 대한 친구 사이의 대화

Ⓐ I was thinking of taking up crochet*. I want to make a bag for my daughter.

Ⓑ Taking up another hobby? Don't you think you have enough on your plate already?

*crochet: 크로셰 뜨개질, 코바늘 뜨개질

Ⓐ 뜨개질을 배워 볼까 싶어. 딸아이 가방을 만들어 주고 싶거든.

Ⓑ 다른 취미를 또 시작한다고? 이미 너무 많은 취미를 가지고 있다고 생각하지 않아?

3 머물 곳을 제공해 주겠다는 친구와의 대화

Ⓐ If you ever need a place to stay in Los Angeles, I have an extra room.

Ⓑ I will definitely take you up on that. I'll be in California next summer.

Ⓐ 로스앤젤레스에 머물 곳이 필요하면 우리 집에 남는 방이 있어.

Ⓑ 초대 무조건 받아들일게. 내년 여름에 캘리포니아 갈 거거든.

CASES IN POINT

상점 측의 친절한 응대에 감사를 전하는 인스타 메시지

Visiting your store was a great experience for me. You were extremely helpful and answered all of my questions. After leaving the store, I felt sorry for taking up so much of your time without buying anything. Honestly, there was nothing that was exactly what I needed, and I didn't want to go so far out of my price range for something that wasn't a perfect fit. The customer service was exemplary*, though.

I really appreciate that. I'll come back and ask for you the next time I need glasses. I'll also be recommending your store to friends and family.

*exemplary: 모범적인, 본보기가 되는

귀하의 매장을 방문한 건 정말 멋진 경험이었습니다. 정말 친절하셨고 질문에 모두 답변해 주셨습니다. 매장을 나선 후, 아무것도 사지 않고 시간을 너무 많이 뺏은 것 같아서 미안한 생각이 들었습니다. 사실 제가 딱 필요한 것이 없었습니다. 저에게 딱 맞는 것이 아닌데 예산을 한참 초과해서 구매하고 싶지는 않았답니다. 그래도 고객 서비스는 정말 훌륭했습니다. 정말 고맙습니다. 다음번에 안경이 필요할 경우 다시 방문해서 매니저님을 찾겠습니다. 친구와 가족들에게도 귀하의 매장을 추천하겠습니다.

DAY **92**

tell off vs. chew out

김재우의 영어관찰일기

'꾸짖다, 혼내다'라고 하면 scold가 가장 먼저 떠오르는 분들이 많을 것입니다. scold 도 맞는 표현이지만 좀 격식을 갖춘 표현이므로 구어체 영어에서는 scold 대신에 tell somebody off 또는 chew somebody out이라는 구동사를 자주 씁니다. 이 두 구동사 간의 의미 차이는 크지 않지만 chew somebody out이 조금 더 오 래 혼내는 뉘앙스가 있습니다.

우선, tell off를 이용한 예문을 보겠습니다. 언젠가 한 원어민이 다음과 같이 말했던 기억이 있습니다.

I told off some guy for littering at the bus stop.
버스 정류장에 쓰레기를 무단으로 버리는 아저씨에게 (제가) 한 소리 했어요.

학교에서 괴롭힘을 당하는 동생에게 형은 다음과 같이 말합니다.

If he ever bothers you again, let me know. I'll tell him off for you.
그 친구가 다시 한번 널 괴롭히면 형한테 말해. 너 대신 내가 혼내 줄게.

다음은 tell off와 비교해 chew out이 조금 더 오래 혼내는 어감이 있다는 것을
실제로 보여 주는 예문입니다.

I said I was sorry! You don't need to chew me out all night.
(남편이 아내에게 하는 말)
내가 미안하다고 했잖아! 굳이 밤새 그렇게 뭐라 할 필요는 없잖아.

수업을 빠지자고 유혹하는 친구에게는 다음과 같이 말할 수 있습니다.

You can ditch class without me. I'm not gonna get chewed
out by the principal again.
수업 빠지려면 너 혼자 빠져. 교장 선생님한테 다시 혼나고 싶지 않거든.

✓ tell off vs. chew out 요약

말로 꾸짖다, 혼내다

- My fiancée told me off for having coffee with a female
  colleague of mine. She's the jealous type.
  제 약혼녀가 저 보고 여자 동료랑 커피 마셨다고 엄청 뭐라고 했어요.
  질투심이 많은 사람이에요.

- I saw some high school kids getting told off by their
  teacher for smoking.
  담배 피운 것 때문에 고등학생들이 선생님한테 혼나고 있는 거 봤어.

- I quit the basketball team because my coach would
  chew me out every time I missed a shot.
  코치님이 슛을 놓칠 때마다 너무 혼을 내서 농구팀을 그만두었답니다.

1 아빠에게 혼나고 있는 Mike를 본 친구들의 대화

Ⓐ Did you hear Mike getting told off by his dad again at the playground?

Ⓑ Yeah, poor Mike. His dad is way too strict.

Ⓐ Mike가 놀이터에서 또 자기 아빠한테 혼나는 거 들었어?

Ⓑ 응, 불쌍한 Mike. Mike 아빠는 너무 엄격해.

2 무례한 손님에 대한 식당 직원들의 대화

Ⓐ Whoa, I can't believe you told off that customer. The other people clapped for you.

Ⓑ That rude lady crossed the line. Customers who think they can behave badly and get away with it need to be taught a lesson. I don't care if the manager chews me out.

Ⓐ 이야, 손님을 그렇게 혼내다니 (너도 참) 대단하다. 다른 손님들이 박수를 치더라.

Ⓑ 그 무례한 여성분이 선을 넘었잖아. 무례하게 행동해도 괜찮다고 생각하는 손님들에게는 본때를 보여 줘야 해. 이 때문에 매니저님이 나를 혼내도 상관없어.

3 영화 보러 가자는 친구와의 대화

Ⓐ Let's go watch the new *Batman* movie. It starts at 8.

Ⓑ I told you, if I don't get this homework done by tomorrow morning, the teacher is gonna chew me out in front of the whole class again.

Ⓐ 새로 나온 〈배트맨〉 영화 보러 가자. 8시에 시작해.

Ⓑ 내가 말했잖아. 내일 아침까지 이 숙제 못 끝내면 선생님이 반 아이들 앞에서 또 나를 혼내실 거야.

명절에 부모님 댁을 방문하는 문제에 관한 일화

The holidays are great for family time, but they can also be a source of hurt. Last year, I suggested to my wife that we skip visiting her parents in Gwangju for Chuseok just once. That started a big argument, where she chewed me out for not respecting her side of the family. She reminded me that we have never missed a holiday at my parents' house. I regretted bringing it up, and we ended up going. I still don't think she was happy getting what she wanted.

명절은 가족이 함께하기에 너무 좋은 시간이다. 하지만 상처를 줄 수 있는 원인이기도 하다. 작년에 나는 아내에게 이번 추석에만 광주에 계신 그녀의 부모님을 뵈러 가는 걸 건너뛰자고 제안했다. 이 때문에 크게 다투었다. 아내의 가족을 소홀히 한다고 나보고 엄청 뭐라고 했다. 우리 부모님 댁에는 매번 명절마다 갔다는 점을 일깨워 줬다. 내가 괜한 이야기를 했다. 결국 처가댁에 갔다. 자기가 원하는 것을 얻었지만, 그럼에도 아내는 별로 탐탁지 않게 생각했을 것이다.

top off

top off는 '음료의 빈 잔이나 주유구 등을 가득 채우다'라는 의미의 구동사입니다. 재미있는 점은 top off가 주로 미국인들이 쓰는 표현이라는 것이죠. 같은 상황에서 영국인들은 top up을 더 많이 씁니다. 이와 관련해서 영국인과 미국인이 나누는 재미있는 대화문을 보시죠.

> A: You can top up my coffee. I need extra caffeine today.
>
> B: Top up? Do you mean top off?
>
> A: No, I mean top up, as in, more coffee please.
>
> A(영국인): 커피 잔 좀 채워 줘. 오늘은 카페인이 더 필요해.
>
> B(미국인): top up이라고? top off 말이지?
>
> A(영국인): 아니, 커피 좀 더 달라고 할 때의 top up이라는 말이었는데.

한편 top off는 '빈 용기 등을 최대한 가득 채우다'라는 의미인 데 반해 top up은 '비어 있는 잔 등을 원래 수준으로 채우다'라는 뜻입니다. 하지만 원어민들조차 이러한 의미 차이를 정확히 이해하면서 top off와 top up을 구별하여 쓰지는 않는답니다.

top off에는 '~의 위에 어떤 것을 올리다, 어떤 것을 첨가[추가]함으로써 ~을 좀더 멋지게[완벽하게] 만들다'라는 의미도 있습니다. 이때 무엇을 올리거나 추가하는지는 전치사 with를 써서 나타내면 됩니다.

This hot chocolate would be better if I could top it off with some whipped cream.

이 핫 초콜릿에 휘핑크림을 얹으면 더 맛있을 것 같은데.

to top it off는 관용 표현으로 쓰이는데, 안 좋은 일이 겹쳐서 일어나는 상황을 묘사하는 '설상가상으로'라는 의미입니다. 다음 일화를 통해 이를 확인해 보겠습니다.

On my way to work this morning, my girlfriend sent me a text saying she wants to break up. Before I could even respond, I saw that my desk was cleaned out, and I was informed that I was no longer needed at the company. I lost my girlfriend and my job, and to top it all off, I found a parking ticket on my windshield.

오늘 아침 출근길에 여자 친구가 문자를 보내서는 헤어지자고 했다. 문자에 답을 하기도 전에 회사에 있는 내 책상이 치워져 버린 걸 발견했고, 회사에서 나를 더 이상 필요로 하지 않는다고 통보받았다. 여자 친구와 직장을 잃은 것도 모자라, 내 차 앞 유리에는 주차 위반 딱지까지 붙어 있었다.

✓ **top off 요약**

1 **(음료의 빈 잔이나 주유구 등을) 가득 채우다**

 A: You're a bit low on coffee. Want me to top you off[up]?

B: No, thanks. I'm good.

A: 커피가 거의 없구나. 가득 따라 줄까?

B: 고맙지만 괜찮아.

2 ~의 위에 (어떤 것을) 올리다, (어떤 것을 첨가[추가]함으로써) ~을 좀
더 멋지게[완벽하게] 만들다

 Pancakes are best when topped off with fresh
blueberries and maple syrup.
팬케이크에는 신선한 블루베리와 메이플 시럽을 얹어서 먹으면 제일
좋다.

3 to top it off의 형태로 쓰여 (부정적인 문맥에서) 설상가상으로,
엎친 데 덮친 격으로; (긍정적 맥락에서) 게다가, 그뿐만이 아니라

I'll never cook again. I burned myself with hot oil,
I almost cut my finger off trying to chop an onion,
and to top it off, I'm starving because I couldn't even
finish cooking my dinner!
나는 다시는 요리하지 않을 것이다. 뜨거운 기름에 화상을 입었고,
양파를 썰다가 손가락이 베일 뻔했는데, 설상가상으로 저녁 요리를
다 끝내지 못해 배고파 죽겠다!

SMALL TALK

1 자동차 서비스 센터에서의 대화

Ⓐ While we were replacing your brakes, we went ahead and
topped off your oil as well.
Ⓑ Thanks a lot. I appreciate that.

Ⓐ 브레이크 교체하는 동안 엔진오일도 가득 채워 드렸습니다.
Ⓑ 너무 고마워요. 감사합니다.

2 호주 여행을 다녀온 친구와의 대화

Ⓐ Wow, Kelly, you look so tan. How was Australia?

Ⓑ Our trip to Brisbane was like a dream. First, the airline upgraded our seats to first class, then when we arrived at the hotel, they put us up in the penthouse suite, free of charge. To top it all off*, we met some great people at the beach. It was an unforgettable trip.

Ⓐ 우와, Kelly, 피부가 검게 탔구나. 호주는 어땠어?

Ⓑ 브리즈번 여행은 꿈 같았어. 우선 항공사에서 일등석으로 업그레이드를 해 줬어. 그리고 호텔에 도착했더니 우리를 펜트하우스 스위트룸에 무료로 묵게 해 줬지. 게다가 해변에서 멋진 분들도 만났어. 잊을 수 없는 여행이었어.

*여기에서는 to top if off가 긍정적인 맥락에서 '게다가, 더군다나'라는 의미로 쓰였습니다.

3 안 좋은 일이 연달아 일어난 친구와의 대화

Ⓐ Hey, Dan. TGIF*. How was your day?

Ⓑ TGIF? Not for me. I was running to class and I dropped my phone. The screen is cracked. To top it all off, I did horrible on that math quiz.

*TGIF: Thank God it's Friday의 줄임말로 한 주가 거의 끝나서 기쁘다는 의미로 사용됨

Ⓐ 안녕, Dan. 드디어 금요일이다. 오늘 하루는 어땠어?

Ⓑ 금요일이라 좋다고? 난 아닌데. 교실로 달려가다가 휴대폰을 떨어뜨렸어. 화면에 금이 갔지 뭐야. 설상가상으로 수학 시험을 망쳤단 말이야.

CASES IN POINT

운이 없었던 하루 동안의 이야기

I'm really having some horrible luck today. I missed my

bus in the morning, which would've made me late to work. That would've been bad enough, but to top it off, I twisted my ankle while trying to catch the bus and had to miss a whole day of work because I had to go to the hospital. The doctor says my ankle is only sprained*, but that I should use crutches for a week. Now my problem is that I have an important meeting tomorrow, and it's too embarrassing to explain what happened. I don't know what's worse, walking in with crutches, or limping* in without them...

*sprain: 삐다
*limp: 절뚝거리다

오늘 정말 재수가 없다. 아침에 버스를 놓쳐서 하마터면 회사에 지각할 뻔했다. 그것도 모자라 설상가상으로 버스를 안 놓치고 타려다가 발목을 삐었다. 이 때문에 병원에 가야 해서 하루 종일 일도 못했다. 의사 선생님 말로는 발목을 조금 삐끗한 정도지만 그래도 일주일 동안 목발을 사용해야 한다고 한다. 내일 중요한 회의가 있다는 점이 문제다. 무슨 일이 있었는지 설명하기가 민망하다. 목발을 하고 걸어 들어가는 것과 목발을 안 하고 절뚝거리며 들어가는 것 중에 뭐가 더 안 좋을지….

turn out

김재우의 영어관찰일기

학교 다닐 때 turn out을 '~로 드러나다, 밝혀지다'라는 의미로 외웠던 기억이 납니다. turn out의 가장 기본적인 의미는 '생각이나 예상과는 달리 ~하다고 드러나다, 밝혀지다'입니다. 주로 'turn out (that) 주어＋동사' 또는 'turn out to부정사'의 형태를 띠게 됩니다.

공항에 늦게 도착해 비행기를 놓칠까 봐 걱정했지만 알고 보니 비행기 이륙이 지연되어서 다행히 놓치지 않은 상황에서는 다음과 같이 말할 수 있습니다.

> I was worried because I made it to the airport only 40 minutes before my flight, but it turns out the plane was delayed, so I didn't miss it.
>
> 비행기 출발 불과 40분 전에 공항에 도착했기 때문에 걱정을 했어요. 근데 알고 보니 비행기가 (이륙이) 지연되었더군요. 그래서 놓치지 않았답니다.

다음은 날씨 걱정이 기우로 드러난 이야기입니다.

> We were worried about the weather on our way to the beach, but it turned out to be a really beautiful day once we got there.
>
> 해변에 가는 길에 날씨가 걱정되었다. 하지만 막상 도착하니 날씨가 정말 좋았다.

다음은 'turn out to부정사' 형태의 예문입니다.

> The movie turned out to be much better than I expected. I want to see it again.
>
> 그 영화 예상보다 훨씬 괜찮더라. 또 보고 싶어.

원칙적으로는 위와 같은 형태이지만 turn out 뒤에 형용사나 부사가 오기도 합니다.

> - I was so stressed about my midterm exam, but it actually turned out fine. It was way easier than I thought it would be.
>
>   중간고사로 스트레스가 심했는데, 막상 뚜껑을 열어보니 괜찮았다. 생각했던 것 보다 훨씬 쉬웠다.
>
> - Despite the struggles we had planning, the event turned out really great.
>
>   행사 준비에 애를 먹었지만 결과는 대성공이었다.

이때의 turn out은 '막상 뚜껑을 열어 보니 결과가 ~했다'로 해석하시면 됩니다. 특히 원어민들이 요리를 하는 상황에서 turn out이라는 구동사를 자주 쓰는 것을 볼 수 있는데 '막상 요리해 보니 생각[예상]과는 달리 ~한 맛이 나더라'라는 뜻으로 사용됩니다.

역시 결론적으로는 앞에서와 같은 의미이지만, 우리말로 '상황 또는 이야기가 어떤 식으로 흘러가다, 전개되다', 즉 develop 또는 unfold의 의미로 turn out을 쓰기도 합니다. 다음 예시를 통해 확인해 보겠습니다.

Depending on how the job interview turns out, I may have to consider moving to a new city.

면접 결과에 따라 어쩌면 다른 도시로 이사하는 것을 고려해야 할 수도 있어.

☑ turn out 요약

1 (생각[예상]과는 달리) ~라고 드러나다, 밝혀지다; 결과가 ~하다

> e.g. It turned out one of my spark plugs was broken.
> Replacing it was all I needed to get the engine running again.
>
> 알고 보니 점화 플러그 중 하나가 고장이 난 거였어. 이것만 교체했더니 엔진이 다시 작동하더라.

> e.g. I tried this new recipe I saw on Instagram. It looked so good in the video, but it turned out so bland*.
> I followed the recipe exactly, so I can't see where I went wrong...
>
> *bland: 특별한 맛이 안 나는, 맛이 심심한
>
> 인스타에서 본 이 새로운 레시피를 시도해 봤어. 영상에서는 맛있어 보였는데, 막상 해 보니 맛이 너무 심심하더라고. 레시피대로 했는데, 내가 뭘 잘 못한 건지….

2 (상황 또는 이야기가) 흘러가다, 전개되다

> e.g. Depending on how sales turn out this quarter, we may have to discontinue some of our products.
>
> 이번 분기 매출 상황에 따라 일부 제품의 생산을 중단해야 할 수도 있습니다.

1 소개팅한 남성과 두 번째 데이트를 한 친구와의 대화

Ⓐ So how was your second date with Jeff? Did he still seem nice and friendly? You looked so excited after the first date with him.

Ⓑ It turns out he wasn't that sweet after all. It was all an act! He ended up being just like all of my exes. Ugh, he was way too cocky*, to say the least.

cocky: 거만한, 거들먹거리는

Ⓐ Jeff랑 두 번째 데이트는 어땠어? 여전히 좋고 친절해 보였어? 첫 데이트 하고 나서 너 엄청 들떠 보였어.

Ⓑ 알고 보니 전혀 스윗하지 않았어. 다 연기였어! 결국 전 남자 친구들과 다를 게 없지. 욱, 아무리 좋게 이야기해도 너무 거만하더라고.

2 남자 친구의 건강을 오해한 친구와의 대화

Ⓐ I was worried. Minsu sounded like he was coming down with a cold, but it turns out he was just hung over.

Ⓑ Haha. I'm glad it was nothing serious. I just hope he doesn't make a habit of it.

Ⓐ 민수 목소리가 감기 걸린 것 같아서 걱정했는데 알고 보니 숙취였어.

Ⓑ 하하. 심각한 건 아니라 다행이군. 습관이 되면 안 되는데.

3 어느 소설에 대한 친구 사이의 대화

Ⓐ Whenever I pick up a new novel, I almost always skip to the end to see how the story turns out. But with *Inconvenient Convenience Store* I was hooked from the first page, and I didn't want to spoil it for myself.

B I totally get what you mean. I just read it myself, and I normally can't make it past the first chapter of a new book. I ended up reading it all in one night.

A 보통 소설 읽을 때면 결론이 궁금해서 마지막으로 건너뛰거든. 그런데 《불편한 편의점》은 1페이지부터 너무 재미있어서 결론부터 알고 싶지 않더라고.

B 무슨 말인지 너무 잘 알 것 같아. 나도 막 읽었는데, 보통 새 책은 첫 장을 넘어가기 힘든데 이 소설은 하룻밤에 다 읽었어.

CASES IN POINT

할머니의 요리 비결

I tried to cook kalguksu just like my grandma used to, but it didn't turn out quite right. Something was missing. This made me think that there must be a special ingredient in her recipe that makes her kalguksu so tasty. I called and asked what the secret was, but you know what? It turned out she just adds lots of artificial seasoning. That was a big disappointment, but then, a bit later, I got an urge; I still had to try her recipe. Even with all the artificial seasoning, I have to admit, nothing can compare to that taste.

저희 할머니가 하셨던 것처럼 칼국수를 만들어 보려고 했는데, 그 맛이 안 났습니다. 뭔가 빠진 느낌이었죠. 그래서 할머니가 만든 칼국수가 맛있는 데에는 레시피에 무언가 특별한 재료가 있다는 생각이 들었습니다. 그래서 전화를 해서 비밀이 뭐냐고 여쭤보았답니다. 그런데 말이에요, 알고 보니 그냥 인공 조미료를 많이 넣는 거였어요. 몹시 실망스러웠지만, 조금 있으니 충동이 생겼어요. 그래도 할머니 레시피를 꼭 시도해 보고 싶더라고요. 인정할 수밖에 없는 것이, 인공 조미료를 많이 넣었음에도 할머니가 만든 칼국수 맛을 당해낼 수는 없었습니다.

wake up vs. get up

김재우의 영어관찰일기

이번 DAY 95에서는 get up과 wake up의 차이점에 대해 학습하겠습니다. '일어나다'라고 할 때 get up과 wake up의 정확한 차이를 모른 채 혼용하거나, 잘못 쓰는 분들을 많이 볼 수 있습니다. 오늘 두 구동사의 올바른 용법을 익혀서 상황에 맞춰 적절한 의미로 쓸 수 있도록 해 봅시다.

wake up의 정확한 의미는 자다가 '눈을 뜨다'인 반면 get up은 '잠을 자고 난 후 완전히 일어나다'라는 뜻입니다. 다음 예시를 통해 비교해 보겠습니다.

> After I wake up, I sometimes just lie there for several minutes before finally getting up.
>
> 나는 눈을 뜬 뒤에도 누워서 몇 분간 있다가 일어나는 경우가 종종 있다.

어떤가요? wake up과 get up의 차이가 느껴지시나요? 이해를 돕기 위해 예시 하나를 더 보겠습니다.

> If you wake up more than twice a night to go to the bathroom, that could indicate a problem with your prostate*.
>
> *prostate: 전립선
>
> 한밤중에 두 번 이상 깨서 화장실에 간다면, 전립선에 문제가 있다는 신호일 수 있다.

앞의 예문들을 통해 눈치채셨겠지만 **get up**은 단순히 눈을 뜨는 행위를 넘어서 '완전히 일어나다'라는 의미를 지닙니다. 다음 예문을 보세요.

Getting up early isn't really for me. That's why I'm really happy to work as a freelancer.

일찍 일어나는 건 정말 내 체질이 아니다. 그래서 프리랜서로 일하는 게 너무 행복하다.

한편 **wake up**이 타동사로 쓰이면 '~를 깨우다'라는 의미가 됩니다. 'wake up 요약'에서 관련 예문을 살펴보겠습니다.

참고로 **get up**은 '앉아 있던 자리에서 일어나다', 즉 **stand up**과 비슷한 의미도 갖고 있습니다. 'get up 요약'에서 구체적인 예시를 확인해 보겠습니다.

✅ **wake up vs. get up 요약**

wake up

1 (자다가) 눈을 뜨다

🔵 I kept falling asleep and waking up in the movie, so I couldn't follow the plot at all.
영화관에서 계속 잠이 들었다 깼다 해서 줄거리를 전혀 쫓아가지 못했다.

2 ~를 깨우다

🔵 When I was in middle school, one of my friends had an amazing skill — she could fall asleep with her eyes open. My homeroom teacher finally caught her one day and woke her up.
중학교 때 친구 중 한 명이 눈을 뜬 채로 잠들 수 있는 놀라운 기술이 있었다. 어느 날 담임선생님이 마침내 알아채시고 친구를 깨우셨다.

get up

1 잠에서 깨어 완전히 일어나다

e.g. Nicholas, if you don't get up right this instant, you're going to be late for school!

Nicholas, 지금 당장 안 일어나면 학교에 늦어!

2 앉아 있던 자리에서 일어나다

e.g. Alright, class, let's get up and stretch our legs before we start the second half of today's lesson.

자, 여러분, 2부 수업을 시작하기 전에 다들 자리에서 일어나서 다리 스트레칭을 합시다.

SMALL TALK

1 아침에 눈뜨기 힘들어하는 친구와의 대화

🅐 I have such a hard time in the mornings; I can never wake up on the first alarm.

🅑 Have you tried putting your alarm across the room? It forces you to get out of bed to turn it off.

🅐 난 아침에 너무 힘들어. 알람이 한 번 울려서는 절대로 눈이 안 떠져.

🅑 알람을 방의 (누워서 자는 쪽) 반대편에 둬 봤어? 그러면 알람을 끄기 위해서라도 어쩔 수 없이 침대 밖으로 나와야 되거든.

2 각자의 반려동물에 대한 친구 사이의 대화

🅐 My cat has this annoying habit of waking me up at 5 a.m. every day, but I rarely get up then. I usually just pet her a little while and then go back to sleep.

🅑 That's funny; my dog is the opposite. He wakes up early but stays quiet until he sees that I'm fully out of bed and ready to take him for a walk.

🅐 우리 집 고양이는 매일 아침 5시에 나를 깨우는 성가신 버릇이 있어. 하지만 내가 5시에 일어나는 경우는 드물어. 잠깐 고양이를 토닥여 주고는 다시 잠들지.

🅑 재미있네. 우리 집 개는 정반대거든. 일찍 눈을 떠도 내가 완전히 침대 밖을 나와서 산책을 시켜 줄 준비가 되었는지 볼 때까지 조용히 있어.

3 비행기 안에서 옆자리에 앉은 승객 사이의 대화

🅐 Do you need to go to the bathroom? Would you like me to get up?

🅑 No, thank you. That's okay. I'll just step over you if that's alright.

🅐 화장실 가시려고요? 제가 일어날까요?

🅑 아닙니다. 괜찮습니다. 괜찮으시다면 제가 넘어서(타넘고) 가면 됩니다.

CASES IN POINT

수면장애를 겪는 어느 40대의 이야기

In my thirties, I had no trouble at all getting to sleep. Plus, I never woke up even once in the middle of the night. Now that I'm in my forties, though, I'm always waking up — like three or four times a night. It really disrupts my sleep. I don't know if it has to do with my age or the pressure of running my own business. Maybe it's both. Getting up in the morning has become a pain. It takes a good hour* and several cups of coffee before I finally start to feel awake and ready to work.

*a good hour: 한 시간 족히

30대 때에는 잠자리에 드는 데 전혀 문제가 없었다. 게다가 한밤중에 단 한 번도 깨지 않았다. 이제 40대가 되다 보니 밤에 서너 번은 꼭 깬다. 수면에 정말 방해가 된다. 나이 탓인지, 사업체 운영으로 인한 압박 때문인지는 모르겠다. 어쩌면 둘 다일지도. 아침에 일어나는 건 너무 힘들다. 완전히 정신이 들고 출근할 준비가 되려면, 한 시간은 족히 걸리고 커피도 몇 잔 마셔야 한다.

walk through

walk through는 '물리적인 공간을 데리고 다니며 안내하다'라는 뜻의 구동사로,
주로 **walk somebody through something**의 형태로 쓰입니다. 한국인과 결혼
한 어느 미국 여성이 최근 시댁이 있는 경주에 다녀와서는 다음과 같이 말합니다.

> After we visited my husband's grandparents, he walked me
> through his old neighborhood. It was cool to see the schools and
> his favorite old snack shop.
>
> 남편 조부모님을 찾아뵙고 나서, 남편은 자신이 자란 옛날 동네를 데리고 다니며
> 구경을 시켜 줬습니다. 남편이 다닌 학교를 보고, 남편이 가장 좋아했던 예전 과자
> 가게를 볼 수 있어서 너무 좋았습니다.

이 같은 **walk through**의 의미가 더 확장되면 '복잡한 과정, 절차, 사용법 등을 차
근차근, 자세히 설명하거나 보여 주다'라는 뜻이 됩니다. 위의 예문에서처럼 어떠한
장소를 데리고 다니며 하나하나 구경시켜 주는 행위가 어떤 과정을 하나하나 설명
해 주는 행위와 자연스럽게 연결되실 겁니다.

다음은 프린터 사용방법을 몰랐던 신입사원의 말입니다.

> I couldn't figure out how to work the printer, so my manager
> walked me through it.

프린터 사용방법을 전혀 모르겠더라고요. 그래서 매니저님이 자세히 설명해 주셨습니다.

다음 예문도 보겠습니다.

It's kind of a waste to try and understand the exhibition on our own. Let's wait here until 3, and then a guide will walk us through.
우리끼리 전시 작품을 이해하려 해 봤자 소용없어. 3시까지 여기서 기다리자. 그러면 가이드가 우리를 안내해 줄 거야.

어떤가요? 이제 **walk through**의 의미가 조금 더 구체적으로 그려지시죠?

☑ walk through 요약

1 (물리적인 공간을 데리고 다니며) ~에게 …을 안내하다

The realtor walked me through several apartments in Seocho, but they weren't my cup of tea.
부동산 중개인이 서초에 있는 아파트 몇 채를 보여 줬습니다. 하지만 제 취향은 아니었어요.

2 (복잡한 것, 절차, 사용법 등을) ~에게 차근차근[자세히] 설명하다, 보여 주다

Next up is Steve. He's going to walk us through the new homepage redesign.
다음은 Steve 차례입니다. 그가 새롭게 리뉴얼된 홈페이지를 자세히 설명해 줄 겁니다.

> It's okay if you are not computer-savvy. I will walk you through the software update.
> 컴퓨터를 잘 알지 못해도 괜찮아. 내가 소프트웨어 업데이트를 자세히 설명해 줄게.

SMALL TALK

1 대학 캠퍼스에서 길을 묻고 알려 주는 대화

Ⓐ Can you show me how to get to the library from here?

Ⓑ Sure. Come with me. I'll walk you through the campus, and we'll get to the library in no time.

Ⓐ 여기서 도서관에 어떻게 가는지 설명 좀 해 주시겠어요?

Ⓑ 당연하죠. 저를 따라오세요. 제가 캠퍼스를 안내해 드릴게요. 얼마 안 가면 도서관이 나올 겁니다.

2 물건을 조립하다가 막힌 상황에서의 대화

Ⓐ Look at this mess! If you are stuck, just find a YouTube tutorial.

Ⓑ Ah, you're right. I feel so silly! It never occurred to me that a YouTube video could walk me through it.

Ⓐ 뭐가 이렇게 지저분해! 잘 모르겠으면 유튜브 설명 영상을 찾아보면 되잖아.

Ⓑ 아, 맞아. 정말 바보 같네! 유튜브 영상에서 자세히 알려 줄 거라고는 생각도 못 했어.

3 전자제품 고객센터 직원과의 대화

Ⓐ Congratulations on your purchase of a new steam closet! Would you like us to send somebody to your home to walk you through all the features?

🅑 No, thanks. I think I can figure them out on my own.

🅐 의류 관리기 새 제품 구매하신 것을 축하드립니다! 댁에 사람을 보내서 기능과 사양을 자세히 설명드리도록 할까요?

🅑 아니요, 괜찮습니다. 제가 알아서 할 수 있을 것 같습니다.

CASES IN POINT

대학 병원 홈페이지의 안내문

It's important to talk with one of our pharmacists before you start taking your medication. They can help walk you through the details, like how much to take and when. You can also ask them any questions you might have. They're here to help you feel more in charge of your recovery. This chat can make a big difference in how you manage your health. Remember, taking the time to understand your medication can help speed up your recovery and make the whole process smoother.

약을 복용하기 전에 저희 약사들 중 한 분과 상의하는 것이 중요합니다. 그분들이 복용량과 복용 시간 등등 세부적인 내용을 자세히 설명드릴 겁니다. 궁금한 점 있으면 뭐든 그분들에게 물어보면 됩니다. 약사분들은 환자 여러분이 회복 과정에서 더 주도적으로 느끼도록 도와드립니다. 이러한 대화는 여러분의 건강을 관리하는 방법에 큰 변화를 가져올 것입니다. 기억하세요. 시간을 내어 여러분이 복용하는 약에 대해 잘 이해하면 회복이 빨라질 수 있으며 회복 과정도 무리 없이 진행될 수 있습니다.

work on ①

work on은 생긴 모양 그대로 on 뒤에 오는 구체적인 대상에 '집중적인 노력을 쏟다, 애쓰다'라는 의미를 지닌 구동사입니다. '~을 고치다, 수리하다(e.g. I'm already working on it.: 이미 고치고 있어요.)'라는 의미에서부터 논문이나 보고서 등을 완료하기 위해 '작업하다(e.g. I'm busy working on my dissertation.: 제가 논문 쓰느라 바쁩니다.)'라는 의미까지 다양하게 쓰입니다.

work on은 기본적으로 '무언가를 더 잘하고, 발전시키고, 개선시키고, 완성하기 위해 ~에 집중적인 노력을 하다'라는 의미이며, 네 가지 형태의 목적어를 취하는데 DAY 97에서는 먼저 'work on + 명사' 구문에 대해 학습하겠습니다. 우선, 예문들을 살펴보겠습니다.

다음은 어느 미대 졸업생의 말입니다.

> I need to work on* my portfolio this weekend so I can start applying to new companies.
> 새로운 기업에 지원하기 시작하려면 이번 주말에 포트폴리오 작업을 해야 해.
>
> *이때의 work on은 '완성하다'라는 의미입니다.

다음은 근황을 묻는 친구 사이의 대화입니다.

A: What's keeping you busy these days?

B: Working on* this dance move is way harder than I thought.
I'm getting better, but I still need more practice.

A: 요즘 무엇 때문에 바쁜 거야?

B: 이 춤 동작 연습하는 게 생각보다 훨씬 더 어려워. 나아지고는 있지만 연습이 더
필요해.

*이때의 work on은 '개선시키다, 다듬다'라는 의미입니다.

✓ work on ① 요약

(무언가를 완성하기 위해, 더 잘하고 개선시키기 위해, 발전시키기 위해)
~에 대해 집중적인 노력을 하다

🔵 You eat so fast. You need to work on your table
manners.

너무 빨리 먹는구나. 식탁 예절 연습이 필요하겠어.

🔵 Thanks for playing with me. Just letting you know,
I haven't worked on my serve in a while.

나랑 경기해 줘서 고마워. 참고로 나 서브 연습 안 한 지 한참 됐어.

🔵 I am super busy working on my new book.

제가 새 책 쓰느라 엄청 바쁩니다.

🔵 I have been working on a new app. I'm not much of
a programmer, so AI is a big help.

새 앱을 개발하고 있는데요. 제가 대단한 프로그래머는 아니라서 AI가
큰 도움이 됩니다.

1 트레이너에게 PT를 받는 상황에서의 대화

🅐 It's leg day! Do you think you're ready? You really need to work on your legs more.

🅑 Ugh, okay. Is there any way I could skip deadlifts, though? My back is still sore from our workout a few days ago.

🅐 오늘은 하체 운동 하는 날이네요! 준비되셨을까요? 정말 하체를 좀 더 키워야 합니다.

🅑 하아, 네. 근데 데드리프트는 좀 건너뛰면 안 될까요? 며칠 전에 운동한 것 때문에 아직 등이 아프네요.

2 호주 여행을 계획하고 있는 친구와의 대화

🅐 I'm planning a one-month trip to Australia next year. I really need to work on my English before then!

🅑 Are you serious? You're joking, right? Your English is already ten times better than mine!

🅐 내년에 호주로 한 달간 여행을 갈 생각이야. 그 전에 영어 공부 좀 해야 돼!

🅑 진심이니? 말도 안 돼. 나보다 영어를 열 배는 더 잘하면서!

3 영어 선생님과 학생의 대화

🅐 For homework this week, I'd like you to work more on your pronunciation. Especially the letter "R."

🅑 Okay, thank you. I was pretty embarrassed last week when my Australian friend, John, mistook "low" for "row." It definitely gave me the motivation to practice more.

🅐 이번 주 과제로 발음 연습을 더 많이 해 주시길 부탁드립니다. 특히 'R' 발음이요.

🅑 네, 감사합니다. 지난주에 호주 친구인 John이 'low'를 'row'로 알아들어서 정말 민망했답니다. 연습을 더 해야 할 동기부여가 됐어요.

TV 프로그램 편집자가 어느 블로그에 쓴 글

I've been a film editor since college, gaining skills, meeting celebrities, and expanding my network. Seeing my shows on TV is fulfilling, but working on a TV show comes with some downsides, too. It's high-pressure, and the strict deadlines can be overwhelming. Sometimes, I doubt if this career is right for me, and I consider quitting. However, with my credentials and background, finding a better job might be tough. For now, I've decided to stick it out* and make the best of* my situation.

*stick it out: 참고 견디다
*make the best of: ~을 최대한 이용하다, (역경·불리한 조건 등을) 어떻게든 극복하다

대학 졸업 후 영상 편집자로 일해 오면서 (필요한) 기술을 익히고, 유명인을 만나고, 인맥을 넓혀 왔다. 내가 작업한 프로그램을 TV에서 보는 건 보람 있다. 하지만 TV 프로그램 작업에는 단점도 있다. 압박이 상당하고 엄격한 마감 시간은 무척 벅차다. 가끔씩은 이 직업이 나랑 맞나 하는 의구심이 들기도 해서 그만둘까 싶기도 하다. 하지만 내 스펙과 경력으로 더 나은 직장을 찾는 것은 어려울지도 모른다. 그래서 그냥 참고 지금의 내 상황을 최대한 즐기기로 했다.

work on ②

김재우의 영어관찰일기

구동사 work on은 DAY 97에서 소개한 'work on + 명사' 형태 외에도 다음 세 가지 용법으로 자주 사용됩니다.

❶ work on it: (앞에서 언급된 행위를 it으로 받아서) 그 일[행위]을 하다
❷ work on + 사람: ~를 설득하기 위해 노력하다
❸ work on -ing(동명사): ~하기 위해 노력하다

work on과 같은 구동사의 용법을 잘 익혀 두면 다양한 상황에서 활용 가능한 장점이 있습니다. 굳이 상황에 맞춰 매번 다른 동사를 생각해 내지 않아도 되는 것이지요. 예를 들어, '노력하다'라고 할 때나 '누군가를 설득하다'라고 할 때 make efforts나 persuade를 쓰는 대신 work on이라는 구동사 하나로 표현할 수 있습니다. 특히 그동안 원어민과 대화할 때나 미드를 시청할 때 명확하게 이해되지 않았던 'work on -ing'의 쓰임새와 의미를 이번 기회를 통해 정확히 알아 두면 더 이상 답답해하지 않으셔도 될 겁니다.

❶에 해당하는 예시를 보겠습니다.

> A: David, how is the research coming along? I want to start putting our presentation together, but I need more data.
> B: I'm working on it now. I'll have it sent to you by the end of the day.

A: David, 연구 조사는 어떻게 되어 가고 있나요? 우리 발표 자료를 취합하려고 하는데, 데이터가 더 필요합니다.

B: 지금 하고 있어요. 오늘 퇴근 전까지 보내 둘게요.

다음으로 ❷에 해당하는 예시를 보겠습니다.

Angela doesn't like coming to the gym. She has tried it for a month now, but still isn't motivated to go. I asked our personal trainer to work on her a little more.

Angela는 헬스장 가는 걸 좋아하지 않는다. 벌써 한 달째 시도는 하고 있지만 아직도 마음이 내키지 않아 한다. 그래서 우리 PT 선생님에게 Angela가 헬스장에 오도록 조금 더 설득해 보라고 했다.

마지막으로 ❸에 해당하는 예시를 보겠습니다.

You always say "Yes" to everything. That's why you're so stressed and busy all the time. You need to work on saying no.

너는 매사에 거절을 못하는구나. 그러니까 스트레스가 심하고 늘 바쁜 거야. 거절하는 연습이 필요해.

work on의 용법을 정확하게 이해하지 못한 상태에서 위와 같은 문장을 접한다면 의미를 정확하게 파악하기보다는 막연하게 짐작만 하고 넘어가게 되겠지요. 바로 이런 일이 반복되어 왔기 때문에 영어로 자유롭게 소통하는 데 어려움을 겪고 계셨던 겁니다. 이 점을 꼭 기억하면서 계속해서 학습에 매진하시기 바랍니다.

☑ work on ② 요약

1 work on it: (앞에서 언급된 행위를 it으로 받아서) 그 일[행위]을 하다

> **e.g.** A: Did you finish booking hotels for our trip?
> B: I'm working on it. It takes a while to find the best
> deals, you know.
> A: 여행을 위해 호텔 예약은 마무리한 거야?
> B: 하고 있어. 알다시피 조건이 제일 좋은 곳을 찾으려니 시간이 좀
> 걸리네.

2 work on + 사람: ~를 설득하기 위해 노력하다

> **e.g.** I think Greg and Sally would be perfect for each other,
> but Sally is a bit sick and tired of blind dates. I'm still
> working on her, though.
> Greg과 Sally가 너무 잘 어울릴 것 같아. 그런데 Sally가 소개팅이
> 라면 좀 신물이 났어. 그래도 설득 중이야.

3 work on -ing: ~하기 위해 노력하다

> **e.g.** There was nothing wrong with Samantha. You need
> to work on being less picky!
> Samantha는 아무 잘못 없었어. 네가 좀 덜 까다롭게 굴도록
> 노력해야지!

1 자료 요청 관련 팀장과 팀원의 대화

Ⓐ Dani, when can you get that script to me? The presentation is only three days away.

Ⓑ I'm working on it. It's taking longer than expected, but I'll get it to you soon. You'll have time to prepare; don't worry.

Ⓐ Dani, 언제까지 대본 보내 줄 수 있겠나? 발표가 3일 앞으로 다가왔어.

Ⓑ 지금 작성하고 있는데 생각보다 훨씬 오래 걸리네요. 최대한 빨리 보내 드릴게요. 준비할 시간 되실 거예요. 걱정 마세요.

2 아내가 해 준 음식에 대해 투덜거리는 친구와의 대화

Ⓐ You shouldn't complain about every meal. You need to work on not being so picky. Remember, not everyone can cook like your mom did.

Ⓑ It's not that I'm picky. I just find the food my wife makes a bit bland, and I'm having a hard time getting used to it.

Ⓐ 제발 음식 가지고 좀 투덜거리지 마. 좀 덜 까다롭게 굴도록 노력해 봐. 모두가 네 엄마처럼 요리를 잘하는 건 아니라는 걸 기억해.

Ⓑ 내가 뭐 입이 까다롭다거나 그런 건 아니야. 아내가 해 주는 음식이 좀 심심해서 적응이 안 되는 것뿐이야.

3 팀장이 팀원에게 조언하는 상황

Ⓐ Rebecca, fitting in with the team is important for success. You should work on being more of a team player.

Ⓑ I get what you're saying, but we all have our own strengths, and so sometimes it's hard to see eye to eye*.

*see eye to eye: 의견이 일치하다

A Rebecca, 성공하려면 팀과 잘 어울리는 것이 중요해요. 팀 플레이어(개인보다는 조직을 우선순위에 두는 사람)가 되도록 더 노력해야 합니다.

B 무슨 말씀인지는 알겠습니다. 하지만 모두가 각자의 장점이 있고, 가끔씩 의견이 안 맞을 수도 있잖아요.

CASES IN POINT

외국어 학습의 고충에 대한 블로그 게시글

I took Japanese for three years in high school, but I haven't kept up with it since I graduated. I need to work on it again if I want to say that I'm fluent on job applications.

Learning Japanese seems easier than English, by the way. It might have something to do with the word order and sentence structure. Korean and Japanese do share similar linguistic roots, after all. Speaking of foreign languages, I am envious of people who grew up bilingual. They didn't even have to go through what I had to go through to learn English. After all these years of learning English, I am still having trouble getting my message across* fluently... What a shame!

*get one's message across: 자신의 메시지를 (상대에게) 전달하다

고등학교 때 3년간 일본어 수업을 들었다. 하지만 졸업 후 손을 놓았다. 이력서에 일본어가 유창하다고 적기 위해서는 일본어 공부를 다시 해야 한다.

그나저나 일본어 배우는 게 영어보다는 쉬운 듯하다. 단어 순서와 문장 구조 때문인 것 같기도 하다. 하긴 한국어와 일본어의 언어적 뿌리가 비슷하지 않나. 외국어 이야기가 나왔으니 말인데 이중언어 구사자들이 부럽다. 영어를 배우기 위해 내가 한 고생을 할 필요가 없었을 테니 말이다. 영어 공부에 이렇게 오랜 시간을 투자하고도 아직도 내가 하고자 하는 말을 유창하게 전달하지 못하다니…. 안타깝다!

work out ①

work out이 자동사로 쓰일 경우, 즉 목적어를 취하지 않고 주어로 something, things, it 등이 올 경우에는 '상황 등이 예상[의도]한 대로 진행되다, 흘러가다, 풀리다'라는 의미를 가집니다. figure out에서 설명한 것처럼 부사 out에는 '꼬인 것을 풀다, 꼬인 것이 풀리다'라는 의미가 담겨 있다는 것을 생각해 보면 work out의 의미가 좀 더 선명하게 이해되실 겁니다. 뭔가 쉽지 않을 것 같은 일이 잘 풀렸을 때 다음과 같이 표현할 수 있습니다.

I'm glad things worked out for you after you decided to switch to freelancing.
네가 프리랜서로 전향하기로 한 뒤에 상황이 잘 풀려서 다행이다.

반대로, 뭔가 예상대로 진행되지 않는 상황에서는 다음과 같이 work out을 부정문으로 표현하면 됩니다.

A: Are you still rooming together with your old colleague?
B: No. We had completely different lifestyles, so it didn't work out.

A: 예전 동료랑 아직 같이 사는 거야?
B: 아니. 생활 스타일이 너무 달라서 안 맞더라고.

☑ work out ① 요약

상황[일]이 예상[의도]한 대로 진행되다, 흘러가다, 풀리다

e.g. It is important to have a plan B in case things don't work out.
일이 잘 안 풀릴 경우를 대비해 B안을 가지고 있는 건 중요하다.

e.g. I tried to learn guitar when I was in my first year of college, but it didn't work out – I just couldn't get into it.
대학교 1학년 때 기타를 배워 보려 시도했는데, 잘 안되더라고요. 재미가 잘 안 붙었어요.

e.g. We wanted to plan a surprise party for her, but with everyone's busy schedules, it just didn't work out.
그녀를 위해 깜짝파티를 해 주려고 했지만, 다들 바빠서 잘 안되었어요.

SMALL TALK

1 장거리 연애에 대한 친구 사이의 대화

A Have you ever thought about getting back together with Minjun?

B I have thought about it, but in my experience, long-distance relationships just don't work out.

A 혹시 민준이랑 다시 만나는 거 생각해 봤어?

B 생각은 해 봤는데, 내 경험으로는 장거리 연애는 힘들어.

2 호텔 예약이 잘못된 친구와의 대화

Ⓐ The hotel says they accidentally overbooked their rooms, but maybe they can still find something for me.

Ⓑ Got it. If things don't work out, you could always crash on my couch.

Ⓐ 호텔 측에서 그러는데 실수로 객실 예약을 너무 많이 받았다네. 그래도 방을 마련해 줄 수 있을지도 모르지.

Ⓑ 알겠어. 정 안 되면 우리 집에 와서 자.

3 〈뉴욕타임스〉 구독 중 결제에 문제가 있었던 친구와의 대화

Ⓐ Terry, remember my payment issue with the *New York Times*? Turns out I paid twice by mistake. Luckily, they wired the money back this morning.

Ⓑ That's a relief! It's good to hear they worked it out* quickly and you got your money back without much hassle.

Ⓐ Terry, 〈뉴욕타임스〉 결제에 문제가 있었던 거 기억하지? 알고 보니 실수로 이중 결제가 됐더라고. 다행히 오늘 아침에 돈이 다시 들어오긴 했어.

Ⓑ 다행이다! 그쪽에서 빨리 해결을 해서 큰 번거로움 없이 돈을 돌려받았다니 다행이야.

*이때의 work out은 '~을 해결하다'라는 의미의 타동사로 쓰였습니다.

CASES IN POINT

구매자의 오해에 대한 게시글과 이에 달린 댓글

Last week, I got a negative review from a buyer who purchased Levi's 501s. The review said, "These were a slim fit and they didn't fit me even though they were my size."

I contacted him to try and get him to change the review. I politely let him know that 501s don't come in "slim fit," only regular straight leg, and asked if he read the tag wrong. To my surprise, he admitted he made a mistake and gave me five stars!

Feedback

Nice. Glad it worked out! Good call on reaching out and clearing up the confusion. It's good to see that a simple chat can turn things around sometimes.

지난주에 리바이스 501s를 구매한 고객에게서 안 좋은 후기를 받았습니다. "슬림 핏 청바지이고 제 사이즈가 맞는데 옷이 안 맞아요."라는 내용이었어요. 그래서 이분에게 연락을 드려서 후기를 좀 수정해 달라고 했습니다. 501s 모델은 '슬림핏' 이 안 나오고, 일반적인 일자형 핏만 나온다고 정중하게 알려 드리고는 혹시 태그 를 잘못 읽었는지 물었습니다. 그랬더니 놀랍게도 실수를 인정하고 5점을 주었 답니다!

피드백

잘됐네요. 일이 잘 해결되어서 다행입니다! 고객에게 연락을 해서 오해를 푼 건 잘한 일이에요. 때로는 간단한 대화로도 문제를 해결할 수 있어 좋습니다.

work out ②

김재우의 영어관찰일기

work out은 기본적으로 '까다로운[쉽지 않은] 문제나 상황에 대한 해법을 찾다'라는 의미를 지닌 구동사입니다. 타동사로 사용될 경우 조율이 쉽지 않은 '일정을 조율하다', 삐걱거리는 '남녀 관계를 해결하려고 노력하다', 까다로운 문제에 대한 '해결책을 찾다', 합의나 조율이 까다로운 '세부 내용을 정하다', '의견 차이를 좁히다' 등 다양한 용례가 있습니다.

얼마 전에 함께 교재 작업을 하던 중에 원어민 선생님이 제게 다음과 같은 말을 한 적이 있습니다. 당시 이분은 KTX를 타기 위해 서울역에 가야 하는 상황이었답니다.

> I'm afraid I need to go now if I want to catch my train. Maybe we can work this* out over KakaoTalk. Would that be alright?
>
> 죄송한데 기차 안 놓치려면 지금 가 봐야 할 것 같아요. 일정 조율은 카톡으로 하면 어떨까 합니다. 괜찮으신 거죠?
>
> *이때의 this는 '일정'을 지칭합니다.

work out은 남녀 관계에 대해 얘기할 때도 자주 사용되는데요, 이성 교제 시 생기는 어려운 문제나 갈등을 해결하는 상황에서 어김없이 **work out**이 등장합니다.

They're going through some ups and downs, especially with Minsu's fear of settling down, but they're really trying to work it out.

민수가 한 이성에게 정착하는 데 대한 두려움이 있어서 그 둘은 힘든 시간을 보내고 있어. 하지만 (둘 간의) 관계를 잘 풀어 가려고 노력 중이야.

work out이 '풀기 어려운 문제를 풀다, 해결책을 찾다'라는 의미일 때의 예문도 보겠습니다. 다음은 서울에 거주하는 외국인이 한국의 한 물류 회사로부터 고용 제의를 받았지만 현재 영어 수업만 가능한 비자를 소지하고 있는 상황에서 하는 대화입니다.

A: Hey, Aaron. How was the interview?

B: They offered me the job, which is great news, but we need to go to the immigration office next week to see if we can work out my visa.

A: 안녕, Aaron. 면접은 어땠어?

B: 그쪽에서 일자리를 제안했어. 좋은 소식이지. 그런데 다음 주에 출입국 관리소에 가 봐야 해. 내 비자 문제를 해결할 수 있는지 알아봐야 하거든.

세부적인 내용을 정할 때 역시 **work out**이 자주 사용되는 것을 볼 수 있습니다.

I'm afraid I can't really discuss the project details any further right now. Maybe we can work things out when we meet next week.

지금은 더 이상 프로젝트 세부 내용에 대한 논의는 힘들 것 같습니다. 다음 주에 만날 때 조율해 보면 어떨까 합니다.

✅ work out ② 요약

1 (조율이 쉽지 않은) 일정을 조율하다

e.g. My availability is as follows: Wednesday, Thursday mornings and Friday evenings. But maybe we could **work** that **out** when we meet next Monday.

제가 가능한 시간은 다음과 같습니다. 수요일, 목요일 오전, 그리고 금요일 저녁입니다. 하지만 다음 주 월요일에 만날 때 조율해 볼 수 있을 것 같습니다.

2 (삐걱거리는) 남녀 관계를 해결하려고 노력하다

e.g. Mina and Minsu are seeing a counselor. I'm happy to hear that they're finally trying to **work out** their issues.

미나와 민수가 현재 상담을 받고 있어. 드디어 둘의 문제를 해결하기 위해 노력하고 있다니 다행이야.

3 (까다로운 문제에 대한) 해결책을 찾다

e.g. The group project seemed impossible at first, but with some extra help from the teacher and a few late nights, we were able to **work out** a way to complete it on time.

그룹 프로젝트가 처음에는 불가능해 보였다. 하지만 선생님이 좀 더 도와주시고, 몇 번 밤늦게까지 작업을 한 덕분에, 제때 완수할 수 있는 방법을 찾을 수 있었다.

4 세부 내용을 정하다

e.g. We have agreed on the overall conditions, but there are still some details that need to **be worked out**, like paid leave and working hours.

전반적인 조건에는 합의를 했지만 유급휴가, 근무시간 등 세부 내용은 아직 조율이 필요한 상황입니다.

1 남자 친구 문제로 상담하는 상황의 대화

Ⓐ My boyfriend broke my trust, but we are trying to work it out and move past it. It's so hard to feel confident in him again.

Ⓑ That sounds tough. Have you thought about whether it's really worth staying together? Sometimes it's okay to let the guy go once trust is broken.

Ⓐ 남자 친구가 신뢰를 저버렸어요. 하지만 갈등을 해결하고 이겨 내려고 노력 중입니다. 이 사람을 다시 믿기가 정말 어렵네요.

Ⓑ 힘드시겠네요. 남자 친구와 계속 사귀는 게 의미가 있는지 생각해 보셨나요? 신뢰가 깨지면 그냥 보내 주는 게 좋을 때도 있습니다.

2 자동차 사고가 난 친구와의 대화

Ⓐ Oh my gosh! What happened to your car? Are you okay?

Ⓑ I'm okay. I got into an accident at the intersection near my house. We sent all the information to the insurance companies, and now they are going to work out who was more at fault. That's what I'm worried about the most.

Ⓐ 이런! 차가 왜 이래? 괜찮은 거야?

Ⓑ 괜찮아. 집 근처 교차로에서 사고가 났어. 보험회사에 관련 정보 다 보냈고, 이제 과실 비율을 결정할 거야. 근데 이 점(과실 비율)이 가장 많이 신경 쓰이네.

3 축구 선수와의 인터뷰 대화

Ⓐ Minjae Kim, I'd like to congratulate you on your contract with Munich(München). How do you feel about joining this highly-regarded* team?

B It still doesn't feel real. Of course, there are still some details that need to be worked out. Joining this team can't come soon enough.

*highly-regarded: 높이 평가되는; (문맥상) 명문의

A 김민재 선수, 우선 뮌헨과의 계약을 축하합니다. 이런 명문 팀에 합류하게 된 기분이 어떤가요?

B 아직 실감이 나지 않습니다. 물론 아직 조율해야 할 세부 내용이 있지만요. 하루라도 빨리 이 팀에 합류하고 싶습니다.

CASES IN POINT

중고 스쿠터 구매 경험담

I used to rent a bike* from a shop in Gangnam, but they've just raised their prices. I don't want to pay over 100,000 won per day renting a bike. That's why I'm glad I found Marisa advertising on a motorcycle Facebook group. She had this red vintage Vespa, perfectly maintained and with some unique charm. She advertised that she was selling her scooter, in my neighborhood even, and when I contacted her, we worked out a very reasonable price.

예전에는 강남에 있는 오토바이 대여점에서 (오토바이를) 대여했다. 그런데 이 업체가 최근에 가격을 올렸다. 오토바이를 하루 빌리는 데 10만 원 이상은 쓰고 싶지 않다. 그래서 Marisa라는 분이 오토바이 관련 페이스북 그룹에 (스쿠터 판매 관련) 광고 글을 올린 것을 본 건 정말 다행이다. 빨간색 빈티지 베스파를 가지고 있었는데, 관리가 완벽했으며 특별한 매력이 있었다. 그녀는 스쿠터를 판매한다는 광고를 올렸는데, 그것도 우리 동네였다. 연락을 해 봤고, 상당히 괜찮은 가격에 합의했다.

*bike: 맥락에 따라 오토바이를 bike로도 표현합니다.

☐ add up	☐ get away with
☐ blow away	☐ get by
☐ break down	☐ get into ①
☐ break up	☐ get into ②
☐ brush up on	☐ get over
☐ care for	☐ get past
☐ catch on (to)	☐ get something over with
☐ catch up (on)	☐ get through
☐ check in on vs. check on	☐ give away
☐ check out	☐ go along with
☐ come across	☐ go by
☐ come along	☐ go into ①
☐ come around	☐ go into ②
☐ come off vs. fall off vs. break off	☐ go off
☐ come off[across] as	☐ go on
☐ come up with	☐ go over
☐ cut off	☐ go through ①
☐ figure out ①	☐ go through ②
☐ figure out ②	☐ hang out vs. meet up vs. mingle with
☐ fill in for	☐ hold back
☐ find out	☐ hold off (on)
☐ fit in (with)	☐ hold up ①
☐ get around ①	☐ hold up ②
☐ get around ②	☐ keep up (with)
☐ get around to	☐ leave out

☐ let go (of)		☐ put up	
☐ look at		☐ put up with	
☐ look down on[upon]		☐ run into	
☐ look into		☐ settle for	
☐ look over vs. look through		☐ show off vs. brag about	
☐ look up		☐ slack off	
☐ loosen up		☐ sort out	
☐ make do with		☐ stick around	
☐ make out		☐ stick it out vs. tough it out	
☐ make up for		☐ stop by vs. come by vs. drop by vs. swing by	
☐ mess around		☐ take away	
☐ mess up		☐ take back	
☐ mess with		☐ take off	
☐ miss out (on)		☐ take on	
☐ move on		☐ take out	
☐ pass for		☐ take up	
☐ pass up		☐ tell off vs. chew out	
☐ pick up		☐ top off	
☐ pick up on		☐ turn out	
☐ pull off		☐ wake up vs. get up	
☐ put away		☐ walk through	
☐ put down		☐ work on ①	
☐ put off		☐ work on ②	
☐ put on vs. have on vs. try on		☐ work out ①	
☐ put together		☐ work out ②